写给大家的

人类简史

THE STORY OF MANKIND

【美】亨德里克·威廉·房龙 著
杨艳丽 译

天津出版传媒集团
天津人民出版社

图书在版编目（CIP）数据

人类简史 / (美) 亨德里克·威廉·房龙著 ; 杨艳丽译 . -- 天津 : 天津人民出版社 , 2019.4

ISBN 978-7-201-14537-2

Ⅰ . ①人… Ⅱ . ①亨… ②杨… Ⅲ . ①社会发展史 - 通俗读物 Ⅳ . ① K02-49

中国版本图书馆 CIP 数据核字 (2019) 第 052801 号

人类简史

RENLEI JIANSHI

[美] 亨德里克·威廉·房龙 著　杨艳丽 译

出　　版　天津人民出版社
出 版 人　刘　庆
地　　址　天津市和平区西康路 35 号康岳大厦
邮政编码　300051
邮购电话　（022）23332469
网　　址　http://www.tjrmcbs.com
电子信箱　tjrmcbs@123.com

责任编辑　章　赪
封面设计　王　鑫

制版印刷　大厂回族自治县德诚印务有限公司
经　　销　新华书店
开　　本　620×889 毫米　1/16
印　　张　24
字　　数　244 千字
版次印次　2019 年 4 月第 1 版　2019 年 4 月第 1 次印刷
定　　价　69.00 元

前　言

汉斯及威廉：

当我只有十二三岁的时候，我的启蒙老师——舅舅，使我爱上书籍和图画，他答应带我去探险，一次难以忘怀的探险——他带我到鹿特丹的一个老圣劳伦斯教堂的塔楼顶上。

我们选了一个风和日丽的日子，教堂的司事拿着一把巨大的钥匙，它绝对能够和圣彼得的钥匙相媲美，为我俩打开了那扇通往塔楼顶部的神秘大门。他说："当你们想出来的时候，拉拉铃就可以了。"话音刚落，他关上了大门，生锈的铰链还发出吱吱的声音。一下子我们就与熙熙攘攘的街道隔绝了，大门把我们锁在了一个全新的陌生世界里。

在我的生命中，我第一次发现了"能够听得见的寂静"这种现象。当我和舅舅走到第一段楼梯时，在我对自然现象的有限的知识里面又深刻地体会到可以触摸到的黑暗。一根火柴为我们指引方向。我们一层一层地往上走，第二层，第三层，第四层……已经记不清是第几层了，上面的楼梯仿佛没有尽头。最后，我们一下子走进了一片巨大的光亮之中。塔楼的这层与教堂的顶部是齐平的，这是储藏室，零散地堆放着一些古老信仰的圣像，它们在很多年前就被这座城市的善良居民抛弃了。在这些被抛弃的圣像身上，积了一层厚厚的尘土。这些对我们的祖先来说是代表生死的重要信物，但是在这里却沦为了尘埃和垃圾。在这些雕像间尽是老鼠搭的窝，一尊仁慈的圣像伸出的双臂间竟是机敏的蜘蛛织出的网。

再上一层楼梯，终于被我们发现了，光亮原来是从这里的一个敞开的窗户里透进来的。巨大的窗户外面是深沉的铁条，无数只鸽子把这么高的地方作为它们舒适的居所。风透过铁栅栏吹进来，空气中沉浸着一种神秘却又令人愉悦的旋律。仔细一听，这声音原来是从我们脚下传进来的喧嚣的城市的声音。遥远的距离把这些旋律过滤得清澈而又干净。

楼梯到这一层就结束了，如果再往上爬就必须要借助梯子。我们小心翼翼地爬完第一架又旧又滑的梯子，映入我们眼帘的是一个崭新而又伟大的奇观——城市的时钟。看到它，我仿佛看到了时间的心脏，我听到了时间飞速流逝的沉重的脉搏声，一秒、两秒、三秒，一直到六十秒。正在这时，伴随着一阵突然发出的震颤声，仿佛所有的齿轮一齐停止了转动，永恒的时间长河在这里被切断了。再往上一层是许许多多的钟。有优雅的小钟，还有体形巨大、令人畏惧的巨型大钟。房间的正中间是一口大钟。当它在半夜被敲响，告诉人们某一处发生了大火或洪水时，我总是吓得浑身僵硬、体出虚汗。然而现在，这口大钟却被笼罩在如此寂静庄严的气氛中，仿佛正在回忆过去的六百年里，它和鹿特丹人民一同经历的那些欢乐与哀愁。大钟的旁边挂着一些小钟，它们摆放得整整齐齐，样子活像老式药店里面摆放的大口瓶子。

我们接着往上爬，再次进入到一片漆黑当中。此时的梯子也比刚才的更加陡峭、更加危险了。爬着爬着，忽然间，我们呼吸到了浩瀚的天空中那清新的空气了，这时，我们已经来到了塔楼的最高点。头顶上是一望无际的蓝天，脚底下的城市就像是一个由积木搭成的玩具。人们像蚂蚁一样匆匆来去，人人都有自己的思想，忙着自己的事情。远远望去，在一片乱石堆外，是乡村宽阔的绿色田野。

这是我对广阔世界的最初一瞥。

从那以后，我一有机会就会到塔楼顶部自寻其乐。登上楼顶可是一个体力活儿，但我体力上的付出能使我得到充分的精神回报，并且我非常清楚这份回报是什么。在这里，我可以纵览大地和天空，我可以从我那位好心的朋友（塔楼看守人）那里听到许多精彩的故事。在塔楼一个隐蔽的角落里，有一间小房子，看守人就住在这个小房子里面。他的职责就是照顾城市的时钟，同时，他也是照顾所有时钟的细心的父亲。他还密切地注视着这座城市，一旦有灾难的迹象他就会敲钟发出警讯。

他熟悉历史故事，历史对他来说是活灵活现的事情。他会指着一处河湾对我讲道："看那儿！就是那儿，我的孩子，你看到那些树了吗？那儿就是奥兰治亲王挖开河堤，淹没大片农田的地方。为了拯救莱顿城，他必须这么做。"他还给我讲老默兹河的历史故事，讲解这条宽阔的河流是如何由便利的海港变成这壮观的大马路的。还有著名的德·鲁伊特与特隆普的船队的最后出航，他俩为了探索未知的海域，让人们能够自由地航行在这片汪洋大海上，从此再也没有回来。

再往远处看是一些小村庄，围绕在保护它们的那座教堂四周。很多年以前，这里曾经是守护圣徒们的居所。远远望去是德尔夫的斜塔，它那高耸的拱顶见证了沉默者威廉惨遭暗杀的事件。格劳秀斯就是在这里发明的拉丁文语法。再远些，那个又长又矮的建筑就是高达教堂，早年曾经有一位智勇双全的伟人居住在这里，他就是著名的埃拉斯穆斯，一个曾被高达教堂收养的孤儿。

最后，我们的目光落在了那片浩瀚无边的海洋的银色边际上。它与近在脚下的大片屋顶、烟囱、花园、学校、铁路等建筑形成了鲜明的对比。我们把这片拼凑在一起的土地称为自己的"家"，但塔楼却赋予了旧家新的启示。从塔楼顶部俯瞰下去，那些杂乱无章的街道与市场、工厂与作坊，全都变成了展示人类能力和目标的标志。更加有意义的是，综观人类的辉煌历程，能使我们鼓起新的勇气，直接面对日常生活中的各种困难。

历史是一座雄伟壮丽的经验之塔，它是时间在流逝的岁月中苦心搭建起来的。要想登上这座古老的塔楼顶端去一览众山并不是一件容易的事情。这里虽然没有电梯，但是年轻人只要有强壮的双脚，就能够完成这次艰苦的攀登之旅。

在这里，我送给读者一把打开世界之门的钥匙。当你们返回的时候，就能够理解我现在为何如此热情了。

亨德里克·威廉·房龙

目录
Contents

◆ 第1章　人类历史大舞台 ◆

人类一直都生活在一个巨大的疑问中。

我们是谁？

我们从哪里来？

我们要去哪里？

人类凭借着坚持不懈的勇气与毅力，慢慢将这个问题推至越来越远的边界，步步逼近答案的边缘。

然而直到现在，我们还没有走出多远。我们知道得依然很少，但至少我们能够准确地推测出许多事情来。

在这一章里，我将要告诉你们，人类历史的舞台是怎样被搭建起来的。如果我们用一定长度的直线来表示动物生命可能在地球上存活的时间，那么在它下面最短的那条线则表示人类或者在某种程度上与人的生命类似的动物生活在这片土地上的时间。

人类是最后出现在地球上的动物，然而却又是最先学会用脑力征服大自然的。这就是我们要研究人，而不是研究像猫、狗、马或者其他动物的原因。要知道，在这些动物的背后，同样也留下了许多非常有趣的历史。

据目前所知，我们最初居住的这颗行星，是一个燃烧着的巨大球体。然而相对于浩瀚无垠的宇宙来说，它只不过是一块渺小的烟云而已。经历了数百万年，它的表面渐渐地烧尽，并且覆盖了一层薄薄的岩石。这片没有一丝生命迹象的岩石，不断地被暴雨冲刷着，雨水把坚硬的花岗岩慢慢地侵蚀掉，冲刷下来的泥土被带到云雾缭绕的高山间的峡谷，最后，雨过天晴，太阳破云而出。遍布在这颗星球上的许多小水坑逐渐扩展成了东西半球的巨大的海洋。

在以后的某一天，最美好的奇迹发生了，在这个死气沉沉的世界上终于有了生命的迹象。

第一个存活下来的细胞漂流在海洋中。

它漫无目的地随波漂荡了几百万年。在这个过程中，它逐渐形成了自己的一些习性。这些习性使它能够在环境恶劣的地球上更加容易地存活下去。这些细胞中的一部分成员认为待在黑漆漆的湖泊和池塘的底部最舒适，于是它们在被雨水从山顶冲刷到水底的淤泥间扎根，变成了植物。而另一些细胞情愿四处游荡，于是它们长出了各种各样一节一节的腿，像蝎子一样，在海底植物和貌似水母一样的淡绿色的物体之间爬行。还有一些身上长满了鳞片的细胞，它们用游泳一样的动作四处游荡，寻找食物，慢慢地，它们变成了海洋中各种各样的鱼类。

与此同时，植物的数量也在慢慢增长，海底的空间已经容纳不下它们了。为了生存，它们不得不寻找新的栖息地，无奈只能在沼泽地和山脚下的泥岸处安置新家。每天的潮汐都会淹没它们，让它们能够品尝到故乡的咸味。在剩下的时间里，它们不得不在这极不舒适的环境中学习如何适应，争取在地球表面上的稀薄空气中生存下来。历经长期的训练，它们终于学会了如何才能在空气中生存，就像以前在水中生活一样。它们的身体逐渐增大，变成了灌木和树林。最后，它们还学会如何使自己开出美丽的花朵，让忙碌的大黄蜂和鸟儿把自己的种子带到遥远的地方，使整个陆地都能覆盖上碧绿的原野和浓密的树荫。

这时，一些鱼类也开始陆续离开海洋。它们学会用鳃和肺呼吸。我们称它们为两栖动物，意思是说，它们无论是在水里还是在陆上都能同样悠游自在地生存。当你看见在路边上的一只青蛙，它就能告诉你作为两栖动物能够自在地穿梭于水陆之间的乐趣。

一旦离开了海洋，这些动物就会变得越来越适应陆地上的生活。它们当中的一些就成为像蜥蜴一样的爬行动物，它们和昆虫一同分享森林的寂静。为了能够更迅速地穿过松软的土地，它们慢慢地长出了四肢，体形也相应地增大。最后，整个世界都被这些高达三四十英尺的巨型动物占领。它们和大象玩耍，就如同身体强壮的老猫挑逗自己的小崽子。生物学手册把这些庞然大物称为鱼龙、斑龙、雷龙之类的恐龙家族。

后来，这些爬行动物家族中的一部分成员开始迁移到上百英尺高的树顶上生活。它们不再用腿来走路，可快速地从一棵树枝跳跃到另一棵树枝上，后来就变成了在树上生活的生存技能。于是，它们身体的两侧和脚趾间逐渐形成了一种类似降落伞状的肉膜，在这些薄薄的肉膜上长出了美丽的羽毛，尾巴就变成了方向舵。就这样，它们能够在树林中自在地飞行，进化成了真正的鸟类。

就在这时，一件诡异的事情发生了。这些庞大的爬行动物在很短时间内全部灭绝。我们无从考察其中的原因。可能是气候的突然变化，也可能是由于它们的身体太庞大，以至于难以行动，再也不能游泳、奔跑和爬行。它们唯一能做的就是眼睁睁地看着诱人的蕨类植物和树叶近在眼前却不能充饥，只能活活地饿死。不管出于什么样的原因，统治地球数百万年之久的古爬行动物帝国到此就灭绝了。

如今，地球开始被不同种类的动物占据。这些动物属于古爬行动物的子孙，但是它们的性情与体质却与自己的先祖完全不同。它们用乳房“哺乳”自己的后代，因此，现代科学把这些动物称为“哺乳动物”。它们褪去了鱼类的鳞甲，没有像鸟儿一样的羽毛，只是全身覆盖着浓密的毛发。自此以后，哺乳动物发展出比其他动物更好地延续种族的习性。比如，雌性动物会把产生下一代的受精卵孕育在身体里，直到它们孵化出新的生命；比如，当其他动物还把自己的孩子暴露在严寒酷热的天气中，任凭猛兽袭击时，而哺乳动物却将自己的下一代长期留在身边，在它们还没有能力应付各种天敌的阶段保护它们。这样，年幼的哺乳动物就能够得到最佳的生存机会，因为它们能从自己的母亲身上学习到很多生存本领。如果你看过母猫教小猫如何照顾自己、如何洗脸、如何捕捉老鼠等，你就能理解这一点了。

不过关于这些哺乳动物的信息，不用我说太多。它们遍布你的生活，你早已对它们非常熟悉。日常生活，它们是你的伙伴，经常出没于街道和家里。在动物园的铁栅栏里面，你还能欣赏到一些不太熟悉的哺乳动物的尊容。

现在，我们走进了历史发展的分水岭。就在这时，人类一下子脱离了动物沉默无语、生生死死的生命历程，开始运用大脑掌控自己种族的命运。其中一头智慧超群的哺乳动物在寻找食物和栖身之处的技能方面，大大超越了其他动物。它不但学会了用前肢捕捉猎物，并且通过长时间的训练，它还进化出手掌一样的前爪。后来，经过无数次地尝试之后，它还学会了利用自己的两条后腿直行站立，并且能够保持身体的平衡。（直立行走是一个非常困难的动作，尽管整个人类已经直立行走了数百万年，但是每一个小孩儿都必须得从头学起。）

这种哺乳动物看起来既像猿又像猴，但是比两者都要优秀，它成了地球上最成功的猎手，并且能够适应各种气候条件。为了使自己能够更加安全，更有利于互相照顾，它们经常成群结队地行动。一开始，它只会发出一些奇怪的咕嘎声、吼声，以此来警告自己的子女们身边有危险。经过几十万年的发展进化，它们竟然学会了用喉音来交谈。

你也许觉得这些非常难以置信，其实这种动物就是我们人类的先祖。

◆ 第 2 章　人类的祖先 ◆

“真正”的人类到底是什么模样，我们了解得非常少。

他们没有留下任何照片和图画。但是在古代土壤的最深处，我们经常能挖到几片他们的骨头。这些骨头的碎片与一些早已消失在地球上的动物碎骨静静地躺在一起，仿佛告诉人类，地球的表面发生过巨大的变迁。就是那些把人类与动物等同在一起的人类学家，用毕生的精力潜心研究的科学家们，拿到这些碎骨，经过长期的揣摩，如今已经能精确地刻画出我们人类的始祖的模样来了。

人类最早的祖先是一种面貌丑陋、毫无本领的哺乳动物。他的身高不仅比现代人矮小很多，而且经过长期的风吹日晒，他们的皮肤变成了丑陋的深棕色。他们的头上、手上、腿上以及全身的大部分皮肤都长满了长长的粗糙毛发。他们的手指细而有力，犹如猴子的爪子。他们的前额很低，下颚看起来类似于那些习惯把牙齿当成刀叉的食肉野兽。他们赤裸着身体，除了偶尔能看到咆哮的火山喷出燃烧的岩浆和浓烟吞噬着大地以外，还不知道“火”是什么。

他们居住在大森林中的阴暗潮湿处。直到今天，非洲原始的俾格米部落还居住在这样的地方。当他们感到饥饿的时候，就会吃一些树叶和植物的根茎，或者从鸟窝里偷走鸟蛋，喂养自己的孩子。如果走运，经过一场漫长的追逐，他们还能抓到松鼠、小野狗或是老鼠等小动物，来解解馋。他们吃任何东西都是生吞活剥，因为他们还没有发现经过火烤的食物味道会更好。

白天，这些原始人会在茫茫林海中四处穿行，寻找可以吃的东西。一到夜幕降临的时候，他们就会把自己的妻子儿女藏在空树干里或者巨石后面。他们身边尽是凶猛危险的野兽，它们习惯在夜间悄悄地行动，为自己的配偶和幼崽寻找食物，它们都很喜欢人肉的味道。这里是一个你死我亡的世界，可见，人类早期的生活有多么悲惨，充满了无数的恐惧和痛苦。

夏天，人类被炎炎烈日炙烤；冬天，他们的孩子会冻死在自己的怀里。当他们在追捕野兽的时候不小心摔断骨头或是扭伤脚踝，没有人能照顾他们，他们就只能在惊恐和痛苦中自生自灭。

如同动物园里发出许多稀奇古怪的叫声的动物一样，早期的人类同样也喜欢发出急促含糊的怪叫。也就是说，他们不断地重复着一些相同的声音，因为他们希望听到自己的声音。慢慢地，他们突然意识到，可以利用喉部发出的声音去提醒自己的同伴。当遇到某种危险悄悄地接近的时候，他们就会发出具有特殊含义的尖叫声，比如，“那边有一只老虎”或者“这边有五头大象正在过来”。同伴听见警告，也会相应地回吼几声，表示“我看见了”或者“我们快藏起来吧”。这也许就是所有语言的起源。

这正如我前面提到过的，我们对这些起源了解得甚少。早期的人类不会根据需要制造工具、不会修建房屋。他们活着、死去，除了能给后人留下了几根锁骨和头骨的碎片以外，再没留下任何的线索供后人追寻他们的踪迹。我们只能知道在几百万年前，地球上曾经生活着某种与其他所有的动物都截然不同的哺乳动物。他们很有可能是由一种像猪一样的动物进化而来的。他们不但学会了用下肢直立行走，还能把前爪当成手来使用。他们的这些特点又与恰巧是我们直系祖先的动物具有某种联系。

总之，我们对人类祖先的了解就只有这些了，其他的秘密仍然隐匿于黑暗之中。

◆ 第 3 章　最初的人类 ◆

史前的人类可以为自己制造需要的工具了。

早期的人类不知道时间是什么，他们从来不记录生日、结婚纪念日或者悼亡日等一些有意义的日子，他们也不理解什么叫日、月、年。但是他们找到了一种普遍的规律——季节的变迁。他们发现，经历了寒冷的冬天后，温暖惬意的春天就不远了；伴随着春天悄悄地离开，炎炎的夏日就来了，树上的果实饱含甜甜的浆汁，野麦穗迎风招展，等待他们收割；然后夏天结束，秋天的阵阵狂风会卷走树枝上所有的叶子，一些动物早已为漫长的冬眠做好了准备。

这时，发生了一件不同于以往的恐怖事情，它与气候有关。温暖的夏日姗姗来迟，甜美的果实无法成熟。而那些曾经绿草如茵的山顶，现在却被一层厚厚的积雪所覆盖。

后来的一天早上，一群野人忽然从山上冲下来。他们看起来与住在山脚下的居民有很多不同点，他们骨瘦如柴，看起来就像饿了好几天似的。当地的居民听不懂他们叽叽咕咕的语言，可是看他们的样子，好像是在说自己想吃点东西。当地的食物不够同时养活当地的居民和新来的人，可是过了几天这些人还是赖着不走，于是，一场可怕的战斗就这样发生了。人们相互撕咬，近乎疯狂地进行肉搏。有的全家被杀死，存活的人就会逃回山区，死在下一场袭来的暴风雪中。住在森林里的当地居民也吓坏了。现在，白昼越来越短，而夜晚却又变得极其寒冷。

最后，在两座高山之间的裂缝中，出现了许多绿色的小冰块。它们迅速膨胀，变成巨大的冰川，沿着山坡滑落下来，把巨大的石块推到山谷中。在雷鸣般的巨响中，夹杂着冰块、泥浆和花岗岩，呼啸着席卷过森林，许多人还在睡梦中就遭到了灭顶之灾。百年的老树齐腰折断，倒在森林的熊熊大火中。随后，大雪也纷纷扬扬地下了起来。

绵绵不绝的大雪下了好几个月，植物都冻死了，大群的动物逃往南方，寻找温暖的太阳。人类背起自己年幼的孩子，跟着动物一同踏上了逃难的旅程。但是他们走路的速度比那些用四肢奔跑的动物慢得多，严寒却毫不留情地紧跟其后。他们不得不迅速想出解决办法，否则只有死路一条。事实证明，人类更情愿开动脑子。在冰川纪，有四种情况给人类带来了致命的威胁，他们最终想出了对付所有困难的办法，使自己幸免于难。

首先，人类必须懂得穿衣服能够抵御寒冷，否则只能冻死。于是，他们学会了如何制造捕猎的陷阱：挖一些大坑，在上面铺上枝条和树叶，一旦有熊和鬣狗掉下去，他们就用石块砸死它们，用它们的毛皮做成大衣。接下来就是解决住房问题，这似乎是个非常简单的问题。许多动物都有睡在黑乎乎的山洞的习性。现在，人类也模仿着动物的样子，他们把动物们从这温暖的巢穴中赶出去，自己住了进去。

可是即便有厚厚的毛皮大衣穿、有温暖的山洞住，这样恶劣天气对大部分人来说也是非常寒冷的。老年人和小孩会成批地冻死。这时，有一个聪明的人想出了用火御寒的主意，他想起来有一次在森林里差点被火烤死的事。那时，对人类来说火是一个凶险的敌人。可是面对冰天雪地，火能变成人类的一个助人为乐的朋友。这位天才把干枯的树干拖进了山洞，在一棵着火的树上摘下一根燃烧着的枝条，点燃了洞里的枯树干。熊熊的火光把黑暗寒冷的洞穴一下子变成了一个温暖宜人的房间。

一天傍晚，一只死了的鸡不小心掉进了火堆。开始，没有人在意这事儿，直到烤熟的鸡散发出的阵阵诱人的香味飘进人们的鼻孔时，人们啃了一口尝尝味道，这才发现，原来经过火烤的肉食味道要比生吃好许多倍。自此以后，人类便抛弃了长期以来和动物一样生吃食物的习惯，开始吃熟食了。

慢慢地，数千年的冰川纪过去了。只有那些心灵手巧的家伙们幸存了下来。面对寒冷和饥饿，他们不得不日夜不停地与困难搏斗，受生活所迫，他们发明出各种各样的工具。他们学会了如何磨制锋利的石斧，制造坚硬石锤；为能够安全地度过漫长的寒冬，他们还必须储存足够多的食物；他们还发现能利用黏土制成碗和罐子，放在阳光下晒硬后就可以使用。就这样，给整个人类带来毁灭性灾难的冰川纪，最终却变成了人类最伟大的启蒙老师，因为它逼迫人类运用自己的智慧去思考。

◆ 第 4 章　埃及人的象形文字 ◆

埃及人的书写术为人类拉开了用文字记载历史的序幕。

我们最早的祖先开始生活在欧洲的荒野上，他们很快就学会了许多新事物。可以肯定的是，到某个时候，他们终将会脱离野蛮人的生活，发展出一种属于人类自己的文明。果然不出所料，他们与世隔绝的状态结束了，他们被发现了。

一位来自神秘的南方的旅行者，勇敢地跨过海洋，翻越沿途的高山峻岭，走到欧洲大陆的野蛮人当中。此人来自非洲，他的故乡叫作“埃及”。

当西方人看见刀叉、车轮、房屋等文明物品的时候，早在几千年前，位于尼罗河流域的埃及就已经进入了高级文明的阶段。现在，我们要暂时离开自己还处在穴居阶段的祖先，去拜访一下生活在地中海南岸和东岸的人们，那里是我们人类文明的第一个摇篮。

古埃及人教我们学会了许多东西。他们是优秀的农夫，精通农田灌溉的技术。他们修建的神庙不仅被希腊人仿效，并且还成为我们修建现代教堂的最初蓝本。他们发明的日历能够精确地计算时间，稍加修改一下，就能够沿用至今。最重要的是，古埃及人还发明了能为后人保存语言的方法——文字。

在当今社会，人们每天都会阅读报纸、书籍、杂志。我们也理所当然地认为，读书写字这些简单的事情早在以前就有。可事实并非如此，作为人类历史上最重要的发明，书写和文字是最近才出现的创举。假如没有文字记录的文献，人类就会像猫狗一样。猫狗这类动物只能教给下一代一些简单易学的东西，因为它们还没有掌握一种能把它们祖先的经验保存下来的方法，来全部传授给下一代。

公元前1世纪，古罗马人来到埃及。他们发现整个尼罗河谷有一种奇怪的小图案，看起来似乎与这个国家的历史有着密切的关系。可是古罗马人对“外国的”东西一点都不感兴趣，所以对这些雕刻在神庙和宫殿的墙上，和那些描画在纸莎草制成的纸上的奇怪图案也就没有进行深入的研究。而最后一个懂得这些神圣的宗教艺术的埃及祭师，也在很多年前就已经死去。这时还没有独立的埃及就仿佛是一个充满了重要历史记录的大仓库，没有人能够破译这些图案，也没人想去破译。因为它们对人类或动物都没有任何文献价值。

一千七百多年过去了，埃及依旧是一片神秘的国土。直到1798年，有一位姓波拿巴的法国将军恰巧率领部队路过东非，正准备对英属印度殖民地发起进攻。可他还没有越过尼罗河，战役就失败了。但是很凑巧的是，法国人在这次著名的远征中无意间破译了古埃及的这些图像文字。

一天，有一位年轻的法国军官，厌倦了罗塞塔河边（也就是尼罗河口）狭小的城堡里的枯燥生活，于是想去尼罗河三角洲的古废墟中溜达一趟，查找一些古文物。就这样，他找到了一块令他捉摸不透的石头。与埃及的其他东西一样，它上面也同样刻有许多小图像。但与之前发现的其他物件不同的是，这块特别的黑色玄武岩石板上竟然刻有三种文字的碑文，其中之一是人们所熟知的希腊文。因此他推论：“只要把这些希腊文的意思与埃及图像加以比较，很快就能揭开这些埃及小图案的秘密。”

这办法听起来是很简单，可是要完全揭开这个谜团，就是二十年以后的事情了。1802年，一位名叫商博良的法国教授开始对这些著名的罗塞塔石碑上的希腊文字与埃及文字进行比较。直到1823年，他宣布自己已经成功破译了石碑上的十四个小图像的含义。不久，商博良因过度疲劳而死，幸运的是埃及文字的主要法则已经公布于天下了。今天，我们所熟知的尼罗河流域的历史要比密西西比河的清楚得多，因为我们拥有整整四千年的文字记录。

古埃及的这些神秘的象形文字（原义为“神圣的书写”）在历史发展的长河中扮演了一个非常重要的角色，其中的几个字经过改动还纳入了现代的字母中。因此，你应该适当了解一下这个在五千年前就被人类使用的极具天才的文字体系，要知道，就是这些象形文字第一次为后人存留了前人说过的口语。

当然，你也是了解这些图像语言的。我们西方国家流传的每一个印第安小故事都有专门的一章，用来介绍印第安人使用的这些奇怪的小图案。它们传递着像有多少野牛被杀或者又有多少猎手参加了某一次围猎之类的信息。一般来说，理解这些信息并不是一件难事。

不过，古埃及的象形文字可不是简简单单的图像语言。尼罗河畔的人们早就凭借自己的智慧跨越了这一原始阶段。他们使用的小图像比图案本身包含了更多的意思。现在，我将试着为你们解释一下。

假如你就是商博良教授，你正在审视着一堆写满了象形文字的纸莎草纸。这时，你看到一个图案，画的是一个男人手持一把锯。你会说：“嗯，它的意思就是指一个农夫拿着锯出去伐木。”然后，你又看到另一张纸，它讲述的是一位皇后在82岁时去世的故事，在这些句子中间，你再次看到了这个男人拿着一把锯的图像，82岁高龄的皇后肯定不会去做伐木这种事情，那么这个图像肯定代表着其他的意思。可是到底是什么意思呢？

这就是法国人商博良为我们揭示的谜底。经过研究，他发现，古埃及人是第一个运用“语音文字”的人。这种文字体现了口语单词的声音，凭着一些点、划、撇、捺，就能够把所有的口头语言用书面的形式记录下来。让我们重新回到一个男人手持一把锯的图案上。“锯”（saw）这个单词，它不仅意味着你在木工店看到的一件工具，而且它也代表动词“看”（see）的过去时。

这个单词的意义在古埃及是这样变化的：首先，它仅仅代表着图案中一种特定的工具“锯”。后来，这个意义慢慢消失了，它演变成一个动词的过去时。经过了数百年，古埃及人把这两种意义都抛弃了，图案  只是代表一个单独的字母，即“S”。下面我举一个简单的例子来说明我的意思。这是一个现代的英文句子，用古埃及文字是这样表达的：

 有两种含义，一种是表示长在你脸上、使你能够看见世界的圆圆的东西，就是我们的眼睛，另一种代表“我”（I），也就是正在说话的人。

 也有两种含义，一种表达的含义是采蜜的昆虫，就是蜜蜂，另一种含义则代表动词“是”(to be)。最后，它变成了“成为”(be－come）或“举止”（be－have）等动词的前缀。在这个句子中，后面的图案为  ，它表达的意思是“树叶”（leaf）“离开”（leave）或者是“存在”（lieve），这三个词的发音是相同的。

下面的图案又是“眼睛”和“锯”，前面已经详细地讲过它们的意思了。

最后，你会看到了图案  ，画的是一只长颈鹿。这个词是古代埃及图像语言中保留下来的一部分，而象形文字就是在这种古老的图像语言的基础上发展起来的。

现在，你可以根据这些读音很容易地翻译出这句用象形文字写出来的话。

“我相信我看见了一只长颈鹿”（I believe l saw a giraffe）。

发明了这种象形文字体系后，古埃及人用长达数千年的时间不断地完善它，直到他们能够用这些文字记录下任何想要表达的东西。他们用这种象形文字告诉朋友信息、记录商业的账目信息、描述自己国家悠久的历史，以便后人能在过去的失败中吸取教训。

◆ 第 5 章　尼罗河 ◆

人类文明的发源地——尼罗河河谷。

人类的历史是一部人们躲避饥荒的详细记录。哪里食物丰富，人们就会迁徙到哪里去安家。

尼罗河河谷肯定是在很早的时候就已经扬名在外了。从非洲内陆、阿拉伯沙漠、亚洲西部，大批的人群涌入埃及，共同分享着那里富饶的农田。这些外来的人们组成了一个新的种族，把自己称为“雷米”或“人们”，正如我们有的时候把美洲称为“上帝的国土一样”。他们有足够的理由感激命运之神赐予他们这片狭长的河谷地带。每逢夏季，泛滥的尼罗河会把两岸变成浅湖；洪水退去以后，给人们留下的是几英寸厚的肥沃黏土，覆盖了所有的农田和牧场。

在埃及，仁慈的尼罗河为人们分担了大量的人力，养活了人类历史上第一批大城市的居民。当然，不是所有的耕地都能处在河谷的有利地带。人们把许多小运河和一样长短的吊桶组成一起，构成一个复杂的提水系统，能够把河面的河水引至堤岸的最高处，再由一个更加精密的灌溉沟渠网，把水分配到各地的农田。

过去，人类每天通常要劳动十六个小时，为家人和部落的成员寻找食物。可是埃及的农民和城市居民却拥有许多闲暇时间，他们利用这些空余时间制作出许多具有装饰性但是却毫无实用价值的东西。不仅如此，有一天，他们突然发现自己的脑子可以想出各式各样、稀奇古怪的念头。然而这些念头与日常生活中的吃饭、穿衣、睡觉、为小孩找住处这类的事情没有一点关系。比如，星星是从哪儿来的？电闪雷鸣究竟是谁创造出来的？是谁能让尼罗河水乖乖地按时涨落，让日历可以根据这些制定出来？还有他自己，一个即使被死亡和疾病包围，也同样能感受到幸福与欢笑的奇怪生物，这又是谁创造出来的呢？

他们问了许多这样的问题，有人就会诚恳地走到前面，尽其所能地回答问题。古埃及人就把这些能够解答问题的人称为“祭司”，他们就是思想的守护者，受到一般老百姓的尊重和爱戴。他们学识渊博，被授予用文字记录历史的神圣职务，他们知道人如果只图眼前的利益就会有大祸的道理。他们指引人们关注来世。到那时，人的灵魂就会居住在西部的群山之外，并向威力无穷、掌管生死大权的神——奥西里斯汇报自己前世的所作所为，神则根据他们的品德行为做出裁决。事实上，祭司们过分强调了大神奥西里斯与伊西斯国土里的来世生活，这就使古埃及人把此生仅仅看作是为来世所做的准备，却把富饶而充满生机的尼罗河谷变成了一片奉献给死者的国土。

令人迷惑的是，古埃及人慢慢相信：如果一个人失去了今世的躯体，那么他的灵魂也就没有机会进入奥西里斯的国土。因此当人一死，他的亲属们就会立刻对他的尸体进行处理，他们在尸体上涂香料和药物防止腐烂。然后把尸体放在装有氧化钠溶液的容器里浸泡数星期，再填充树脂。在波斯文里，“树脂”读作“木米乃”（Mumiai），因此人们就把经过防腐处理的尸体称为“木乃伊”（Mummy）。人们用特制的亚麻布将木乃伊层层包裹起来，放在特制的棺材中，运送到死者最后的安居处。不过，埃及人的坟墓像一个家，墓室里摆放着许多家具和乐器，用以打发等待进入奥西里斯国土的无聊时间，还有一些厨师、面包师和理发师之类的小雕像围绕在四周，这样墓室里的主人就能穿着整齐的衣服、有足够好的食物，不至于破破烂烂地四处游荡。

以前，这些坟墓都建在西部山脉的岩石里，后来，随着埃及人逐渐向北迁徙，他们只能在沙漠中为死者建造坟墓。不过，沙漠里尽是凶险的野兽和盗墓贼。他们会闯进墓室、挪动木乃伊、偷走随葬的珠宝。为了防止这种无耻行为的发生，古埃及人会在死者的坟墓上建一个小石冢。后来，富人们相互攀比，石冢也越建越高，大家都争着建最高的石冢。创造了最高纪录石冢的是公元前三十世纪的埃及国王胡夫法老，也就是希腊人尊称的基奥普斯王。他的这座高大皇陵被希腊人称为“金字塔”，高达五百多英尺。

胡夫金字塔占地面积为十三英亩，相当于基督教的最大建筑——圣彼得教堂的三倍。在二十多年的漫长岁月里，十多万奴隶夜以继日地从尼罗河对岸搬运石材，把它们运过河（我们至今仍然不清楚，他们是如何完成这项浩大的工程的），再井然有序地将这些巨石拖过宽阔的沙漠，最后吊装在适当的位置。胡夫法老的建筑师与工程师们携手共同完成了这件出色的作品。直到今天，这几千吨的巨石虽然从各个方向经受了长达几千年的重压，但是通往法老陵墓中心的那条狭长的过道却丝毫没有变形。

◆ 第6章　埃　及 ◆

埃及的发展历程。

尼罗河是人类的好朋友，可是有的时候，它却更像一位严厉的监工。它教会了在两岸生活的居民“协作劳动”的艺术。他们依靠合作的力量，共同建造灌溉沟渠，修筑防洪堤坝。就这样，他们也学会了如何与他人和睦相处。基于这种互利互惠的联系，这里很快就发展成为一个有组织的国家。

后来，有一位精明强悍的人，他的权力和威望与日俱增，超过了他所有的邻居。后来，这个人不但成为这个社区的领袖，而且当充满嫉妒和怨恨的西亚邻居入侵这片富饶的河谷时，他还充当了抵御外敌的军事领袖。最后，他终于变成了这里的国王，统治着地中海沿岸和西部山脉的辽阔土地。

不过，那些勤劳的农夫们很少有人对古埃及法老（法老一词是“住在大宫殿里的贵人”的意思）的这些政治冒险活动感兴趣。只要不被强迫缴纳超过合理限度的赋税或者施加过分繁重的劳役，他们就会像敬爱大神奥西里斯一样，接受法老的统治。

可是一旦有某个外族人民闯入，夺走他们的一切，情况就会变得极其悲惨。经过两千年的独立之后，一个名叫希克索斯的阿拉伯游牧部落闯入了埃及，统治了尼罗河河谷长达五百年。希克索斯人横征暴敛，极不受当地人民欢迎，和他们一样不受欢迎的还有希伯来人（即犹太人）。他们长期过着流浪的生活，穿过浩瀚沙漠来到了埃及的歌珊地，并在那里定居。当埃及人丧失了独立权时，他们反而帮助那些外国入侵者，担任入侵者的税吏和官员，埃及人深深地憎恨他们。

公元前 1700 年以后，底比斯人民发动起义。经历长期的战争，希克索斯人被驱逐出尼罗河谷，埃及重新获得了独立。

一千年以后，当亚述人征服整个西亚的时候，埃及居然沦陷为萨达纳帕卢斯帝国的一部分。公元前 7 世纪，埃及重新成为一个独立的国家，并且接受居住在尼罗河三角洲的萨伊斯城的国王的统治。但是在公元前 525 年，埃及又被波斯国王冈比西斯霸占了。直到公元前 4 世纪时，亚历山大大帝征服了波斯，埃及也随之变成了马其顿的一个行省。亚历山大死后，他属下的一位将军自封为新埃及之王，在亚历山大城建都，开创了托勒密王朝。埃及再一次获得名义上的独立。

公元前 39 年，罗马人来到这里。最后一代埃及君主——艳后克娄巴特拉，倾尽全力挽救自己的国家。她的美貌和领导力使罗马的将军们为之倾倒，其威力比数个埃及军团还要强大。她先后使罗马征服者恺撒大帝和安东尼大将军拜倒在她的石榴裙下，利用美色维持着自己的统治。可在公元前 30 年，奥古斯都大帝在亚历山大城登陆埃及，他是恺撒的侄子兼继承人，他不像自己过世的叔叔那样被这位妖艳的女王迷倒，而是毫不留情地歼灭了埃及的全部军队。他饶了克娄巴特拉的性命，并想把她作为自己的一个战利品，在返回罗马城的路上当众游街，供罗马市民欣赏。克娄巴特拉知晓这个计划后，竟然服毒自杀了。从此以后，埃及变成了罗马的一个省。

◆ 第 7 章　美索不达米亚平原 ◆

东方文明的第二个中心。

现在，我将把你们带到雄伟的金字塔的顶部，让你想象自己拥有像鹰一样锐利的眼睛，将目光指向遥远的东方，穿越沙漠的漫无边际的黄沙，你就会看到一片绿色的国土在闪闪发光，那里是两条大河之间的一个美丽的河谷，《旧约全书》把这里称为“乐土”。希腊人把这片神秘的仙境称为“美索不达米亚”，意思是“两河之间的国度”。这两条河分别是“幼发拉底河”（巴比伦人称这条河为普拉图河）和“底格里斯河”（也被称为迪克拉特河）。它们发源于亚美尼亚的群山之中，那里常年积雪，诺亚逃难的途中曾经在那里驻足休息。然后，它们缓缓流过南部平原，抵达波斯湾泥泞不堪的海岸。这两条河养育了两岸的人民，并把西亚干旱的沙漠地区变成了美丽而又肥沃的大花园。

尼罗河谷吸引了无数的人，是因为那里盛产食物，因此这片“两河之间的国度”也同样备受青睐。这里是一片充满希望的土地，居住在北部高山上的居民和长期游荡在南部荒漠的部落都曾经试图独占它，抵御外敌的入侵。山区的居民与沙漠游牧部落的争夺导致连年发生战争，最后存活下来的是最强悍、最聪明的人。这也是为什么美索不达米亚能够成为一个最强壮种族的家园，以及他们能够创造出一个在各方面都能与古埃及相媲美的伟大文明的原因。

◆ 第 8 章　楔形文字告诉我们的历史 ◆

苏美尔人发明的楔形文字为我们讲述了闪米特人的世界——亚述和巴比伦的故事。

15 世纪是一个地理大发现的时代。哥伦布本来想要找到一条能够通往香料群岛的水路，然而却意外地来到了美洲新大陆。有一位奥地利的主教出资装备了一支力量强大的探险队，前往东方，去探寻莫斯科大公的家园，但是没有成功，经历了一代人之后，西方人才首次登陆莫斯科。与此同时，一位名叫巴贝罗的威尼斯人也考察了西亚的古迹，并且带回了一个关于一种神秘文字的报告。有一些神秘的文字刻在伊朗谢拉兹地区很多寺庙的石壁上，但更多的则是刻在无数烘干了的泥板上。

但是那时的欧洲正在为许多别的事情而忙碌着。直到 18 世纪末，第一批“楔形文字”泥板（这个名字是由于该文字的字母呈楔状得来的）才被发现，它是由一位名叫尼布尔的丹麦勘测员带回欧洲的。德国教师格罗特芬德非常有耐心，花费三十年的时间，破译了排在前面的四个字母，分别是 D、A、R 和 SH，组合在一起恰巧是波斯国王大流士的名字。又过了二十年，英国的一位叫罗林森的官员发现了有名的贝希斯敦铭文，由此才为我们打开了译解这种神秘的西亚文字的大门。

与破译这些楔形文字的难度相比，商博良破译象形文字的工作还算是简单的，至少古埃及人运用的是一些简单的图像。然而最早居住在美索不达米亚的苏美尔人，他们抛弃了象形文字的观念，想出了把文字刻在泥板上的主意，后来逐渐发展成为一种全新的V形文字。比较一下，你很难看出它们与象形文字之间的联系。下面我举一些简单的例子，你就能明白我的意思了。

首先，把一颗“星星”钉在砖上，它的形状如下：，可是，这个图案看起来太烦琐了。过了一段时间，当把“天空”的意思与“星星”放在一起时，该图案就被简化成：。它看起来更加难以让人读懂。同样，一头牛的写法从衍变成，一条鱼从衍变成。太阳一开始被画成一个平面的圆圈，后来变成了。如果我们现在仍然使用苏美尔人创造的写法，那么一条船看起来就会是。这种文字系统表面上相当复杂，可是在漫长的三千多年里，苏美尔人、亚述人、波斯人、巴比伦人以及所有曾经占领过两河之间的土地的种族，全都使用过这种文字。

美索不达米亚的故事充斥着无休无止的征战与杀戮。早期，苏美尔人从北部迁徙到这里，他们是居住在山区里的白种人，习惯在山顶上祭祀他们的神仙。当进入平原以后，他们建造山丘，并在这些人工的山丘顶上修建祭坛。他们不会建楼梯，便采用环绕高塔的倾斜的长廊取代楼梯。现代工程师借用了这个美妙的创意，就像当今社会的大火车站一样，上升的长廊把楼层连接在一起。苏美尔人的其他创意也很有可能被我们借用过，只是暂时不知道而已。后来，占领两河流域的其他种族把苏美尔人同化，就再也寻找不到他们的踪迹了，只有以前他们建造的那些高塔依然矗立在美索不达米亚的一堆废墟中。当犹太人流浪到巴比伦时，看到了这些高大的建筑，便把这些建筑称为“巴别塔”（意思是“通天之塔”）。

早在公元前40世纪，苏美尔人就进入了美索不达米亚，但是没过多久就被阿卡得人征服。在阿拉伯沙漠中阿卡得人是与苏美尔人说同样的方言的诸多部落的其中一支，这些部落通常被称为“闪米特人”，这是因为他们认为自己是诺亚的三个儿子中“闪”的直系后人。又经过了一千年，阿卡得人被迫向另一个闪米特沙漠部落的亚摩利人臣服，接受他们的统治。汉穆拉比是亚摩利人的伟大的国王。他在巴比伦修建了一座雄伟而华丽的宫殿，而且还向他的子民颁布了一套法律——汉穆拉比法典，因此巴比伦就成了古代管理最完善的帝国。接下来，《旧约全书》中曾记述过赫梯人掠夺了这片富饶的河谷，他们摧毁了一切不能带走的东西。但是没过多久，他们被同样信仰沙漠之神阿舒尔的亚述人征服。亚述人把首都尼尼微作为中心，建立起一个恐怖的帝国，囊括了全部西亚与埃及，并向被他统治的无数种族强行征收繁重的赋税。到了公元前 7 世纪，迦勒底人重建了巴比伦，他们同样是闪米特部族，那时的巴比伦是世界上最重要的首都。迦勒底人的最著名的国王尼布甲尼撒鼓励进行科学研究，我们现在的天文学和数学就是在迦勒底人发现的基本原理的基础上发展起来的。

公元前 538 年，有一支野蛮的波斯游牧部落占领了这片古老的土地，推翻了迦勒底人的统治。两百年后，亚历山大大帝把他们击败了，把这片富饶的河谷、居住了众多的闪米特部族的地方，变成了马其顿的一个行省。随后罗马人来到这里，罗马人后来变成土耳其人。而美索不达米亚——世界文明的第二中心，最终变成了一片广漠的荒原。只有遗留下来的那些巨大的土丘，在讲述着这片古老土地上昔日的光芒与沧桑。

◆ 第 9 章　伟大的摩西 ◆

关于犹太民族的伟大领袖——摩西。

公元前 2000 年，有一天，一支力量弱小又不重要的闪米特游牧部落开始他们流浪的旅程。他们离开乌尔（位于幼发拉底河口的旧家园），想在巴比伦国王的领土范围内寻找一片新的牧场。却被国王的士兵驱赶，他们不得不继续流浪，希望早日找到一块无主的土地，能够安营扎寨。

这支游牧部落被人们称为希伯来人，我们通常把他们叫作犹太人。他们经历了长时间的悲惨流浪之后，终于在埃及寻找到了一小块能够栖身的地方。他们在那里住了五百多年，一直和当地居民和睦相处。后来，在一次战争中，接受他们的国家被希克索斯人征服了，可是他们却背叛了主人，全力为外国侵略者效劳，这才保住了自己的牧场。经过了长期的独立战争，埃及人把希克索斯人驱逐出尼罗河谷，这时，犹太人的厄运随之而来，他们被贬为奴隶，不得不在皇家大道和金字塔的工地上像牛马一样地干活。并且由于有埃及的士兵在边境上严密看守，犹太人根本没有办法逃出埃及。历经了多年的磨难之后，有一位名叫摩西的年轻的犹太人带领族人逃离了苦海。摩西以前常年居住在沙漠里，那里的牧民严格遵循祖先留下的传统，不受外国文明的安逸奢华所染。摩西非常欣赏祖先们的这些质朴美德，于是决心唤回族人对它们的热爱。

他带领族人成功地躲过了埃及的追兵，逃到了西奈山脚下的平原。过去，他在漫长而孤独的沙漠生活中，开始崇拜闪电和风暴之神的力量。这位神统治着天庭，所有牧人的性命、取火和呼吸这些基本的生存的东西都依靠他。此神是在西亚地区广受人民崇拜的众神之一，名字叫耶和华。通过摩西对自己族人的谆谆教诲，耶和华最终成为希伯来民族的唯一主宰。

有一天，摩西突然不见了，有人说他是背着两块粗石板出去的。就在当天下午，乌云蔽日，狂风暴雨，人们看不到西奈山的山顶。可当摩西返回营地的时候，两块粗石板上刻满了耶和华对犹太人说的话。从这时起，耶和华就被所有的犹太人敬奉为他们命运中的最高主宰、唯一的真神。他教会犹太人如何按照十诫的教训去过圣洁的生活。

摩西带领着犹太人继续向前穿越沙漠，人们都跟随着他。摩西告诉他们什么东西能吃，什么东西可以喝，还教会他们如何才能在炎热气候中保持健康的身体，他们都悉数听从。经过多年的长途跋涉，犹太人终于找到一片快乐而富饶的土地，并把这里称为巴勒斯坦，意思是“皮利斯塔人的国度”。皮利斯塔人是克里特人的一支，他们被赶出海岛后，就定居在西亚海岸。但是不幸的是，那时的巴勒斯坦内陆早已被另一支闪米特部族的迦南人所占据。然而犹太人不顾一切，奋力开辟道路，闯入山谷，建立起许多大大小小的城市。他们还修筑了一座敬奉耶和华的雄美的庙宇，并把有庙宇的城市命名为“耶路撒冷”，是“和平之乡”的意思。

至于摩西，这时他已经不再是犹太人的领袖了，他安详地眺望着远方巴勒斯坦的那些群山，然后永远闭上了那双疲倦的双眼。作为领袖的他，一直虔诚而辛勤地工作，敬奉耶和华。他不仅使族人脱离了外国的奴役，来到了一个独立的新家园，而且他还使犹太人变成历史上第一个只敬奉一个神的伟大的民族。

◆ 第 10 章　腓尼基人的文字 ◆

腓尼基人为人类创造了现代的字母。

腓尼基人与犹太人是邻居，他们同属于闪米特部族。很早以前，他们就沿着地中海海岸定居，他们建造了两个坚固而又安全的城市——提尔和西顿。没过多久，他们就垄断了西方海域的全部贸易。他们的船只定期会到希腊、意大利和西班牙等地，还曾经驶过最危险的直布罗陀海峡，前往锡利群岛采购锡。每到一个地方，他们就会建立一些小型的贸易站点，也就是俗称的“殖民地”。现代的很多城市都是由腓尼基人建立的这些小贸易站点发展起来的，比如加的斯和马赛。

腓尼基人做一切能够赚到利润的买卖，但是从来不觉得对不起自己的良心。据他们邻居毫不夸张的话来说，腓尼基人是既不诚实又不正直的人。他们视鼓鼓的钱箱为所有正经公民的最高理想。可事实上，人们非常不喜欢他们，也不和他们交朋友。但是，他们却给后人留下了一大笔有价值的宝贵遗产——他们创造了字母。

腓尼基人非常熟悉苏美尔人发明的奇形怪状的楔形文字，但是他们认为要想写出这些歪曲的笔画很麻烦而且浪费时间。他们是一群凡事都要讲求现实的商人，不愿意把大量的时间浪费在雕刻这些烦琐的文字上。于是他们精心研究，发明出一种新文字体系，这种文字体系要比楔形文字先进得多。他们借助了几个埃及的象形文字，并把许多楔形文字加以简化，大大提高了书写的速度和效率，最后，他们把几千个不同的文字简化成外形短小、使用方便的22个字母。

后来，这些字母越过美丽的爱琴海来到希腊。希腊人在此基础上增添了几个自己发明的字母，并把这些改进后的字母系统传到意大利。罗马人又把这些字母的外形稍作修改后，教给西欧的野蛮部落，这些野蛮人就是我们的祖先。这本书上的文字就是起源于腓尼基人创造的字母，而并不是那些埃及的象形文字或苏美尔人发明的楔形文字。

◆ 第 11 章　新兴的印欧种族 ◆

说着印欧语的波斯人成功地征服了闪米特人和埃及人。

古埃及人、巴比伦人、亚述人及腓尼基人在世界存活了将近三千年，这些生活在河谷地带的古老的民族也日渐变得落寞而疲惫。当一支充满活力的新兴民族出现的时候，就已经预示了他们被颠覆的命运。我们称这个新兴的民族为“印欧种族”，这是因为它们不仅征服了整个欧洲，而且还使自己成为印度的最高统治者。

这些印欧人和闪米特人一样，同属于白种人，但是他们说的是另一种完全不同的语言。这种语言就是所有欧洲语言的共同起源，但是不包括匈牙利语、芬兰语以及西班牙北部的巴斯克方言。

当我们知道他们的存在的时候，他们就已经在里海沿岸居住许多世纪了。但是有一天，他们突然收拾好帐篷离开居住地，向北迁徙，寻找新的家园。他们当中的一部分人来到了中亚的群山，在伊朗高地的山峰间生活了许多世纪，这也是我们为什么把印欧人称为雅利安人的原因。剩下的人便朝着日落的方向前进，最后占领了整个欧洲平原。在后面讲到希腊和罗马时，我再为你讲述这段故事。

现在，我们开始追随雅利安人的足迹。在他们伟大的导师查拉图斯特拉（或者叫作琐罗亚斯德）的带领下，一些雅利安人离开了山峰间的家园，沿着水流湍急的印度河向下奔走，一直到海边。

其他人则更愿意居住在西亚的群山中，并在那里建立了米堤亚人与波斯人的半独立社会。这两个民族的名字起源于古希腊的史书。公元前 7 世纪，米堤亚人建立了属于自己的米堤亚王国，但是好景不长，当安善部落的首领居鲁士凭借自己的才能成为所有波斯部族的国王时，米堤亚王国就被消灭了，从此以后，居鲁士开始四处远征，不久以后，他就和他的子孙毫无疑问地统治了整个西亚及埃及。

这些印欧种族的波斯人凭着蓬勃的精力继续向西征战，并不断取得胜利。不久以后，他们就与早在几个世纪前就迁入欧洲并且占据希腊半岛和爱琴海岛屿的另一支印欧部族发生了矛盾。这些矛盾引发了希腊与波斯之间三次著名的战争。波斯国王大流士与泽克西斯先后多次率兵入侵半岛北部，强占希腊人的领土，并且付出全部力量要在欧洲大陆上占领一个根据地。

可是他们失败了。雅典的海军战无不胜，成功地切断了波斯军队的供养线，雅典的水手总是能把亚洲的入侵者击退，使他们返回基地。这是亚洲与欧洲的第一次交锋，一方是老练成熟的导师，另一方则是年轻气盛的学生。在这本书的其他章节中还将为您讲述许多东方与西方交战的故事，这种争斗一直持续到了现在。

◆ 第 12 章　爱琴海文明 ◆

爱琴海人把古亚细亚的文明带到了荒凉野蛮的欧洲。

当海因里希·谢尔曼还年幼的时候，他父亲就给他讲述了特洛伊的故事，这些故事把他深深地迷住了，从此以后，他立下志愿，等自己长大了，有能力离家远行的时候，一定要去希腊"寻找特洛伊"。谢尔曼的父亲是梅克伦堡村的一个贫穷的乡村牧师，但这并没有使他放弃自己的理想，他知道寻找特洛伊会花费很多钱，所以决定先攒够钱，再进行考古挖掘。然而事实上，他早已在很短时间内积攒了一大笔财富，这些财富足够装备一支探险队。于是，他开始了自己的旅程，前往自己认为的特洛伊城旧址——小亚细亚的西北海岸。

在小亚细亚的某个角落里，有一座长满了谷物的高丘。根据当地人的传说，普里阿摩斯王的特洛伊城就埋藏在这高丘的下面。此时，谢尔曼的激情已经远远超越了他的考古知识，他立刻着手挖掘。伴随着热烈的激情，他挖掘的速度也越来越快，这使他与自己理想的城市分道扬镳。他挖的壕沟一直向前穿越了特洛伊城的中心，他来到了另一座深埋在地下的城市废墟。这座城市与荷马描述的特洛伊城相比，还要古老一千多年。如果谢尔曼只是在那里找到几把经过打磨的石锤或者几个粗陶罐，人们就不会觉得惊奇，因为人们通常会把这些器物与在希腊人以前在此地定居的史前人类联想到一起。可是事实上，谢尔曼竟然在废墟里发现了很多精美的小雕像、贵重的珠宝和印有非希腊图案的花瓶。

根据这些物品，谢尔曼大胆地得出了这样一个结论：在距离著名的特洛伊战争一千年以前，爱琴海沿岸曾经居住过一个神秘的种族。他们的文化在很多方面都体现出很强的优越性，比那些占领他们领地、摧毁或吸纳他们的文明的希腊野蛮部落要优越得多。谢尔曼的这些推测后来得到了证实。

19 世纪 70 年代末，谢尔曼考察了迈锡尼的废墟。发现的这个历史悠久的废墟曾令古罗马的旅行指南为之惊叹，更不要说是现代人了。在一个圆形围墙的方状石板下面，谢尔曼再次意外地发现了令人叹为观止的藏宝库。留下这些珍贵的宝物的仍然是那个比希腊人早一千年的神秘种族。他们在希腊的海岸修筑了许多城市，城墙高大厚实并且非常坚固，因此被古希腊人尊称为“巨人泰坦的作品”。传说泰坦是古代希腊像天神一样高大的巨人，他经常在山峰间丢球取乐。

考古学家经过一番深入的研究，终于揭开了这些遗迹上的神秘面纱。这些早期的精美工艺品的制作者和这些巨大城堡的设计师们并不是所谓的魔法师，而是一些淳朴的水手和商人，他们曾居住在克里特岛和爱琴海的许多小岛上。他们辛勤地工作，用自己的力量把爱琴海变成了一个繁忙的商业中心，在拥有高度文明的东方与野蛮落后的欧洲之间不断地进行商品和物资的交易。

这个贸易繁荣的海岛帝国维持长达一千多年，发明了精细的工艺，当时最重要的城市克诺索斯就位于克里特岛的北部海岸。当时那里的卫生条件和舒适程度，都已经达到了近乎现代化的水平。宫殿的排水设施工艺精良，住宅也配有取暖用的火炉。此外，克诺索斯人还第一次把浴缸融入日常生活中。克里特国王的宫殿有著名的蜿蜒而上的楼梯和宽敞明亮又高大雄伟的宴会厅。宫殿下面还建有能够储藏葡萄酒以及橄榄油的地窖，每个地窖的面积都很大，因此给第一批来这里参观的古希腊游客留下了相当深刻的印象。于是，人们根据这些编出了克里特“迷宫”的故事。迷宫通常形容一座建筑物有着许多复杂通道，一旦离开入口向前方走的时候，我们就会惊恐地发现自己永远找不到出口。

然而，究竟发生了什么事情，是什么导致了这个伟大岛国的永久衰落？本人对此也无从考证。

克里特人非常擅长书写术，直到现在，还没有人能破译他们留下的碑文。因此，我们也无法考查它的历史，只能在这些爱琴海人存留下来的遗迹中，推测他们的丰功伟绩。那些废墟可以证明，爱琴海人的帝国是在一夜之间被欧洲北部平原的那些野蛮民族攻陷的。如果我没有猜错，这个野蛮种族就是刚刚占领了岩石半岛（位于亚得里亚海与爱琴海之间）的游牧部族，也就是我们俗称的古希腊人。

◆ 第13章　欧洲历史的真正开端 ◆

印欧种族的赫楞人霸占了希腊半岛。

有一天，当一个印欧种族的小游牧部落远离自己美丽的多瑙河畔的家园，向南寻找尚未开发的新鲜牧场时，金字塔早已屹立在世界上一千年了，并且显露出了衰败的征兆，而巴比伦智慧超群的帝王汉穆拉比，此时也已经长眠于地下好几个世纪了。这支游牧部落把自己称为赫楞人，也就是希腊人的祖先。古老的神话故事中说，在很久以前，生活在这个世界的人类变得异常邪恶，于是居住在奥林匹斯山的众神之王宙斯对此感到非常愤怒，大发雷霆，用洪水冲毁了整个世界，杀死了所有的人类，唯一幸免的只有杜卡里翁和他的爱妻匹娜，赫楞就是杜卡里翁与匹娜的儿子。

我们对这些早期的赫楞人的了解并不多。修昔底德，是一位著名的记录雅典衰落的历史学家，他曾以鄙夷的口气提起过自己的这些先祖，说他们“不值得一提”，他说的大多数是实话。这些赫楞人野蛮无礼，过着与牲畜一样的非人生活。他们对待敌人非常残暴，经常把他们的尸体抛给凶猛的牧羊狗撕扯。他们一点也不尊重其他民族的权利，大肆杀戮居住在希腊半岛的土著皮拉斯基人，掠夺他们的农田和牲畜，还把他们的妻子儿女卖为奴隶。过去，亚该亚人曾经充当过赫楞人的前锋，带领他们冲入塞萨利和伯罗奔尼撒的山区里，后来赫楞人也为此写了许多歌曲来赞美亚该亚人的勇气。

在各处的高山顶上，他们看见了爱琴海人居住的城堡，但是他们不敢对其下手。爱琴海人的士兵使用金属刀剑与长矛作为武器，赫楞人深知，仅仅凭借自己手里的这些粗陋石斧，是绝对吃亏的。在很多世纪里，他们就这样四处漂泊，在一个接一个山谷和山腰间穿行。最后，全部的土地都已被他们占领了，他们便在此定居，做了农民。

这就是希腊文明的开端。这些希腊的农民住在能够看到爱琴海人的殖民地，一天，他们终于按捺不住自己的好奇心，去拜访了他们这位高傲的邻居。这时他们才发现，他们可以从那些在迈锡尼和蒂林斯的高大的石墙后面生活的人们那里，学到很多有价值的东西。

赫楞人是相当聪明的学生，没用多长时间，他们就学会了如何操纵那些爱琴海人在巴比伦和底比斯那里买回的奇怪的铁制武器，也熟知了航海的奥秘。从此以后，他们自己建造小船，出海航行。

当他们掌握了爱琴海人的全部技艺，就反过来把自己的老师赶回爱琴海岛屿。不久以后，他们冒着危险渡海，把爱琴海上的所有城市征服了，最后，在公元前 15 世纪，他们把克诺索斯夷为平地。就这样，在赫楞人在历史上有记载出现的十个世纪后，他们就顺理成章地成了整个希腊、爱琴海以及小亚细亚沿岸地区的主人。在公元前 11 世纪，古老文明史上最后一个伟大的贸易中心特洛伊也同样被希腊人摧毁了。欧洲的历史就在此时真正地开始了。

◆ 第 14 章　古希腊城邦 ◆

古希腊的城市其实就是一个独立的国家。

现代人总喜欢使用“大”这个字眼。我们会以自己属于世界上“最大”的国家、拥有“最强大”的海军、出产“最大量”的柑橘和马铃薯而感到无比自豪。我们也同样喜欢住在数百万人口的“大城市”，去世后可以葬在“全国最大的公墓”里。

对于一个古希腊的公民来说，如果听到我们的这种说法，他很有可能会一头雾水，根本不能理解我们的意思。“万事都有度”是古希腊人民的理想生活准则，他们绝对不会对纯粹的数量之多与体积的庞大产生任何兴趣。并且，他们对适度与节制的热爱并不是纸上谈兵，它包含着古希腊人一生的日常生活。这是他们的文明的一个组成部分，它使古希腊人建造出了小巧而又完美的神庙，在男人穿着的服装以及女人佩戴的手镯里，也完美地体现出了自己的特性，这种文明也被公众带到剧场中，他们会对任何胆敢违背这一准则的作品表示抗议。

希腊人还要求他们的政治家和最受人们爱戴的运动员也具备同样的平衡与适度感。有一次，一位著名的长跑运动员来到斯巴达，鼓吹自己能用单脚站立的时间，比希腊的任何人站得都长，那时人们毫不留情地把他赶出了这座城市，因为任何一只普通的家禽都能够做到他所谓的“壮举”。

你会说：“那很好啊，适度与完美是一种优秀的德行。但是为什么只有古希腊一个民族具备这种优秀的素质呢？”要想回答这个问题，我不得不讲一下古希腊人的生活状态。

在古埃及或美索不达米亚，人们只是一个由神秘莫测的最高统治者统治的“臣民”。这位神秘的统治者居住在离他们很远的宫廷里，统治着庞大的帝国。他的大部分臣民直到死去都没有见过他。希腊人却恰好相反：他们是分别属于好几百个小型“城邦”的“自由公民”，这些城邦中最大的一个，人口也不会超过一个现代规模较大的村庄。有一个居住在乌尔的农民说自己是巴比伦人，他的意思是说他属于数百万向当时的国王纳税进贡的众多臣民之一。可是如果一个希腊人自豪地称自己是“雅典人”或“底比斯”人，那么他所谈到的就是既是他的家园又是他们的国家的一个小城镇。那里没有最高的统治者，一切由当地的人们做主。

对于任何一个希腊人来说，祖国就是他们的出生地，是他们玩捉迷藏游戏度过童年的地方，是他们与许多男孩女孩共同成长的地方。他们对身边每个人的熟悉程度就像你知道你们班所有同学的绰号一样。他们的祖国也是埋葬自己父母的尸骨的圣洁土壤。祖国那高大而又牢固的城墙保护着他的房子，让自己的妻子和子女能享受无忧无虑的生活。他们的整个世界只有四五英亩那么小的一片岩石丛生的土地。现在你是否明白，在这样的生活环境中是如何影响一个人的行为和思想的呢？巴比伦、亚述、埃及的人们只不过是广大贱民中的一分子，犹如一滴水消失在大河中，可是希腊人却从来没有与周围的环境隔绝，他们一开始就属于那座人人互相了解的小镇上的一员，他们能够感觉到，那些聪明的邻居无时无刻不在关注着自己。无论他们做任何事情——写出一部戏剧、雕刻出一座大理石的塑像或者谱写了几首曲子，他们都不会忘记一点：那就是自己的努力会呈现在祖国所有的公民面前，接受他们的评判。在这种意识下，他们不得不尽力追求完美。他们从童年开始就会接受这样的教导：如果缺少了适度与节制，那么“完美”就像镜中花、水中月一样，永不能及。

在这所制度严格的学校里，希腊人在各方面都有着优秀的表现。他们创造了一种新型的政治体制，发明了新的文学样式，发展出一种全新的艺术理念，他们的这些功绩是我们现代人永远难以超越的。更加令人惊叹的是，他们创造这些奇迹的地方，只有相当于现代城市的四五个街区那么大的小村庄。

让我们看看后来发生了什么吧！

公元前 4 世纪，马其顿的亚历山大大帝征服了整个世界。战争一结束，他就决心要把真正的希腊精神传播给全人类。亚历山大将希腊的精神从那些小村庄、小城市里带出来，竭尽全力使这些精神文明在自己新建的辽阔帝国里盛行。可是当希腊人远离了那些与自己朝夕相处的庙宇，体会不到故乡小巷里的那亲切声音与味道，他们仿佛在一夜之间丧失了创造出伟大作品的激情和平衡感。他们的双手和脑子失去了灵性，落魄为廉价的艺匠，创作仅仅满足于那些低等的拙劣品。

从古希腊的小城邦丧失独立权，到被迫沦为一个伟大帝国的领地那天起，古老的希腊精神文明也就随之消失了。它永远地消失了，再没有复活过来。

◆ 第 15 章　古希腊城邦的自治制度 ◆

人类历史上最早着手做自治实验的民族。

起初，所有的希腊人贫富均等，每个人都有同样数量的牛羊，用泥巴糊成的小屋就是自己的宫殿。日常生活中，人们会按自己的意愿行事，如果有重要的事情需要公众讨论，所有市民都会聚集在市场上共同商议。人们会挑选出一位有声望的老人作为会议的主席，他的职责就是要保证每个公民都有平等的机会表达自己的意见。每当发生战争，总会有一位精力充沛且充满自信心的村民被公众推举为军事领袖，选举他为统帅，自愿把军事指挥权交给他，与此同时，人们也有等危机过后解除他的职务的权力。

随着时间的推移，小村庄发展为大城市。有些人工作勤奋，也有些人好逸恶劳；有些人会不走运，另一些人却依靠欺诈的手段发了财。就这样，整个城市的居民不再贫富均等，产生了贫富差距，居民也变成了一小部分富人和一大群穷人。

同时这座城市也发生了另一个变化，那些带领着人们取得战争胜利的人被公众心甘情愿推举为“首脑”或“国王”，从此旧式的军事统帅便从历史的舞台上消失了，他的位置被一群贵族所占据，他们在历史进程中挖掘出超额的土地与财产，是地位显赫的富人阶级。

这些贵族享有许多普通公民没有的特权，他们可以到地中海东部的贸易中心去购买最精良的武器，他们拥有着大量的闲暇时间来操练搏击术。他们生活在坚固的大宅子里，并且花钱雇佣士兵保护他们。为了决定出该由谁来统治这座城市，他们之间会不断地争吵，于是在争斗中获胜的那个贵族就会夺取王位，他的地位超越了所有人，统治了整个城市，直到某一天，他会被另一个野心勃勃的贵族杀死或驱逐。

这种靠自己手下的士兵保护自己的国王通常被人们称为“暴君”。在公元前 7 世纪到公元前 6 世纪期间，几乎所有的希腊城邦都由这样一位暴君统治着。顺便说一句，他们当中的许多人恰巧也会是特别有才干的。最终，这种统治制度发展到了让人难以忍受的地步，于是有了很多革新的尝试。世界上最早的民主制度，就是从这些革新的努力中发展起来的。

公元前 7 世纪初时，雅典人试图废除僭主制度，赋予公民发言权，让他们也能参与到政府的管理中，这种权力早在亚该亚人的先祖时代就已经存在了。他们委任一位名叫德拉古的人制定出一套完善的法律，以保护穷人，避免遭到富人的侵害。德拉古立即全身心地投入到工作之中，但很不凑巧的是，他是律师出身，与普通公民的日常生活完全不同。他认为，罪行就是罪行，无论轻重，都要受到严厉惩罚。等到他完成这项艰巨的工作后，雅典人发现德拉古制定的法典显得太过苛刻了，根本不可能实施。德拉古的这套新的法律把偷窃一个苹果这么小的事情都定为死罪，如果施行这部法典，那么以后人们会没有足够长的绳子来绞死所有犯人。

后来，雅典人去寻找一位更富有同情心的改革者。最后，他们终于找到了一个能做这项工作的最佳人选，他的名字叫梭伦，出生在一个贵族家庭。他曾经到过世界上的每个地方，考察过很多国家的政治制度。经过他的精心研究，梭伦为雅典人制定出了一套全新的法典，它完美地体现了希腊人的“适度”原则。并且梭伦在尽力改善农民生活状况的同时，也没有触犯到富人的利益，这是因为富人掌握着主要的兵源，这对于城市来说是大有用处的。为了保护穷人阶级免受法官滥用权力的危害（这是因为法官是由贵族阶级承担，他们可以不拿薪水，节省开支），梭伦特地拟订了一项条款，让利益受到损害的市民有权向陪审团申述，同时这个陪审团是一个由三十位雅典公民组成的。

这部法典中最为重要的是，梭伦通过法律的形式，使每个普通的公民关注并且参与到城市的事务中。从此以后，雅典人再也没有机会待在家里，借口说，“哦，今天我太忙了”或者是“下雨了，我最好是不要出去”。法典规定每个公民都应该履行的义务，出席集会，为城市的繁荣与稳定出一份微薄的力量。在很多情况下，这个由公民自治的政府效率是很低的，可以说是失败的，其中有许多不切实际的空谈。人们为了争名夺利，时常会发生互相诋毁与中伤的情况，可是至少有一点是有利的：它使得希腊人学会了独立自主，凭借自己的力量获得自由。

◆ 第 16 章　古希腊的生活 ◆

让我们看看古希腊人的生活是什么样的。

我猜你们会问，如果古希腊人一听到召唤，就前去集市商讨城邦的事务，他们会有时间去照顾自己的家庭生意吗？在这一章节里，我会给你们解释这个问题。

对于所有的政府事务，希腊的民主制度中只承认一类市民可以拥有参与的权力，那就是自由民。而希腊的每座城市都是由少数生来就有自由的市民以及大量的奴隶和零星的外国人组成的。只有在发生战争，需要征召兵员这种极少的情况下，希腊人才会给予他们认为的“野蛮人”，也就是外国人公民权，但是这种情形纯属例外。公民拥有的资格取决于他的出身，如果你是一个雅典人，就说明你的父亲和祖父以前就是雅典人。除此之外，不管你是一个多么优秀的士兵或者商人，只要你的父母不是雅典人，你的一生都只能被称为住在雅典的“外国人”。

因此，只要当时不是由一位“国王”或“暴君”统治，希腊的每个城市都会归这个自由民阶层来管理，并为自己的利益服务。这种体制，如果没有一个比自由民的数量多出六七倍的奴隶阶层，根本无法形成。奴隶为那些身为古希腊主人的自由民承担了大量繁重的劳动，而现代人就不得不为这些可以养家糊口的工作，付出自己大部分的时间与精力。

奴隶们承担了整个城市的像烹饪、烤面包、制作蜡烛之类的全部工作。他们既是理发师、木匠、珠宝制作工又是小学教师和图书管理员。他们负责看守商店、管理工厂。主人们的工作不是出席公共会议，就是讨论战争等重大问题；不是去剧院，观赏埃斯库罗斯的最新悲剧，就是去聆听对于欧里庇得斯的革命观念的激烈讨论，因为这位著名的剧作家敢于对大神宙斯的威严表示怀疑。

事实上，古代的雅典活像一个现代社会的俱乐部。生活在那个社会所有的自由民都是世袭的会员，而所有的奴隶也都是世袭的仆人，随时待命。当然，如果能有幸成为这个组织中的会员也是一件令人愉快的事情。

不过当我们谈到“奴隶”这个词的时候，我指的不是《汤姆叔叔的小屋》里提到的那种人。当然，每天为别人耕田种地的日子确实不怎么舒服，那些家庭没落的自由民们也会沦落到被雇佣的地步，在那些富人的农庄里做帮工，其实他们的生活和奴隶一样，非常悲惨。而且在城市里，甚至有很多奴隶比那些下层的自由民更加富有。对“万事都有度”的古希腊人来说，他们更愿意用温和的态度对待奴隶。可是后来的古罗马人要比他们冷酷得多。罗马人的奴隶犹如现代工厂里的机器，没有一丝的权利，而且常常会因为一些微小的过失，被主人投到荒山中喂野兽。

古希腊人把奴隶制视为一种必要的制度。如果没有这种制度，任何城市都不可能成为文明人居住的舒适家园。

奴隶们就像今天的商人和专业人员一样，担任着复杂的工作。至于那些占用了你母亲的大部分时间，使你父亲在下班后面对繁重的家务劳动的事情，古希腊人则认为没有那么重要。他们想完全体会到悠闲舒适的生活，使自己居住在最简朴的环境里，他们把家务劳动节省到了最少的程度。

首先，古希腊人居住的房屋非常简朴，即使是富人也同样会住在土坯房里。现代人认为应该享受的那些舒适的居住条件，在他们的屋子里一项都没有。希腊人的房屋是由四面墙壁和一个屋顶组成的，只有一扇通向街道的大门，但是没有窗户。厨房、客厅、卧室环绕出一个露天的庭院，庭院里会有一座喷泉或是一些小巧的雕塑，还会有几株植物，这就使整个环境显得宽敞明亮了很多。如果不是雨天或者天气没有那么冷，一家人就会居住在庭院里。在院子的一角，会有奴隶作为厨师为主人烹调食物；在院子的另一角，也有奴隶作为家庭教师教会孩子们背诵希腊字母和乘法表；在庭院的另一个角落里，屋子的女主人会和作为裁缝的奴隶一起缝补男主人的外衣。在古希腊，女主人很少出门，因为一个已婚妇女如果经常出现在外面，会被人们认为是极不体面的事情。在门后的一间小屋里，男主人正在仔细核对着任职农庄监工的奴隶刚刚送过来的账目。

当晚饭做好了的时候，全家人就会围坐在一起吃饭。饭菜也是非常简单的，很快就能吃完。古希腊人似乎把日常的饮食视为一件无法避免的罪恶，而不像娱乐一样，不但能打发掉无聊的时光，还能放松心情。他们主要靠面包和葡萄酒充饥，有时会有少量的肉和蔬菜。他们只有在实在没有别的饮料能喝的时候，才会去饮水，这是因为他们认为喝水对身体有害。他们也喜欢邀请朋友一同进餐，但是在现代人的宴会上经常出现的大吃大喝、纵情畅饮的情形，古希腊人对此感到非常反感，他们喜欢在餐桌上聚在一起，主要是为了能更加有趣地交谈并且能品味一些美酒和其他饮料。不过，他们懂得节制的美德，喝得烂醉在当时是遭人鄙视的行为。

古希腊人在餐桌上的简朴风气，同样也表现在他们对衣着上。他们爱干净，修饰整齐，头发和胡子会梳理整齐。他们还常常锻炼身体，像去体育馆游泳、练习田径这类活动，以便让自己感觉到身体健壮。他们从不盲目追求亚洲的流行式样，穿那些色彩耀人、图案古怪的服装。男人们平时只穿一件白袍，看上去犹如现代的身披蓝色披肩的意大利官员，显得非常有风度。

当然，他们也同样喜欢自己的妻子佩戴一些珠宝首饰，可是他们会认为在公众场所炫耀自己的财富是一种庸俗的行为。所以只要是女人在外面，她们都使自己尽量不惹人注目。

总之，古希腊人的生活不仅有节制，而且还非常简朴。像桌椅、书籍、房屋、马车等物品，会占用主人大部分的时间，最终，它们会把占有这些物品的主人变成自己的奴隶。他不得不花费大量的时间和精力去照顾它们，做一些擦拭、打磨、抛光之类的工作。而古希腊人最想得到的就是“自由”，因为自由可以使身体和心灵得到解放。所以他们把自己的那些日常需要压缩到最低的程度，以使他们能够维持精神上的真正自由。

◆ 第 17 章　古希腊的戏剧 ◆

人类的第一种娱乐形式——戏剧。

在很久以前，古希腊人就已经开始收集歌颂先祖丰功伟绩的诗歌，这些诗歌讲述的是他们的先祖从希腊半岛把皮拉斯基人驱逐出去并且摧毁特洛伊城的战绩。吟诗的人走在大街上朗诵这些诗歌，每个人都会出来聆听。然而，戏剧也是我们当代日常生活中不可或缺的娱乐形式，但它的起源并不是出自这些当众吟诵的史诗。它的起源非常独特，所以我想用一个新的章节为你讲述这个故事。

自古以来，古希腊人就喜欢游行，每年他们都会举办隆重的游行来赞美并敬奉狄俄尼索斯酒神。希腊人喜欢喝葡萄酒（因为他们认为水只能用于游泳和航海），因此这位酒神受到人们的高度欢迎。我猜想，如果现在的社会有汽水饮料之神，那他也会同样受到优待。

古希腊人认为这位酒神长期居住在葡萄园里，整天和一群被叫作萨提罗斯的似人又似羊的怪物们生活在一起，过着无忧无虑的生活。因此，人们在参加游行的时候会经常披着一张羊皮，并且发出咩咩的声音，就像一只真正的公羊。在希腊语里，“山羊”写法为“tragos”，但是歌唱家会把“山羊”拼写成“oidos”，所以，学山羊发声的歌手就被人们称为山羊歌手。慢慢地，这个怪异的称呼变成了一个现代名词——“悲剧”（tyagedy）。从戏剧的角度来说，“悲剧”一词意味着一个悲惨的结局，犹如喜剧（原意是唱歌、欢乐、幽默的事情）一样，总是以大团圆收场。

读到这里，你肯定产生这样的疑问：这些山羊歌手演奏出的嘈杂的合唱，是怎样发展成高贵的悲剧，并且能在世界各地的剧院上演两千年都没有衰退呢？

山羊歌手与哈姆雷特之间存在的联系，事实上非常简单。我现在就为你讲述。

刚开始，山羊歌手发出咩咩的合唱令许多人着迷，大批的观众围在街道两旁观看，笑声连绵不断。可是好景不久，人们开始对这种叫声产生了反感，希腊人认为沉闷无聊与丑陋、疾病一样邪恶，在人们的强烈要求下，合唱队不得不创造一些更吸引人的东西。后来，一位来自阿提卡的伊卡里亚村的年轻诗人想出了一个非常有新意的点子，他让合唱队中的一名成员走出队列，和站在游行队伍前的首席排箫乐师对话。这位队员有走出行列的特权，他一边说话，一边挥舞着双臂，做出各种各样的手势（这表示当别人站在一旁唱颂的时候，他在“表演”）。他大声地提出许多问题，乐队的领队就会对着诗人事先写出的答案，一一予以回答。

这些早已准备好的简陋的谈话，就是戏剧中“对白”的前身。它讲述的是酒神狄俄尼索斯或是其他某个神的故事。这种新颖的形式刚刚问世，就受到了群众的热烈欢迎，从此以后，凡是酒神的游行仪式里，都会有了这种形式的“表演场面”。没过多久，“表演”的形式显得比游行本身和咩咩地合唱更加重要。

埃斯库罗斯是古希腊最成功的“悲剧家”，在他漫长的一生（公元前 525 －公元前 456 年）中，写出约八十部悲剧，他曾经做出一个创新，就是在合唱表演中走出两名“演员”，取代原来的一名“演员”的形式。后来，索福克勒斯把演员的数量增加到三人。在公元前 5 世纪中期，欧里庇得斯开始创作一些让人毛骨悚然的悲剧，他根据剧情的需要选用演员，数量不定。阿里斯托芬的著作嘲笑所有人、所有事，即使是写奥林匹斯山众神的著名喜剧中，合唱队的地位已经沦落到了旁观者。他们的列队站在主角的后面，当前台的英雄们犯下了违背神意的罪行时，他们就会齐声高唱：“啊！这是一个多么恐怖的世界！”

这种极富创新的戏剧娱乐形式越来越需要合适的场所，不久，在每个希腊的城市中都拥有一座剧院，这些剧院建立在周边小山的岩壁旁，观众坐在木制的长凳上面，面对着一个宽阔的圆形场地，这个半圆形的场地就是舞台，演员和合唱队就在这里表演，他们的身后有一个大帐篷，演员们在上台前就在里面化装。他们会戴上用黏土制作的面具，代表着幸福、欢笑、悲哀、哭泣等各种表情。希腊文把“帐篷”称为“skene”，这个词就是现代的“布景”（scenery）一词的由来。

观赏悲剧已经成为古希腊人生活的重要组成部分，人们非常认真地对待它，绝不会为了放松心灵而去剧院。一出新戏上演的重要性可以与一次选举相媲美，甚至一个成功的剧作家获得的荣誉比一名凯旋的将军都要高出很多倍。

◆ 第 18 章　希波战争 ◆

希腊人在反抗欧洲的战争中赢得了胜利，把波斯人赶回了爱琴海的另一端。

爱琴海人是腓尼基人的学生，腓尼基人以商业为职业，后来，希腊人又从爱琴海人那里学会了贸易。他们学着腓尼基人的模式，在各地建立大量的殖民地，并且使用货币与外国的客商进行交易，利润远远超越了腓尼基人。到公元前 6 世纪时，他们已经牢牢掌控了小亚细亚沿岸，仰仗自己更高的工作效率，他们抢夺了腓尼基人的大部分生意。因此，腓尼基人对希腊人的这种行为一直怀恨在心，但是他们的实力还远不足以对希腊人发起战争。他们不愿意冒险尝试，只能把这些仇恨埋藏在心里，等到时机成熟就实施报复。

在上述章节里，我讲过波斯帝国崛起的故事。有一个来自波斯的没有什么名气的游牧部落开始了四处的征战，在很短的时间内他们就掠夺了西亚的大部分土地。这些波斯人极有礼貌，做事方式也比较文明。他们从来不劫掠那些降服于他们的臣民，只要这些臣民每年定期进贡一些赋税，他们就会感到心满意足。当波斯人进攻到小亚细亚海岸时，他们强烈要求在吕底亚地区的希腊人民的殖民地臣服于波斯国王，承认自己是他们唯一的主人，并按时按量向国王缴税。这些希腊殖民地的人民拒绝了波斯人这种极端无礼的要求，并向位于爱琴海对岸的祖国发生求救信号。由此战争就开始了。

根据史书的详细记载，每一任波斯国王都视希腊的城邦制为心中的一大忧患。但是那些已经归顺波斯帝国的诸多民族会把这种制度作为榜样，来反抗波斯的统治。因此，波斯人认为，必须尽快消灭这种危险的政治制度，以使波斯帝国的旗帜永远飘扬在希腊国土的上空。

当然，因为有波涛汹涌的爱琴海相隔，希腊人多少会有一些安全感。可是如果波斯人在雅典附近登陆，就会直接摧毁希腊人的心脏。可是那时，雅典的海岸线上派有重兵坚守，波斯人只能撤回亚洲。马拉松平原的胜利给希腊人民带来了短暂的和平。

此后的八年里，波斯人养精蓄锐、时时刻刻盯着希腊的宝贵国土，而希腊人也没有丝毫的懈怠。他们都知道，一场声势浩大的战争是不可避免的，但是在怎么面对这场战争的问题上，雅典内部发生了严重的分歧。一部分人认为增强陆军的实力会更好，另一部分人则认为如果有一支强大的海军力量才是赢得胜利的关键。这两大派分别由阿里斯蒂里司和泰米斯托克利领导，他们互相攻击，争执不休，雅典的防御问题就是在这种情况下浪费了大量的时间。最后，支持陆军的阿里斯蒂里司在一场政治斗争中惨败后被流放，泰米斯托克利赢得了最后的主动权。他大胆做事，倾尽全部人力财力建造优秀的战船，并且把比雷埃夫斯建成了一个无坚不摧的海军基地。

在公元前 481 年，一支队伍壮大的波斯军队突然出现在希腊的北部塞萨利地区，希腊半岛再次陷入危机中。在这个危急存亡的关键时刻，英勇善战的军事城邦斯巴达被推选为希腊联军的军事领袖，可是斯巴达人对北方的战争显得极为不重视，那是因为他们自己的领土还没有受到威胁。正是由于抱有这样的心态，他们才疏忽了要严加防守从北方通向希腊腹地的重要通道。

斯巴达国王列奥尼达奉命带领一支力量较小的军团去防守塞萨利与希腊南部省份相连的道路，这条道路地处高山与大海之间，很容易防守。列奥尼达命令勇敢的斯巴达勇士以寡敌众、浴血奋战，最终成功地阻拦住了波斯军队前进的步伐。但一个名叫埃非阿尔蒂斯的人却出卖了希腊人，他带领一支波斯军队沿着梅里斯附近的小路躲过士兵的防守，直达列奥尼达的后方，从后面发起进攻。在温泉关一带（德摩比勒），开展了一场血腥的战役，双方军队从早到晚一直拼杀。列奥尼达和斯巴达的全部士兵阵亡，身边还躺满了许多波斯士兵的尸体。

攻陷了温泉关以后，波斯大军就取得了优势地位，他们直奔希腊领土，希腊的大部分地区相继失守。波斯人气势磅礴直奔雅典，想要雪耻八年之恨。他们占领了雅典卫城，并把那里夷为平地。雅典的老老少少全部逃往萨拉米岛，看来，要想赢得战争的胜利是没有什么希望了。公元前 480 年 9 月 20 日，泰米斯托克利率领雅典的全部海军，把波斯舰队引诱到希腊大陆与萨拉米岛之间的狭窄海面，波斯舰队不得不与雅典的海军决战。交锋了几个小时以后，雅典人摧毁了一多半波斯舰船，赢得了决定性的胜利。

这样看来，波斯人以前在德摩比勒地区取得的胜利没有丝毫作用。没有了海上舰队的支援，波斯国王泽克西斯不得不带兵撤退，并且打算明年再与希腊人决战，将他们一举歼灭。波斯的军队撤退到北部的塞萨利地区整顿，盼望着第二年春天的来临。

可是这次，斯巴达人意识到了战争关系到整个希腊半岛的存亡，所以必须倾尽全力。为了保护城邦的绝对安全，斯巴达人早已修建好了一条横越科林斯地峡的城墙，士兵在波仙尼亚斯的率领下，离开了这道城墙的安全庇护，主动向玛尔多纽斯指挥的波斯军队进攻。这场战争在普拉提亚附近拉开序幕，来自十二个城邦的数十万希腊军队，向三十万波斯大军发起了总攻击，与马拉松平原战争一样，希腊重装步兵再次冲破了波斯军队的箭阵，彻底击垮了波斯人。很凑巧的是，在希腊步兵取得普拉提亚战役胜利的同一天，雅典的海军也同时在小亚细亚附近的米卡尔海角摧毁了波斯舰队。

就是在这种结局下，欧洲与亚洲的第一次战争落下了帷幕。雅典赢得了至高无上的荣誉，斯巴达人也因为英勇而扬名海外。如果这两个城邦能够化解矛盾、携手合作，如果他们肯抛弃彼此之间的嫉恨，那么他们的组合将会引领一个强大而统一的希腊。

但是事情的发展总是不尽人意，胜利的激情与合作的热情慢慢退却，这样的机会也就再也没有了。

◆ 第 19 章　伯罗奔尼撒战争 ◆

雅典与斯巴达展开了一场争夺希腊半岛领导权的漫长而又惨重的战争。

雅典和斯巴达都是希腊的城邦，他们说的是同一种语言，但是在其他方面，两个城市则没有一丝共同之处。雅典矗立在高高的平原上，享受着清新温和的海风。雅典的人民惯用孩子一样好奇的眼光打量这个美丽的世界；而斯巴达却坐落在低低的峡谷的底部，巍峨的群山环绕在四周，无疑成为阻挡外界事物和思想的天然屏障。雅典是一个生意兴隆的贸易之邦，是一个开放的大集市；斯巴达却像是一座大兵营，人人练兵养马，每个公民的最高理想就是能成为一名英勇的士兵。雅典人喜欢边沐浴着温暖惬意的阳光，边探讨诗歌或者聆听智者的言辞；斯巴达人则正好相反，他们从来不会写下任何与文学有关的东西，只会偷偷练习战斗的技巧。这表明，他们非常喜欢战争，从内心里渴望战争，为了战争，他们宁肯牺牲人类的所有感情。

因此，这些严厉的斯巴达人因雅典的成功而充满无限的恶意与仇恨就不足为怪了。反抗波斯入侵的战争结束后，雅典人将保卫共同的家园所激发的能量，用于建设和平的目标。他们重新修建了雅典卫城，把那里作为祭祀雅典女神的大理石神殿。建立雅典民主制度的伟大领袖伯里克利四处寻找邀请著名的雕塑家、画家以及科学家，并用重金聘请他们为雅典工作，以使自己的城市变得更加壮美，让雅典的年轻人更有才华品德。同时，伯里克利也没有忘记斯巴达的动机，时刻警惕着斯巴达的行为，他还在雅典与海洋间修筑了一座高大的城池，这一壮举使雅典变成了当时防守最坚固、最完善的堡垒。

在很长的一段时间里，雅典与斯巴达互不干扰，但是由于一次小小的争执，就点燃了两个希腊城邦仇恨的火苗。双方开始用武力解决矛盾，战火一直持续了三十年之久，最后以雅典惨败而告终。

在战争爆发后的第三年，一场恐怖的瘟疫突袭了雅典，雅典将近一半的人民死在这场天灾中。更为悲惨的是，他们那位睿智的领袖伯里克利也在这场瘟疫中罹难。后来，有一位名叫阿尔西比亚德斯的年轻人做出了巨大的贡献，赢得了民心，于是他被选为伯里克利的继任者。他提出一个建议：对位于西西里岛上的斯巴达殖民地锡拉库扎进行一次远征，在阿尔西比亚德斯的指挥下这一周密的计划实施得有条不紊。雅典人组织了一支远征军，储备了足够的军事物资，整装待发。然而不幸的是，阿尔西比亚德斯被卷入一场街头上的斗殴事件中，不得不逃亡。后来继任的将军是一个胸无大志、没有谋略的人，在他错误的指挥下，损失了海军全部的船只，接着陆军又遭到灭顶之灾，而少数幸存的雅典士兵在被俘后押往锡拉库扎的采石场做苦役，后因饥渴而死。

这次战争的惨败使雅典元气大伤，城邦中大部分的青年人都在这场战斗中身亡，雅典人民注定要失败。公元前 404 年 4 月，雅典经过长期没有指望的困守，最终投降了。这简直是一个惨不忍睹的时刻，那座防护城市的高大城墙就这样被斯巴达人夷为了平地，海军的船只被全部夺走。在雅典强盛的巅峰时刻，曾经征服了广阔的土地，建立起一个以雅典为中心的强大的殖民帝国，可是现在，它已经在政治上和军事上沦落，不可能再成为帝国的中心。但是，雅典人民那种对知识和真理的渴求，那种使其在繁荣与强盛的时期卓越于世的自由精神，并没有和城墙船只一起消失，它依然生长在雅典人民的心中，甚至比以前更加辉煌灿烂。

雅典没落了，它再也不能主宰希腊半岛的命运。然而作为人类的第一所大学，它继续引导着向往智慧的人们的心灵，它的影响远远超越希腊半岛那狭窄的边界，远播世界。

◆ 第 20 章　亚历山大大帝 ◆

亚历山大大帝创建了一个希腊式的世界大帝国，他的雄心壮志最终得到了什么样的结果呢？

很久以前，亚该亚人离开了多瑙河畔的家园，向南开辟新的牧场时，曾经在马其顿的群山中度过了一段时间。从那以后，希腊人一直与他们保持着紧密的联系。对于马其顿人这方，他们也同样一直在关注着希腊半岛上最新进展的态势。

那时，斯巴达和雅典刚刚结束争夺希腊半岛领导权的战争，马其顿当时也正好由一位名叫菲利普的智慧超群的领袖统治着。菲利普倾慕希腊的文学艺术，但是鄙视他们在政治活动中的低效率和低自制能力，眼看着这么一个优秀的民族把它的全部人力和财力都耗费在毫无意义的争吵之中，这点是让菲利普最为恼火的。于是他向希腊进攻，使自己成为那里的主人，最终解决了这一难题。然后，他要求那些归顺的希腊的臣民们一同加入他策划已久的远征——前往波斯，作为一百五十年前波斯薛西斯王访问希腊的战争的“回访”。

但是不幸的是，精心筹划好的远征还没有来得及出发，菲利普就遭到谋杀了。于是，为希腊复仇的艰巨任务就落到了他的儿子——亚历山大的身上。亚历山大的老师是伟大的希腊导师、哲学家亚里士多德，他精通政治、军事、哲学、艺术，并对希腊的文化有深厚的情感。

公元前 334 年春天，亚历山大率领军队离开欧洲。七年之后，他的大军翻越了印度。在漫长的征途中，他歼灭了希腊商人的天敌腓尼基人，征服了整个埃及，并且被尼罗河谷的人民尊称为法老的儿子与继承人。在征途中，他还击垮了最后一任波斯国王，推翻了波斯帝国。他要求重建巴比伦，并且率领大军直挺喜马拉雅山的心脏。那时，整个世界都属于马其顿。然后他停止了征服的计划，谋划了另一个更加具有野心的计划。

亚历山大热爱希腊，并且宣布新建立的帝国必须在希腊精神的影响下成长。他还要求自己的子民学习希腊语言，居住的房屋也要按照希腊的风格建造。这时亚历山大率领的士兵脱去盔甲，放下兵器，摇身变成了传授希腊文化的教师。昔日的军营变成为传播希腊文明的和平中心。希腊人的风俗习惯和生活方式犹如波涛汹涌的洪水一般，一浪高过一浪。然而正在这时，年轻有为的亚历山大受到热病的突袭，于公元前 323 年病死在汉穆拉比国王修建的旧巴比伦王宫里。

从此以后，浪潮渐渐退去，只留下了一片希腊文明的肥沃土壤。凭着一腔热血的雄心与愚蠢的自负，亚历山大为人类做出了一项有巨大价值的贡献。他建立的帝国在他死后不久就开始土崩瓦解，一大批有野心的将军瓜分了他的世界，即使这样，他们仍旧忠实于亚历山大最初的梦想——建立起一个包含希腊文明与亚洲精神的伟大世界。

这些分裂出来的小国家一直拥有自己的独立权，直到罗马人发起远征，把整个西亚和埃及掠夺到自己的领土里。于是，亚历山大留下的这份伟大的精神遗产（囊括部分希腊、部分波斯、部分埃及以及部分巴比伦），被后来的罗马征服者全部收走。在以后的几个世纪里，它根深蒂固地归属罗马的世界，直到今天我们依然能感受到它带来的影响。

文明起源的总结

我们回首过去，你就会发现，文明地区已经被勾勒出一个半圆形的轮廓。它发端于埃及，再经过美索不达米亚和爱琴海的岛屿，向西一直到整个欧洲大陆。在人类文明史的前四千年里，埃及人、巴比伦人、腓尼基人以及大群的闪米特部族（犹太人就是这些闪米特部族之一），都曾经高举文明火炬照亮过全世界。现在，他们把这文明的火炬传递给了印欧种族的希腊人，希腊人交给罗马人。他们是地中海东部毫无争议的主人。而就在此时，闪米特人也正沿北非海岸向西扩展，成为地中海西半部的主人。

根据这种态势的发展，结果显而易见。在历史的某个时刻中，人类的两大种族——印欧人和闪米特人，为了夺得地中海和其他地区的统治权，展开了一场恐怖的战争。在这个大型的竞技场上，战功卓著的罗马帝国诞生了。罗马把埃及——美索不达米亚——希腊的文明更深更广地与欧洲大陆相结合，为现代欧洲社会奠定了精神根基。

我知道，这一切听起来似乎有些复杂、很不可思议，但是，只要你能领会其中的这几条主要的线索，我们那些其他的历史就会变得简单明了。地图指引我们明白许多难以用文字表达的东西。

在上述简短的小结之后，我将带你们回到历史前进的道路上，看一看迦太基和罗马之间发生的著名战争。

◆ 第 21 章　罗马与迦太基的交锋 ◆

闪米特种族在非洲的殖民地——迦太基，为了得到西地中海的统治权，与生活在意大利西海岸的罗马人发生了激烈的战争，战争以迦太基的灭亡而告终。

富人统治下的迦太基

腓尼基人建立的小贸易据点卡特·哈斯达特位于一座小山上面，能俯瞰到一片 90 英里宽的海面，这就是分隔了欧洲与非洲的阿非利加海。作为商业的中心和贸易中转站，找不到比它更理想的地方了！它是那么的完美无瑕，发展速度极快，变成了富有的地带。公元前 6 世纪，巴比伦国王尼布甲尼撒摧毁提尔时，哈斯达特就和母国切断了一切联系，建立了一个独立的国家——迦太基。从那时起，它就一直是闪米特种族向西方扩充势力的一个重要阵地。

但不幸的是，这座城市继承了母国许多不良的习惯。它们也是腓尼基人在过去的一千年的发展历程中兴亡的一些特性。从本质上来看，这座城市只不过是一个大型的商号，由一支力量强大的海军守护着。迦太基人是纯正的商人，除了做生意，他们对生活中那些优美丰富的事物丝毫不感兴趣。这座城市、附近的乡村以及许多遥远的殖民地，全都被一个为数不多但掌管大权的富人集团统治着。在希腊语中，富人写为“ploutos”，因此希腊人把那些由富人掌管的政府称为“Plutocracy”（意思是“富人统治”或“财阀统治”）。

迦太基拥有着这样一个典型的富人政权，掌控整个国家真正权力的人实际是十二个大船主、大商人及大矿场主。他们经常在密室中集合，共同商讨国家事务，把祖国视为一个大公司，他们从中赚取大量的利润。同时，他们也精力充沛，勤奋地工作，以警惕的目光密切关注着周围的事态。

随着时间的流逝，迦太基对周边地区的影响日渐扩展，一直延伸到北非的大部分海岸地区。西班牙和法国的部分领地都变成了迦太基的属地，他们会定期向这个迦太基进贡、缴税、上缴利润。迦太基也因此成为当时的一大富国。

当然，建立这样的一个富人政权，必须要经过人民大众的同意或默许。只要这个富人政权能够保证较多的工作机会以及充足的薪水，大部分市民都会感到心满意足，听凭那些“能人”和“精英”的命令，也不会提出一些尴尬的问题为难政府。可是一旦当船只不能再出海，没有矿石运进港口来供应熔炉冶炼，当码头的工人和装卸工人面临下岗，整天面对饥肠辘辘的家人时，人们就会怨声四起，就会有人要求召开平民会议。这点在迦太基还是一个古代自治共和国时，就已经成了惯例。

为了防止人们发生骚动，富人政府被迫竭尽全力维持整个城市商业的全速运转，容不得半点懈怠。在五百年漫长的岁月里，他们辛勤地工作着推进城市商业的扩张，也成功地做到了这一点。可是直到某一天，从意大利的西海岸传来了恐怖的谣言，立刻使这些统治迦太基的富人们寝食难安。传言说，台伯河边有一个毫不起眼的小村子突然崛起，一举成为意大利中部所有拉丁部落公认的伟大领袖。传言还说，这个名叫罗马的小村庄正打算大肆建造船只，渴望与西西里和法国南部地区通商。

迦太基的富人们绝不会容忍存在这样的竞争，新兴强权的出现对于他们来说如同梦魇一般，他们必须在罗马没有成熟的时候，将这个年轻的对手扼杀在摇篮里。要不然迦太基的威望会受到严重的打击，从而失去作为西地中海绝对统治者的最高地位。经过一番仔细的调查，他们终于弄清了真实情况。

罗马的兴起

在很长一段时期内，意大利的西海岸一直是被文明之光忽略的地区。在希腊，所有良港都面向东方，关注着商业繁荣、生意旺盛的爱琴海岛屿，分享着文明与通商的便利条件。同时，意大利西海岸则是一无所有，除了地中海那冰冷的波涛不断拍击着荒芜的海岸以外，没有任何能引起关注的事情发生。这里是极端穷困的地区，外国的商人也很少造访。那里的土著居民也因此安静寂寞地在绵延的丘陵和布满沼泽的平原上生活，如同与世隔绝一样。

在这片贫困的土地上发生的第一次侵略战争来自北方。在某个不确定的日子里，一些印欧种族的游牧部落开始了从欧洲大陆向南迁移的路途。他们在美丽的阿尔卑斯群山中蜿蜒向前，发现了翻越山脉的一个隘口，于是立刻如潮水般涌进了亚平宁，延伸至部族的村庄与牲畜，占领了这个酷似长靴形状的半岛。对于这批早期的征服者，我们了解得非常少。如果没有荷马人曾经歌唱过他们的那些辉煌过去，那么他们的丰功伟绩就难以得到证实并且记载下来。关于罗马城建立起来的记载，产生于八百年以后，当时这座小城早已变成一个大帝国的宏伟中心。这些记载只不过是一些神话故事，与真实的历史相差甚远。罗慕路斯和雷穆斯都跳过了对方的城墙，但事实上是谁跳过了谁的城墙，我却一直记不清。它们只是有趣的枕边书，使那些不肯安心睡觉的孩子们着迷。但是罗马城建立的真实过程，确实是一件乏味而又单调的事情。

罗马城的起源犹如一千座美国城市的起源，起初，是由于地处要道、交通便利，人们纷纷前来此地交易货物、买卖马匹。罗马城就位于意大利中部平原的中心，台伯河便形成了它直接的出海口，一条横穿半岛南北的要道经过这里，一年四季都能通过，疲劳的旅客会在此地驻足休息。沿台伯河的岸边有七座小山，这里便成了当地居民抵御外敌的避难场所。这些凶猛的敌人有的是来自周围的山地地区，有些则是来自地平线以外的滨海地区。

居住在山地的敌人被称为萨宾人，他们行为鲁莽，心存恶意，总是希望通过掠夺维持自己的生活。可是他们很落后，使用的武器是笨重的石斧和木制的盾牌，难以与罗马人手中的钢剑相匹敌。相比较之下，居住在滨海地区的人们才是罗马人真正危险的敌人。他们叫作伊特拉斯坎人，其来历至今是历史学上的一个谜团，没有人知道他们是从何时起定居在意大利西部的滨海地区，他们属于哪个种族，以及是什么原因使他们远离了自己的家园，这些疑问无从考究。然而他们留下的碑文随处可见，可惜的是由于没有人看得懂伊特拉斯坎的文字，所以这些书写的信息至今还是些神秘的图形。

我们唯一能推测出的最接近事实的是，伊特拉斯坎人起初来自小亚细亚，可能是战争问题，也可能是发生了一场大瘟疫，迫使他们背井离乡，到其他地方寻找新的栖居地。暂且不管是什么原因迫使他们流浪到意大利，伊特拉斯坎人在人类历史上无疑担当了相当重要的角色。他们将古代文明的果实从东方传入西方，他们使来自北方的罗马人懂得了文明生活的基本原理，包括建筑术、修建街道、作战、艺术、烹饪、医药以及天文等知识。

然而，正如希腊人不喜欢作为导师的爱琴海人一样，罗马人也同样憎恨作为他们师傅的伊特拉斯坎人。当希腊的商人体会到了与意大利通商的好处之后，当第一艘希腊商船满载着货物抵达罗马城时，罗马人就立刻摆脱了伊特拉斯坎人的束缚。希腊人最初来意大利的目的是做生意，可是后来却长期居留在那里，充当起罗马人的新导师。他们越来越觉得这些居住在罗马乡间的部族（他们被称为拉丁人）非常喜欢接受有实用价值的新鲜事物，当罗马人开始意识到他们可以从书写文字中获得到巨大的好处后，他们就开始模仿着希腊字母的样子，创造了拉丁文。他们还发现，统一制定的货币与度量方式可以有效地促进商业的发展，于是他们也效仿这种方法。最终，罗马人不仅跟上了希腊文明的步伐，甚至远远地超越了希腊文明。

他们也兴高采烈地把希腊敬奉的诸神也请到自己的国家。从此宙斯移居罗马，新的名字叫朱庇特，其他的希腊神也相继移居罗马。罗马的诸神与那些陪伴希腊人度过一生、走完整条历史长河神采飞扬、满脸笑容的兄弟姐妹们不一样。他们是国家机构的一分子，每位神都在尽心管理着自己负责的部门。他们满脸严肃，神态方圆，严谨公正地实施正义，作为回报，他们也同样要求信徒们能够认真地顺从，而罗马人也会谨慎地献上他们的忠诚。古希腊人与奥林匹斯山的诸神之间始终保持着和谐亲密的神人关系，这种情况在罗马人和他们敬奉的神之间却从未有过。

虽然罗马人与希腊人一样，都属于印欧种族，但是他们没有效仿希腊人的政治制度。他们不喜欢凭借发表一堆枯燥乏味的言论和滔滔不绝的演讲来治理国家，他们的想象力和表现欲不像希腊人那么丰富，他们喜欢的是用一个现实的行动来代替大量无用的言辞。在他们的眼里，平民大会（写成“Pleb”，就是自由民的集会的意思）通常是一种纸上谈兵、劳民误国的恶习。因此，他们把管理城市的大权交给两名执政官，并且设立一个由老年人组成的“元老院”辅佐他们。按照人民习俗和现实情况，这些元老通常出身于贵族阶层，但是他们的权力却受到了严格的限制。

如同雅典在走投无路的情况下制定出的解决贫富纠纷问题的《德拉古法典》与《梭伦法典》一样，当历史发展到一定阶段，即公元前 5 世纪，罗马也同样发生了贫民和富人间的斗争，以一部为自由民制定的成文法典而告终，法典中规定设置“保民官”来保护他们，使他们免遭贵族法官的迫害。保民官就是城市的地方长官，在自由民中选举。一旦有政府官员办事不公时，他就有权阻止，捍卫自由民的权益。依照罗马的法律，执政官掌管生死大权。如果案件没有被证实，保民官就有权介入，尽力挽救这个人的性命。

公民权

当我提起“罗马”这个词的时候，我的意思是说听起来是一座只有几千个居民的小城市，然而，罗马城拥有的真正实力实际上是蕴藏在城墙外的大片乡村地区。正是由于对这些城墙外的地区的管理，早期的罗马帝国就已经展示出令人敬佩的殖民技巧了。

以前，罗马城位于意大利的中部，也是当时唯一拥有高大的城墙并且防御坚固的堡垒。可是，它一直都保持着敞开城门热情好客的好习惯，为那些遭遇外敌入侵的拉丁部落提供紧急的避难场所。长此以往，这些拉丁部落的邻居们逐渐意识到，如果能与这样强大的朋友保持紧密的联系，那么自身的安全也就有了极大的保障。因此，他们开始探寻一种合作的模式，与罗马城建立攻守同盟。其他的国家，像埃及、巴比伦、腓尼基以及希腊，这些国家都要求那些非本族的“野蛮人”签订一系列的归顺条约以后，才肯提供保护。可是聪明的罗马人没有效仿，相反，他们给外族人一个平等的机会，使他们能够成为罗马帝国的一员。

罗马人说：“如果你们想加入我们，那么尽管来加入吧！我们将把你们与具有完全权利的罗马公民一样来对待。但是作为对这种优待的回报，一旦我们的城市以及我们共同的母亲遇到外敌入侵的危险，你们也要拔刀相助，我们希望你们能全力以赴与我们共同奋战！”

这些外族人感激罗马人的慷慨相救，于是就以坚定无比的忠心来报答罗马的这些大恩。

在古希腊，每当某个城市遭受危险时，所有外族居民总是迅速地带上行李逃跑。在他们的眼里，这儿只不过是他们的一个临时寄居的场所而已，因为不断地向主人缴纳税款，才得到他们一点点毫不情愿的施舍，凭什么要冒着生命的危险去捍卫对自己没有一点好处的城市呢？罗马却恰恰相反，一旦敌兵攻到罗马城下，所有的拉丁人都会一同地拿起武器，全力奋战，因为他们共同的领土正在面临危难。他们当中有些人可能居住在100英里以外，也有的一生都未曾看见过罗马的城墙和圣山，即使这样，他们也仍然把罗马视为自己真正的“家园”。

没有任何失败和灾难能动摇他们对罗马城的忠心。在公元前4世纪初时，野蛮的高卢人来势凶猛地闯进意大利。他们于阿里亚河附近将罗马的军队全部击溃，声势浩瀚地要向罗马进军，想最终夺得这座城市。他们猜想罗马人可能会主动出击，于是采用使其屈辱求和的奸计。他们悠闲自得地等待回音，等了很久，什么事情都没有发生。没过多长时间，高卢人突然意识到自己已经陷入了罗马的包围之中，四周充满了杀气，面对紧闭的城门，他们根本无法使供求得到满足。在这种困境下，高卢人支撑七个月后，终于忍受不了饥饿和身陷异乡的恐慌，狼狈地撤退了。罗马人实行的以平等原则接纳外族人的政策不仅使他们在战争时取得巨大成功，也为他空前绝后的强盛奠定了坚固的基础。

最初的交战

从上面对罗马历史的简述中我们很容易看出，罗马人建立健全国家的伟大理想与迦太基式的理想，有着相当大的差距。罗马人依赖的是一批“平等的公民”间的团结而真诚的合作，共同捍卫自己的城市。而迦太基人则是沿袭旧的埃及和西亚的模式，要求他们的属民无条件地服从，因此这些服从是极不情愿的。当达不到这种要求的时候，他们就会按照典型的商人思维，花钱雇佣一些职业军人替他们作战。

现在你应该能够理解，为什么迦太基人会畏惧这个睿智而强大的敌人，为什么他们宁肯找一些不值得一提的借口来煽动战火，趁机把这个危险的对手扼杀于摇篮之中！

可作为成熟稳重的商人，迦太基知道莽撞行事往往会适得其反，于是他们提出建议，将各自的城市在地图上分别画一个圆圈，表示自己的“势力范围”，并且还要承诺互不侵犯对方的利益。这个协议很快达成了，然而也同样迅速地被撕毁了。当时，美丽富饶的西西里岛在一个软弱腐败政府的统治下，无疑成了外来入侵者的美食，于是迦太基和罗马便同时把自己的军队派往了那里。

这场战争一共持续了二十四年之久，史称第一次布匿战争。首先是海面上的短兵相接，起初，英勇善战的迦太基海军将领将新建不久的罗马舰队轻而易举地摧毁后，依旧沿用旧的海战法。迦太基的战船不是猛撞罗马的船只，就是从敌舰的侧面发出猛攻，使敌军船桨折断，再用乱箭和火球杀死那些仓皇失措、没有退路的水手。然而，罗马伟大的工程师发明出一种带有吊桥的战船，使那些擅长肉搏的罗马士兵能顺着吊桥冲到对方的船只上，快速地杀死迦太基的弓箭手。这样一来，迦太基取得海战胜利的好日子也就到头了。在米拉战役中，罗马人重重挫败了迦太基的舰队。迦太基人被迫求和，从此以后，西西里就纳入了罗马帝国的版图。

又过了二十三年，两国再次发生争端。罗马人为开发铜矿而占据了撒丁岛，迦太基人为寻找白银将整个西班牙南部占为已有，两大强权就这样变成了近邻。罗马人极不愿意与迦太基人为邻，于是他们派军队翻越比利牛斯山，监视迦太基军队的一切动向。

战争的舞台已经搭建好了，只差一个小小的火星来点燃两国间的第二次战争了。一个独立的希腊殖民地再次成为战争的导火索。迦太基人首先围困了西班牙东海岸的萨贡托，于是萨贡托人无奈地向罗马求救，像往常一样，罗马人还是那么乐于助人。元老院答应要派遣军队，可是组织远征军就耗费了很长一段时间，在这段时间里，萨贡托沦陷了，整个城市就这样被迦太基人摧毁了。这一举动激怒了罗马人，元老院决心向迦太基宣战。他们派遣一支罗马军队跨越阿非利加海，在迦太基领土附近登陆。另一支军队负责控制占领西班牙的迦太基部队，阻拦他们救援的去路。这是一个完美的计划，人人都盼望着最后的胜利，甚至有的人已经在畅谈战后的狂欢盛宴和分享战利品了。然而，诸神却不希望罗马人能如此顺利地获胜。

伟大的汉尼拔

公元前218年秋天，准备攻击驻守在西班牙的迦太基军队的罗马军团出发了，离开了意大利。罗马人正焦急地等待着胜利消息，然而事情正好相反，他们等来的却是一个恐怖的噩耗，很快就漫延了整个波河平原。开始是一些粗莽的山民，他们散布了一个难以置信的故事，他们说，有数十万的棕色人牵着一种怪异的野兽，每一只野兽都有房子那么大，突然浮现在比利牛斯山的云朵之中。他们现身的地方就在古格瑞安山隘，早在几千年前，赫拉克勒斯曾经赶着他心爱的格尔扬公牛经过此地，从西班牙赶往希腊。不久，纷至沓来的逃难者一下子涌至罗马城前，他们衣衫褴褛，面无血色。罗马人从他们那里知道了更多更详细的内容。哈米尔卡的儿子汉尼拔，统领着九万步兵、九千骑兵以及三十七头气势汹汹的战象，已经翻越了比利牛斯山，在罗纳河畔，他击垮了西庇阿将军率领的罗马军队，又率领军队成功地翻越了10月时节、冰天雪地的阿尔卑斯山。后来，他与高卢人联盟，击败了试图渡过特拉比河的第二支罗马军团。现在，汉尼拔正在试图围困住普拉森西亚，那是一个连接罗马与阿尔卑斯山区行省大道上的北方重镇。

元老院为此感到非常震惊，表面却没有流露一丝恐慌，仍然像平常一样冷静、精力充沛地忙碌着。他们隐瞒了罗马军队惨败的消息，又派遣了两支装备齐全的军团前去阻击汉尼拔。在特拉美诺湖边的一条狭长道路上，英勇善战的汉尼拔突然率领军队扑向罗马的援军。乱了阵脚的罗马军团拼死抵挡，但是汉尼拔早已占据了先机。特拉美诺湖一战，使所有的罗马军官和大部分士兵死在战场上。这次，罗马人再也沉不住气了，他们众说纷纭、惶恐不安，只有元老院镇定自若。罗马组建起第三支军团，委任给费边·马克西墨斯统领，并授予他“拯救国家的需要”的荣誉称号，掌握采取行动的大权。

费边知道汉尼拔是一个相当危险的敌人。为了不使全军覆没，他付出了十二万分的小心。更何况他手下全是些没有经过严格训练的新兵，这些已经是罗马能够组织起来的最后一批士兵了，他们根本不是汉尼拔手下那些身经百战的老兵的对手。因此，费边小心翼翼地避免与汉尼拔发生正面交锋。他凭借对地形的了解，尾随在汉尼拔军队后面，烧掉所有可以食用的东西，并且摧毁道路和桥梁。他还趁其不备袭击迦太基人的小部队，采用的是一种令敌人感到困扰和极其痛苦的游击战术，以此不断削弱汉尼拔军团的士气。

即便是这么完美的战术也不能安慰深受恐惧折磨的罗马人民。他们躲藏在罗马的城墙中避难，整日胆战心惊，希望获得一场大捷以彻底消除他们的恐惧。他们高声呼喊着“行动”，必须采取迅速果断的行动。在这片一浪高过一浪的呼声中，一位名叫瓦罗的人民英雄，也就是那个四处发表激昂的演说、鼓吹自己比年弱多病、行动缓慢的费边要高明千百倍的家伙赢得了人民的青睐。而可怜的费边却早就被加以“延缓者”的绰号，遭到全体罗马人的鄙视，就这样，瓦罗在群众的欢呼声中成了罗马军队的新任总司令。公元前216年，瓦罗指挥康奈战役，罗马军团遭到了有史以来最为惨重的失败，七万多人被杀，汉尼拔一举成为意大利的主宰。

现在汉尼拔可以直接杀入罗马了，他从亚平宁半岛的一端杀到另一端，犹如开辟新领地一样简单。大军所经过的地方，他都倾尽全力宣称自己是“把人民在罗马的压迫下解放出来的救世主”，并号召当地人民加入反抗罗马的战争。这一次，罗马实行的善政再次结出了珍贵的果实。自称为“解放者”的汉尼拔虚伪地称自己是人民的朋友，可是他发现得到解放的人好像一点也不领情。他遭到当地人民的反对和抵抗，再加上劳师远征、与敌国苦战，给养和兵员几乎断了供应。汉尼拔非常清楚自己的艰难处境，他派遣信使返回迦太基，希望能得到装备和士兵方面的供应。可惜的是，迦太基无力提供这两样给他。

就这样，经过长期的不断胜利，汉尼拔发现自己反而陷入了那些已经被征服了的国家的重重包围之中。曾经有段时间，局势好像有些好转的苗头。他的兄弟哈斯德鲁巴于西班牙击退了罗马军队，很快就能越过阿尔卑斯山向汉尼拔增援。他派信使南下，告诉汉尼拔他将要来增援，并让汉尼拔派遣一支军队前去台伯河平原接应。但是非常不幸，信使落入了罗马人的手里，汉尼拔无奈只能等待着兄弟的消息。直到有一天，哈斯德鲁巴的头颅装在一只精心准备的篮子里，被送到汉尼拔的营帐前时，他才意识到增援自己的迦太基军队已经全军覆没了。

自从歼灭了哈斯德鲁巴以后，罗马将军大西庇阿轻而易举地将西班牙重新占为己有。四年过去了，罗马人做好了对迦太基发动致命一击的准备了。汉尼拔被迦太基紧急召回，他渡过阿非利加海回到了自己的家乡，想要组织迦太基城进行严密的防御。在公元前202年，扎马战争中，迦太基的军队以失败告终，汉尼拔逃到提尔，再转至小亚细亚，尽力说服叙利亚人和马其顿人一起反抗罗马。他在这些亚洲国家中煽动的效果很不明显，反而给罗马人创造了一个向东方和爱琴海世界发起战争的借口。

汉尼拔变成了一个失去家园的逃亡者，被迫流亡各地，身心的疲惫和渺茫的前途深深打击着他。他终于明白了，自己的宏图大志已经到了尽头。他热爱的祖国迦太基在战争中惨败，不得不屈服于罗马换回和平。迦太基的全部军舰都已沉入海底，并且失去了海军军队，在没有得到罗马人的许可情况下，他们没有发动战争的权力，他们还不得不向罗马支付巨额战争赔款，在没有光明的岁月里一年一年地偿还。生命的航帆失去了方向，公元前190年，汉尼拔服毒自杀了。

四十年后，罗马人再次进攻，向迦太基发动了致命的一击。在漫长而艰苦的三十年时间里，生活在腓尼基殖民地的人们顽强地反抗着。最终，他们忍受不了饥饿，被迫投降。战争中幸存的少量男人和妇女被罗马人卖为奴隶，整个城市被焚毁了。仓库、宫殿、兵工厂笼罩在熊熊的火焰中，这场大火持续了两个星期之久。他们对着乌黑的残城施加了最恶毒的诅咒，后来罗马军队全部回到自己的国家，尽情地享受他们隆重的庆典去了。

随着迦太基的颠覆，地中海在后来的一千年中成为欧洲的内海。可是当罗马帝国灭亡的时候，亚洲就展开了一次试图夺得这个内陆海洋控制权的尝试。至于具体的情况，我将在讲到穆罕默德的故事时告诉你们。

◆ 第 22 章　罗马帝国的诞生 ◆

罗马帝国是怎样炼成的。

罗马帝国的诞生绝对是偶然。没有人精心策划，它是自己“形成”的。历史上从来没有一个著名的将军、政客或是刺客站出来说：“朋友们，罗马公民们，我们要建立一个伟大的帝国！大家请跟随我，我们将一同征服从赫尔克里斯之门到托罗斯山的广阔土地！”

当然，罗马也造就了许多丰功伟绩的将军和许多优秀的政客和刺客，罗马军队在世界各地取得胜利。但是罗马帝国的产生并不是出于某个人精心策划的构思。普通的罗马人全都是些本分的人，他们不愿意探讨关于国家的理论。如果有人会慷慨激昂地说，“我认为，罗马帝国应该向东扩展……这类的话”，听众们就会立刻离开会场，去做自己应该做的事情。然而事实上，罗马掠夺了越来越多的土地，仅仅是环境的原因才迫使他们不得不扩张领土，并不是出于人们的野心或贪婪。罗马人向来就是安分守己的农民，希望一辈子都悠闲地待在家里。不过，一旦他们受到攻击，就会奋不顾身地保卫自己。如果正巧有来自海外的敌人，需要他们到遥远的国度去实施反击，那么任劳任怨的罗马人就会毫不犹豫地踏上遥远而又乏味的征程，去击垮那些危险的敌人。当任务完成后，他们就会留下来管理这片新征服的土地，以免它落入四处游荡的野蛮部族手中，重新对罗马的安全构成威胁。这听起来好像很复杂，可是对于现代人来说这只是一个非常简单的道理。今天，你同样也能看到这种情况。

公元前 203 年，大西庇阿将军率领大军渡过阿非利加海，点燃了非洲的战火。迦太基紧急召回了汉尼拔。由于汉尼拔率领的那些花钱雇佣来的军队士气低落，不会拼死为迦太基作战，才导致他在扎马附近的惨败。罗马人要求汉尼拔投降，但是他却逃到亚洲的叙利亚和马其顿寻求支持。这些我已经在上一章讲过了。

叙利亚和马其顿的统治者（这两个人都是亚历山大帝国分裂以后的残余势力）当时正在精心策划远征埃及，企图瓜分尼罗河谷。埃及国王听到了风声，立刻向罗马人求救。看来，一系列充满戏剧性的阴谋与反阴谋即将拉开序幕，可是，缺乏想象力的罗马人在好戏还没有上演前就莽撞地掀开帷幕。罗马军团一下子就摧毁了马其顿人沿用的旧的希腊重装步兵方阵。这场战役就发生在公元前 197 年，地点在塞萨利中部的辛诺塞法利平原，也就是俗称的“狗头山”。

后来，罗马人又向半岛南部的阿提卡大举进攻，并且通知希腊人，要使他们在马其顿的压迫下获得新生。然而历经多年的半奴役生活，并没有使希腊人变聪明，他们把重新获得的自由浪费在了毫无意义的事情上。希腊的所有城邦再次卷入了无休止的争吵中，犹如他们在光辉的岁月里的行为。可见，罗马人的政治观还远远不高明，他们讨厌民族内部愚蠢的争论。开始他们极力忍耐，可漫天的谣言与攻讦最终使务实的罗马人失去了原有的耐性。他们进攻希腊，焚毁了科林斯城以警示其他的城邦，并派一名总督统治雅典这个多事之地。这样，马其顿和希腊就摇身变成了保卫罗马东部的缓冲区。

当时，跨越赫勒斯蓬特海峡就是叙利亚王国，被安条克三世统治的广阔的土地。汉尼拔作为叙利亚尊贵的客人，他将入侵意大利、掠夺整个罗马城讲成一件轻而易举的事情时，安条克三世便不禁跃跃欲试。

卢修斯·西庇阿，就是入侵非洲并在扎马战争中打败汉尼拔与迦太基军队的大西庇阿将军的弟弟，他被派往小亚细亚。就在公元前 190 年，他在玛格尼西亚一带击垮了叙利亚的军队。没过多久，国王安条克就被自己的子民实施私刑处死了，小亚细亚也因此成为罗马的保护地。

这个小小的城市共和体最终变成了地中海周围广大土地的主人。

◆ 第23章 罗马帝国的发展 ◆

罗马共和国演变成罗马帝国的艰难历程。

奴隶、农民及富人

罗马军团在取得一连串的辉煌胜利后凯旋，罗马人民举行盛大的游行欢迎他们的归来。可惜的是，这种突然而来的荣耀，并没有使罗马人民的生活变得更幸福。相反，连年的征战使农民疲于应付国家的兵役，因而农事荒芜，影响了他们的正常生活。战争以后，那些建立了丰功伟绩的将军和他们的亲朋好友掌握了极大的权力，他们凭借战争的名气，大肆捞取个人的利益。

古代的罗马共和国崇尚简朴，许多著名的人也都过着极其简朴的生活。可是战后的共和国追求的是奢侈与浮华，以过朴素的物质生活为耻，早已将先辈们那些崇高的生活作风抛到了九霄云外。罗马在战后变成了一个被富人统治、为富人牟利、被富人占领的地方。这样一来，就注定了要以灾难性的结局告终。现在我就为你们讲述这段故事。

在短暂的一百四十多年的时间里，罗马在事实上已经变成了地中海沿岸所有地方的主人。在早期，一名战俘的命运肯定是失去人身自由，被卖为奴隶。罗马人却把战争视为生死存亡，对已经被征服了的敌人没有一点同情心。迦太基沦陷后，当地的妇女和儿童都被捆绑起来，和他们的奴隶一起被卖为奴隶。对那些勇敢反抗罗马统治的希腊人、马其顿人、西班牙人以及叙利亚人，等待他们的也都是同样的结局。

在两千年前，一个奴隶只不过是机器上的一个零件，就像现代的富人投资的工厂一样，而古罗马的富人们（由元老院的成员、将军以及发战争财的商人组成）则把自己的财富体现在购买土地和奴隶上。土地就是新征服的国家，通过购买或直接攫取而来。奴隶在各地的市场上都能方便地买到，只要在最便宜的地方买入就可以。在公元前 3 世纪和公元前 2 世纪的相当长一段时间里，奴隶的供应量一直很充足。因此，庄园主们可以把他们的奴隶像牛马一样尽情驱使，直到奴隶过度疲惫倒在田地里死去。而主人们会去附近的奴隶市场讨价还价，购买新到的科林斯或迦太基的战俘，以弥补劳力的损失。

现在，我们再来看一看普通罗马农民的命运吧！

他们是一群全心为罗马而战的人，没有过丝毫怨言，因为他们认为这是他们应尽的义务。然而历经了十年、十五年甚至二十年的漫长兵役后，他们回到家乡，发现自己的田地已经是荒草丛生，房屋也在战火中烧毁。他们是绝对坚强的男子汉，认为这不算什么，可以开始新的生活。于是他们拔去地里的杂草，翻耕土地，播种果实，辛勤劳作，耐心等待丰收。最后终于到了盼望已久的收获季节，他们兴高采烈地将谷物、牲畜以及家禽运到市场进行交易，这时他们才发现，大庄园主早已用奴隶耕种出了大片土地，他们的农产品的售价要比农民预想的低很多，所以他们不得不廉价出售自己的货物。就这样艰难地维持了几年，他们对自己的国家感到极其失望，他们只好抛弃土地，离乡背井，到城市谋求生路。可是在城市，他们依然填不饱肚子。不过，他们至少可以同数千名有着同样悲惨命运的人们一起分担痛苦。他们住在城市的郊区那些肮脏污浊的棚屋里，由于卫生条件极其恶劣，他们很容易生病，一旦染上瘟疫就会必死无疑，所以他们愤愤不满，怨气冲天。他们都曾经为祖国拼死战斗，可是祖国竟以这种方式回报他们！因此，他们非常爱听演说家们充满煽动性的言论，这些野心勃勃的政治家精心把这群饿狼般的人聚集在自己的身边，很快就成为国家新的严重的威胁。

那些新兴的富人阶级对这种情形不屑一顾，只是轻描淡写地耸耸肩膀，争辩说："我们拥有军队和警察，足以镇压住暴徒。"随后，他们就会躲进自己那高墙环绕的舒适别墅中，悠闲地修剪花草，或是读上几行希腊奴隶为主人翻译出的动听的拉丁文《荷马史诗》。

各种各样的改革家

在几个庞大的贵族里，依然保持着古老共和国时代的那种质朴的品德和无私的奉献的精神。阿非利加将军大西庇阿的女儿科内莉亚，嫁给了一位叫格拉古的罗马贵族，她生了两个儿子，一个叫提比略，一个叫盖约。他们长大后都进入了政坛，并且努力实施了几项迫在眉睫的改革措施。提比略·格拉古被公众选为保民官，他想要帮助那些生活贫困的自由民。为此，他恢复实行了两条古代的法律，规定个人只能拥有一定数量的土地。他希望通过此项改革，使那些对国家极有价值的小土地所有者阶层得到新生。然而他的这一善举遭到了富人的仇视，暴发户们把他称为"强盗"和"国家公敌"。他们策划街头暴乱，一群被雇用的暴徒要杀死这位深受人民爱戴的保民官。有一天，提比略在进入公民会议的会场时，一群暴徒一拥而上围攻他，将他殴打致死。十年以后，他的亲兄弟盖约再次试图改革，以拒绝拥有强大势力的特权阶层的无理要求。他制定出一部《贫民法》，最初的想法是帮助那些失去土地、生活穷困潦倒的农民。可是事与愿违，这部法律以大部分罗马公民沦为了乞丐而告终。

盖约在罗马帝国的周边为贫民建立了一片居留地，可这些居留地并没有吸引到他想收容的那类人。在盖约·格拉古能做出更多的善举前，他也惨遭暗杀。而他的追随者不是被杀，就是被流放。这两位最初的改革者属于贵族绅士，然而后来的两位改革者却与他们截然不同，他们都是职业军人，一位叫马略，另一位叫苏拉，他们各自拥有大群的支持者。

苏拉是庄园主伟大的领袖，而马略则是在阿尔卑斯山脚下击败所有条顿人和辛布里人的战役中的胜利者，他是被剥夺了全部财产的自由民的英雄。

公元前88年，从亚洲散布过来一些谣言，让元老院的成员们深感不安。谣言说黑海沿岸有一个国家，国王名叫米特拉达特斯，他的母亲是希腊人，他秣马厉兵，企图重建第二个亚历山大帝国。作为远征世界的开端，米特拉达特斯首先杀光了居住在小亚细亚一带的所有罗马公民，连妇孺都不肯放过。这种行为对罗马意味着战争。元老院组建了一支军队前去征讨这位国王，要恶惩他的罪行。但是要由谁来担任统帅呢？元老院的观点是必须由苏拉担任，因为他是执政官。而民众却拥护马略，应该由他担任军队的总指挥。因为他不但做过五次执政官，而且还捍卫了民众的利益。

在喋喋不休的争执中，拥有大量财产的苏拉最终获胜。事实上，苏拉已经完全掌控了军队，他率军东征，讨伐米特拉达特斯，马略不得不逃到非洲，等待反击的机会。后来，他听说苏拉率领的军队已安全抵达亚洲，他便返回了意大利，聚集了一大批愤世嫉俗的民众，气势汹汹地向罗马大举进攻。马略率领着这些民众轻而易举地进入了罗马城，浴血奋战，用五天五夜的时间来一一铲除了他在元老院的所有政治对手。最终，马略使自己顺利地当选为执政官，可是后来他因为之前的过度兴奋而猝死。

在之后的四年里，罗马的形势呈现出混乱的景象。那时，苏拉击败了米特拉达特斯，宣称已经做好了充足的准备要回罗马来了结私人恩怨，他说到了也做到了。接连好几个星期，他率领的士兵大肆屠杀同胞，只要是有偏向民主改革动向的人，他们一个都不放过。有一天，他们俘获了一个经常与马略共同出入的年轻人，在准备将他吊死的时候，有人说：“放了他吧！他年纪还小。”于是士兵饶了他一命。这位幸免于难的年轻人就是裘利斯·恺撒，在下面的章节中我们会讲到他。

苏拉就这样当上了“独裁官”，这意味着罗马帝国及其全部财产、属地都归他一人管辖，他是罗马唯一的、至高无上的统治者。在位四年以后，他安详地死在自己的床上。他与许多屠杀自己同胞的罗马人一样，晚年生活安闲舒适，把大部分的时间和精力都浪费在了浇花种地上。

三人同盟

罗马的政治局势并没有因为苏拉的死而扭转局势。苏拉死后，他的密友庞培大将军再度率领士兵东征，继续讨伐困扰罗马帝国的米特拉达特斯国王。庞培把这些顽强的反抗者赶入山区，把他们包围起来。此时，绝望的米特拉达特斯深知如果自己成了罗马人的俘虏后会有什么样的命运，于是他效仿汉尼拔，在前途渺茫的情况下服毒自杀了。

庞培不断地攻城略地，他打败了叙利亚，使叙利亚重新归于罗马的统治之下；他摧毁了耶路撒冷，并席卷了整个西亚。他试图重新建立起一个属于罗马人的亚历山大帝国。最后在公元62年，他在返回罗马的路上，随行的十二艘舰船载满了被他俘获的国王、王子和将军。在罗马人为庞培举行的隆重的凯旋仪式上，那些曾荣耀一时的国王、将军也被迫加入行走的队列，作为庞培胜利果实的一部分展示给罗马民众。与此同时，这位将军还给罗马奉献了高达四千万元的宝贵财富。

那时的罗马，最需要的就是一位精通政治的人来统治。就在几个月前，罗马城差点就落入一个毫无才华的年轻贵族手中。这个人叫喀提林，因嗜赌输光了全部家产，他企图发动政变，趁火打劫，攫取一大笔钱财以弥补自己的损失。一个顺应民心的律师西塞罗及时察觉到了喀提林的阴谋，并向元老院告发，喀提林走投无路，踏上了逃亡之路。可是危机依旧存在，罗马城内尽是野心勃勃的年轻人，做好了准备随时都可能反击政府。

于是由地位显赫的庞培大将军出面，建立了一个由三人同盟掌管政府的事务的委员会。他自己担任三人委员会的领袖。第二位是裘利斯·恺撒，他的胜任是由于在任西班牙总督期间深得民心，就这样，他成功地坐上了第二把椅子。排在第三位的克拉苏，他原本是一个很不起眼的角色，完全是凭借着自己拥有巨额的财富才得以胜任的，由于他成功地承办了罗马军队的战争给养和物资装备，克拉苏就发财了。可在还没等到尽享他的财富和地位的时候，就被指派远征帕提亚，没过多久就战死沙场了。

恺撒是三个人中最有能力的一个。他深知，如果想实现自己远大的理想，他必须树立起更多辉煌的战绩，才能成为大众敬仰的英雄。于是他开始了征服世界的道路，他翻越了阿尔卑斯山，征服了今天叫作法国的欧洲荒野地带；紧接着，他在莱茵河上架起一座坚固的木桥，侵入条顿人的领土；最后他搜集大量舰船，访问了英格兰。如果不是因为国内的混乱局势使他返回意大利，谁也不知道恺撒的远征会到多远的地方。

恺撒之死

在征途中，恺撒接到了国内的消息，说庞培已经被任命为“终身独裁官”，这个消息意味着恺撒最多只能算是一名退休军官，他远大的理想很可能就这样破灭了，雄心勃勃的恺撒当然不会容忍这种事情发生。回想当初，他是跟随马略，开始他的军事生涯的，此刻他决定报仇，给元老院和“终身独裁官”一个深刻的教训。于是，他率领大军渡过了阿尔卑斯的高卢行省和意大利间的鲁比康河，向罗马进攻。每经过一个地方，老百姓都视他为“人民之友”来款待他。他一举攻入罗马，庞培被迫逃往希腊。恺撒率军乘胜追击，于法尔萨拉一带击败了庞培和他的追随者。庞培被迫渡过地中海，逃到了埃及。当庞培到达埃及后，年轻气盛的埃及国王托勒密派人暗中将他杀害。几天后，恺撒也追到了埃及，他立刻发现自己落入了一个陷阱中，埃及人和仍然忠诚于庞培的罗马军队，联合起来向恺撒发动攻击。

然而，恺撒很幸运，他成功地烧毁了埃及的舰队。可是很不利于文明进展的是，大火迸发出的火星落在了埃及著名的亚历山大图书馆的房顶上（图书馆正好位于码头的边缘），这座珍藏着无数古代书籍的建筑就这样被焚毁了。恺撒摧毁了埃及海军后，掉转军队进攻埃及的陆军，惊慌失措的埃及士兵被赶进尼罗河，托勒密也溺水身亡，于是埃及在仓皇中建立了一个以克娄巴特拉为首的新政府。正在这时，罗马又传来了新的消息，米特拉达特斯的儿子法纳西斯正准备发动战争，为自杀的父亲报仇。恺撒立刻率领军队向北进攻，经过了五个昼夜的战争，终于打败了法纳西斯。在传送给元老院的捷报中，他为世人留下了一句经典的名言，“Veni，vidi，vici”，意思是说“我来了，我看到了，我征服了！”

胜利后恺撒返回埃及，深深地坠入了情网，拜倒在女王克娄巴特拉充满了无限诱惑的石榴裙下。公元46年，恺撒带着克娄巴特拉一同返回罗马，接掌国家政权。在恺撒灿烂辉煌的一生中，获得了四次重大战争的胜利，四次举行凯旋仪式，每次都昂首挺胸地走在游行队伍的最前端，他实现了自己的梦想，成为人民崇拜的英雄。

恺撒来到元老院，给元老们讲述他壮观的冒险征程，于是心存万分感激的元老们任命他为“独裁官”，为期十年。这是最致命的一个决定。

新上任的独裁官颁布了许多有力的措施，用以改革危机四伏的国家。他使自由民重新获得了能够成为元老院成员的资格。他恢复了罗马古制，赋予生活在边疆地区的人民公民权。他允许外族人参与政府的事务，对国家政策施加有力的影响。他还改革了某些边远行省地区的行政管理制度，以免他们被某些贵族世家占为领地和私有财产。总之，恺撒颁布了许多利于大众的制度，因而他也被特权阶层视为敌人。五十个年轻的贵族成员携手策划了一个“拯救共和国”的大阴谋。以恺撒从埃及引进的历法来推算，就是在 3 月 15 日那天，恺撒来到元老院参加会议，一群年轻的贵族蜂拥而上，将他杀害。罗马又失去了领袖。

屋大维

有两个人曾经试图将恺撒的光荣继续发扬下去，其中一位是恺撒的前秘书，名叫安东尼；另一位名叫屋大维，是恺撒的外甥，也是恺撒地产的继承人。屋大维留守罗马，安东尼去了埃及。似乎罗马的将军都是爱江山更爱美人的人，安东尼也同样陷入克娄巴特拉精心编织的情网中，从此军政荒废，难以自拔。

屋大维和安东尼为了争夺罗马的统治权，引发了战争。在阿克提翁战役中，屋大维击败了安东尼，于是安东尼自杀了，克娄巴特拉只能独自面对敌人。她在屋大维面前施展了所有的魅力和手段，想使他成为自己征服的第三个罗马将军。然而这位罗马贵族心高气傲，根本不被她的魅力所诱惑。当得知屋大维想要把自己当作凯旋仪式上向公众展示的战利品时，克娄巴特拉便自杀了。托勒密王朝的最后一任继承者就这样死去了，埃及也从此变成罗马的一个省。

屋大维是一位聪明睿智的年轻人，他没有重犯舅舅的错误。他深知，如果话说不妥当是会吓到别人的，所以当他返回罗马时，他提出要求的语言非常适度。他说自己不想当“独裁官”，只要有一个“光荣者”的头衔就能够心满意足了。不过几年过后，元老院授予了他“奥古斯都”（是神圣、卓越、显赫的意思）称号时，他也欣然接受了。又过了几年，街上的市民开始称呼他为“恺撒”或者“皇帝”，习惯于把他视为统帅和总司令的士兵们称他为“元首”。这样一来，共和国在不知不觉中就变成了帝国，然而普通的罗马人却没有意识到这一点。

直到公元14年，屋大维作为罗马统治者的地位已坚不可摧，他像神一样受到人们的崇拜，他的继承者也就变成了真正的“皇帝”，也就是历史上一个空前强大的帝国的统治者。

事实上，罗马的百姓早已对长期的没有政府的状态和混乱的局势感到厌倦。只要新主人能够给他们提供一个能过上平静生活的机会，只要不再听到街头不断的暴动喧哗声，他们才不会在乎由谁统治他们。屋大维为他的臣民们创造了长达四十年的和平生活，因为他没有扩张领土的欲望。公元9年，他曾经对定居在西北荒野的条顿人发起了一场战争，可是他的将军尼禄和所有士兵全军覆没了。从此以后，罗马人打消了驯化这些野蛮民族的念头。

他们把全部精力放在繁忙的国内事务上，试图摆平混乱的局面，不过已经晚了。长达两个世纪的国内革命和对外战争使年轻的优秀士兵死伤殆尽。战争摧毁了全部自由农民，这个阶层从此灭亡了。由于大批量引进奴隶，自由民根本没有与大庄园主竞争的能力。战争把城市变成了一个个蜂窝，大量贫苦而肮脏的破产农民住在里面。战争也滋生出了一个庞大的官僚阶层，小吏们只能得到少得可怜的薪水，不得不收受贿赂以养家糊口。最糟糕的是，战争使人民变得麻木不仁，他们把暴力和流血视为空气，甚至以他人的痛苦为乐。

从表面上看，公元1世纪的罗马帝国是一个绝对辉煌庄严的政治大国，疆域辽阔，就连亚历山大的帝国当时也是罗马的一个小行省。不过在其辉煌背后，生活着数以万计贫穷而疲倦的人民，他们整日劳碌挣扎，犹如用巨石繁忙筑巢的蚂蚁。他们用辛勤工作换来的成果被他人享用，他们吃的是牲畜一般的食物，住的是牛棚马圈一样的房子，他们最终在绝望中死去。

随着时间的推移，到罗马建国的第753年时，裘利斯·恺撒和屋大维·奥古斯都正在帕拉坦山的宫殿里，繁忙地处理国事。

在一个偏僻的叙利亚的小村庄里，木匠约瑟夫的妻子马利亚正在精心地照看她的孩子，他是一个出生在伯利恒马槽里的孩子。

这真是一个奇妙的世界。

后来，王宫和马槽相遇，发生斗争。

而马槽是最后的胜利者。

◆ 第 24 章　约书亚的故事 ◆

拿撒勒人约书亚——希腊人所称的耶稣的故事。

罗马建城后第 815 年的秋天，也就是公元 62 年，罗马的一名外科医生埃斯库拉庇俄司·卡尔蒂拉斯写了一封信，给正在叙利亚的步兵团服役的外甥，全信内容如下：

我亲爱的外甥：

几天前，我曾被邀请到一个名叫保罗的病人家中诊病。他是犹太族的罗马公民，有很好的教养，仪态也非常优雅，我听说他是由于一桩诉讼案被迫来到这里的。这个案件是由该撒利亚或者某个东地中海地区的法庭起诉的，具体的地方我也不太清楚。我曾经听过人们说，保罗是个既野蛮又凶狠的家伙，他曾四处发表反对人民和违反法律的演讲。可是当亲眼看到这个人的时候，我觉得他才华横溢，同时也是个诚实守信的人。

我有一个朋友，曾经在小亚细亚的驻军中服过役，他告诉我他曾听说过一些保罗在以弗所传教的事情，说他好像在宣扬一位新的上帝。于是我就问我的病人，这是不是真事，还有他是否真的号召过人民一起反抗我们的皇帝。保罗回答说，他宣讲的那些国度并不属于这个世界。此外，他还说了很多奇怪的话，我一点都没听明白。于是我猜想，他的这些胡言乱语可能是发高烧的缘故。

可是不管怎么说，他高尚的品格和优雅的个性给我留下了极其深刻的印象。直到几天前，我听说他在奥斯提亚大道上不幸被人杀害了，这令我非常伤心。所以我写这封信给你，就是希望你下次在路过耶路撒冷的时候，能帮我了解一些有关我的朋友保罗的故事，还有他宣扬的那位貌似他导师的奇怪的犹太先知。我们的奴隶们得知这位所谓的弥赛亚（意思是救世主）以后，个个都非常激动。甚至其中有些人还因为公开讨论这一“新的国度”（即使不知道是什么东西），被活活地钉在十字架上处死。我非常希望弄清这些传言的真相。

你忠实的舅舅
埃斯库拉庇俄司·卡尔蒂拉斯

六星期后，他的外甥格拉丢斯·恩萨，也是高卢第七步兵团上尉，给舅舅回了信，全文如下：

亲爱的舅舅：

收到你的来信，我已照您的吩咐了解到了一些事情。

两周前，我所在的部队正好被派往耶路撒冷。这座城市在上世纪时经历了无数次的革命，战火殃及全部城池，老的建筑也所剩无几。我们来到这里快一个月了，明天就转至佩德拉地区。据说那里居住着一些阿拉伯的部落，经常劫掠村庄。今天晚上正好有时间给您回信，回答您的疑问。但我找到的信息不够详细，您千万不要抱太大的希望。

我和这里的大多数老人交流过，可是只有很少人能给我提供可靠的信息。就在几天前，一个商贩到军营附近交易，我从他那里买了一些橄榄，顺便就同他闲聊起来。我问他是否知道弥赛亚，就是在风华正茂的时候被杀死的那位。他说他非常了解这个人，因为他父亲曾经带他去各地（耶路撒冷城外的那些小山）观看过死刑的场面，以教育他不要违反法律，说如果成为犹太人民的敌人就会遭到这样的下场。他还给了我一个地址，让我去找一个名叫约瑟夫的人，因为这个人以前是弥赛亚的好朋友。最后，这位商贩再三叮嘱我，如果想知道更多关于弥赛亚的事情，一定要去找约瑟夫。

今天上午，我来到了约瑟夫的家中。这个人曾经是淡水湖边的渔夫，现在已经老态龙钟了。但是他思维依然清晰，记忆力也相当旺盛。从他那里，我终于得到了在我出生前那个混乱的年代中发生的真实情况。

当时高居帝位的是著名的提庇留，而担任犹太与撒马利亚地区总督的人是彼拉多。约瑟夫对彼拉多的了解并不多，不过他似乎是一个诚实的人，在担任地方长官期间留下了正派清廉的好名声。公元 783 或 784 年（罗马历），约瑟夫也记不清具体的时间了，彼拉多被派遣到耶路撒冷处理一场暴乱。据说，是一位年轻人（就是木匠约瑟夫的儿子）正在策划一场反对罗马政府的革命。可是很奇怪的是，我们的情报员一向消息灵通，可是对这件事却一点儿都不知情，等到他们调查完整个事件后，他们说，这位木匠的儿子是一个守法的良民，没有任何理由指控他。可犹太教的元老们对关于约瑟夫的报告结果非常不满意，由于这位年轻人广受希伯来贫穷百姓的欢迎，多少会使地位显赫的祭司们产生忌妒心。于是他们对彼拉多说，这个“拿撒勒人”曾经公开宣称，不管是希腊人、罗马人，还是腓利士人，只要努力过高尚的生活，他就和一个用毕生的精力研究摩西律法的犹太人一样，都是品德高贵的人。开始，彼拉多没有太在意这些争议。然而，当聚集在庙宇周围的人们要私刑处死这个年轻人，并将他全部的追随者杀光时，他决定将这位年轻人拘留起来，挽救他的性命。

彼拉多好像没有弄清这场争论的实质。当他问犹太祭司们为什么对这位木匠的儿子产生这么大的不满时，祭司们便高声说他是“异端”“叛徒”，情绪非常激动。约瑟夫还说，最后，彼拉多派人把约书亚（拿撒勒人的名字，不过在这里生活的希腊人称他为耶稣）

带到面前，单独询问，他们交谈了好几个小时。当彼拉多问到“危险教义”（就是约书亚在加利利海边宣讲教义时曾经讲过的）时，耶稣只是平静地回答说他从不涉足政治。与人的肉体相比，他更关心人的灵魂。他希望人们能视旁人为兄弟，只敬爱唯一的上帝，因为他是所有人的父亲。

彼拉多曾经深入地研究过斯多葛学派和其他希腊哲学家的思想，不过他好像没有看出耶稣的言论有哪些煽动人心的地方。约瑟夫又说，彼拉多再次为挽救这位仁慈先知的性命做努力，他一直拖延时间，不给耶稣定刑。就在这时，异常激愤的犹太人在祭司们的多次煽动下，变得歇斯底里。以前，耶路撒冷多次发生骚乱，驻扎在附近的能听候召唤的罗马士兵却很少。人们向该撒利亚的罗马政府递交报告，指控彼拉多总督“被拿撒勒人的危险教义所诱惑，已经沦为了异端的牺牲品”。城市里到处是请愿活动，要求召回彼拉多并撤销他总督的职务，理由是他已经变成了罗马帝国皇帝的敌人。你知道，我们的政府给驻扎海外的总督制定了一条严格的规定，就是不要和当地人发生正面冲突。为了不使国家再次陷入内战，彼拉多被迫处死了他的囚犯约书亚。约书亚以令人钦佩的态度接受这一结局，并宽恕了所有憎恨他的人。最终，在耶路撒冷人民的呼喊与嘲笑声中，他被钉死在十字架上。

这就是约瑟夫给我讲的关于约赛亚的事情。他一边讲，一边痛哭流涕，满面悲伤的样子。在我离开的时候，我送给他一枚金币，但是他拒绝了，并且希望我能把金币赐予比他的生活更贫穷、更需要帮助的人们。同时，我也问了他一些关于你的朋友保罗的事情，可惜他对保罗的了解并不多。保罗以前好像是一个做帐篷的，后来他放弃了自己的职业，目的是能专心宣扬那位仁慈且富于同情心的上帝，他宣扬的这位上帝与犹太祭司们描述的耶和华有着截然相反的性格。后来，保罗游走了小亚细亚和希腊的很多地方，告诉奴隶，他们全都拥有同一位仁慈的父亲，不管是富有还是贫穷，只有努力过诚实的生活，多为受苦受难的人做善事，就可以进入天国，幸福的前景正在向他们招手。

我了解的情况只有这么多了，希望我的这些答复能使您感到满意。论及帝国的安全，我看不出这整个故事有什么危险的地方。不过，我们罗马人确实是不可能真正理解这一地区人民的思想的。我对你的朋友保罗的死感到非常遗憾。真希望现在我能在家里好好反省。

你忠实的外甥

格拉丢斯·恩萨

◆ 第 25 章　帝国的余晖 ◆

罗马帝国的没落。

古代历史教科书把罗马帝国灭亡的年份定于公元 476 年，是因为在那一年，最后一任罗马皇帝被赶下了宝座。不过与罗马的建立不是一天两天的事情一样，罗马的灭亡也有一个缓慢的过程，所以绝大多数罗马人根本没有察觉到他们热爱的国家即将灭亡。他们只是不断地抱怨社会的动荡不安，感叹生活的艰难。食品的价格非常昂贵，可是工人的薪水却相当少，他们鄙视奸商们囤积居奇的恶行，因为他们垄断了谷物、羊毛和钱财，只顾自己牟取暴利。有时会碰上一个横征暴敛的总督，他们便会联合起来造反。不过总体来说，在前四个世纪的漫长岁月里，大多数的罗马人过着幸福的生活，他们像往常一样吃喝（根据钱财的多少，大量购买），他们像往常一样充满了爱恨（依各自的性格而定），他们像往常一样去剧场观看表演（在有免费的角斗士搏击表演时）。当然，每个时代都一样，都有不幸的人们会被饿死。然而生活在继续，人们丝毫没有意识到，他们庞大的帝国已经走上了灭亡的道路。

罗马帝国处处呈现出一片辉煌繁荣的景象，在这种情况下，他们怎么能意识到危机四伏？有宽阔畅通的大道连接着各个省份；有警察在勤劳地工作，不放过一个拦路盗贼；边境也防御得很好，那些居住在欧洲北部荒野的野蛮部落不敢超越城池一步；全世界的人都定期向强大的罗马帝国进贡纳税；而且，还有一大批精明能干的人在辛勤地工作，纠正过去的错误，争取使帝国早日重返共和国先前灿烂的幸福时光。

不过正如上一章所讲过的，庞大的罗马帝国的根基开始慢慢腐烂了，造成衰败的真正原因从没有被弄清楚，因此，无论实施什么样的改革措施都不能挽回帝国即将灭亡的命运。

从本质上说，罗马一直是一个城邦，与古希腊的雅典或者科林斯没有太大的区别，罗马完全有能力统治整个意大利半岛，但是从作为文明世界的统治者角度来看，罗马的政治可以说是不合格的，从实力的角度来看是根本无法承受的。罗马的年轻人大多死于连年不断的战争，农民们也被繁重的军役和赋税拖垮了，这些人不是沦落为乞丐，就是被富有的庄园主雇佣，用劳动换取食宿，变成依赖富人的“农奴”。那些不幸的农民既不是奴隶，也不是自由民，他们的地位犹如树木和牲畜一样，是他们所侍奉的那片土地上的附属品，终身无法逃脱。

帝国的荣耀是罗马的最高目标，国家意味着一切，普通的公民则什么都不是。那些悲惨的奴隶兴奋地聆听保罗宣讲的言辞，接受了那位谦虚的拿撒勒木匠散布的福音，他们并没有反抗自己的主人，相反，他们被驯化得温柔顺从，尽力按主人的意愿行事。然而，既然已经知道眼前的社会是一个悲惨的寄身之处，不会有任何改变，奴隶们也就自然丧失了对现实世界的兴趣，他们宁愿过混乱的生活，为以后能进入天堂的乐土付出全部的力量。但是他们不愿为罗马帝国效劳，因为那不过是野心勃勃的皇帝为了赢得更多更辉煌的胜利，在努米底亚或者是帕提亚或者是苏格兰等地发动的侵略战争。

这样，许多世纪过去了，国家的情形变得越来越糟。开始的几位罗马皇帝还能保持“领袖”传统，授权部族的领导管理自己的属民。然而公元二、三世纪的罗马皇帝尽是职业军人，变成了纯正的“兵营皇帝”，他们的性命全依赖于保镖，即禁卫军的忠诚。皇位的轮换如走马灯一样快，凭借谋杀登上帝王的宝座，随后，篡位者又会被迅速地谋杀，是因为另一个野心家拥有足够的财富贿赂禁卫军发起新一轮的政变。

与此同时，野蛮部族也在不断地敲响北方边境的大门。由于没有了土生土长的罗马士兵可供抵御外敌的入侵，只能花钱到外国雇佣士兵对付入侵者。这些雇佣来的外国士兵很有可能与他们抗击的敌人属于同一个种族，显而易见，他们在战争中很容易对敌人产生同情。最后，皇帝决定实行一种新的措施，允许一些野蛮部族在罗马帝国境内定居。随后，其他的部族也纷纷涌入，不过他们很快产生了很多怨气，要反抗贪婪的罗马税吏们掠走他们有限的东西。当他们的呼声没有受到重视的时候，他们就大举进军罗马，发出更大声的呼吁，使皇帝陛下能够听到他们的声音。

东罗马帝国的兴衰

由于这种事情经常会发生，所以帝国的首都——罗马，变成了一个极其不舒适的居所。于是君士坦丁大帝开始寻找一个新的首都。他选择了欧亚间通商的必经之路——拜占庭，将那里重新命名为君士坦丁堡，并把皇宫迁到了这里。君士坦丁死后，为了更有效地管理国家，他的两个儿子把罗马帝国一分为二。哥哥前往罗马，统治帝国的西部；弟弟留守君士坦丁堡，成为罗马东部的主人。

在公元 4 世纪，恐怖的匈奴人来到了欧洲。这些神秘莫测的亚洲骑兵在欧洲的北部驰骋了两个世纪之久，他们以杀人为职业，残害四方人民，直到公元 451 年，在法国沙隆的马恩河一带被彻底击垮。匈奴的大军挺进多瑙河，对居住在那里的哥特人构成了相当大的威胁。为了谋求生路，哥特人不得不入侵罗马的境内。瓦伦斯皇帝曾经试图抵御哥特人的入侵，于公元 378 年在亚特里亚堡战亡。二十二年过后，同一批西哥特人在国王阿拉里克的指挥下，向西挺进袭击罗马。他们并没有大肆掠夺，只是烧毁了几座宫殿而已。接着入侵的是汪达尔人，他们对这座历史悠久的城市没有一丝敬意，纵火抢劫，极大地破坏了罗马。后来是勃艮弟人、东哥特人、阿拉曼尼人、法兰克人……没完没了的侵略，罗马最终变成了任何一个野心家都能轻而易举得到的猎物，只要他能够召集到一批愿意追随的亡命徒就可以实现理想。

公元402年，西罗马皇帝逃到了拉维纳。那是一座海港，拥有高大的城墙，防御非常坚固。就是在这座美丽的海滨堡垒里，日耳曼雇佣军的指挥官奥多亚克在公元475年试图瓜分整个意大利的土地。于是，他采取委婉而有力的手段，把最后一任西罗马帝国的皇帝罗慕洛·奥古斯塔斯赶下了王位，并且声称自己是罗马的新主宰。当时正为国内事务忙碌奔波的东罗马皇帝也无暇顾及西部，后来不得不承认这一事实。奥多亚克就这样在未来的十年间统治着西罗马帝国的全部省份。

又过了几年，东哥特国王西奥多里克率领大军入侵这个刚刚建立的王国，攻打拉维纳，把奥多亚克杀死在餐桌上。从此，西奥多里克在西罗马帝国的大片废墟上建立了一个哥特王国，但是这个国家并没有维持太长时间。到了公元6世纪，一批伦巴德人、撒克逊人、斯拉夫人、阿瓦人聚集起来共同入侵意大利的领土，摧毁了哥特王国，以帕维亚为首都建立了一个新的国家。

连绵不断的战火，使罗马帝国的首都最终沦落为一片荒芜的废墟。古老宫殿被入侵的外敌们反复劫掠，留下的只有断壁残垣。学校被焚毁，老师们活活地被饿死了。富人也被赶出别墅，最终变成邋遢恶心的野蛮人。罗马帝国的大道由于长年失修而塌陷了，桥梁断了，早已不能使用。曾经繁华的商业贸易也停止了，昔日繁荣的意大利变成了一片死寂。世界的文明——经过埃及人、巴比伦人、希腊人以及罗马人几千年的辛勤工作创造出来的成果，曾经把人类的生活带到他们的先祖远不敢想象的境界，如今在西方的大陆上面临着灭亡的危险。

然而，位于远东的君士坦丁堡作为罗马帝国的中心又继续存活了一千年之久，可是它很难被视为是欧洲大陆的一个组成部分。它的兴趣和思想偏向东方，完全忘记了自己出身欧洲。慢慢地，拉丁语变成了希腊语，罗马字母也被废弃，罗马的法律改用希腊文重写，并且由希腊的法官加以注释。东罗马的皇帝也变成了一位神一样的君主，他的地位犹如三千年前尼罗河谷的底比斯。当拜占庭的传教士想扩充更大的活动范围时，他们就会向东行进，把拜占庭的文明传播到俄罗斯的荒野中。

至于西方，早已被蛮族主宰。在将近十二个世代中，谋杀、战争、焚毁、抢劫是主宰世界的基本原则。有这样一种东西的出现，才使得欧洲的文明免于彻底的灭亡，使人们不用重返穴居生活和茹毛饮血的年代。

这就是教会——由那些长期以来承认木匠耶稣的存在的信徒们组成的群体。而这位谦虚的拿撒勒人的死因，只是为了使伟大的罗马帝国免遭发生在叙利亚边境上某个小城市的暴乱。

◆ 第 26 章　基督教会的兴起 ◆

罗马变成了基督教世界的中心。

新教徒的由来

生活在罗马时代的普通知识分子，对祖先们世代崇拜的神似乎没有太多的兴趣。然而，他们每年都会定期去神庙拜访几次，这并不是信仰，只是对习俗的尊重而已。当人们表情严肃地游行，为了庆祝某个盛大的宗教节日时，他们只会带着耐心和宽容在一旁观看，很少参与游行。在他们的观念里，罗马人对朱庇特（众神之王）、密涅瓦（代表智慧的女神）、尼普顿（海神）的敬仰只是无稽之谈，是共和国刚建成时遗留下来的事物。对于一个熟读斯多葛学派、伊壁鸠鲁学派和其他雅典哲学家著作的人来说，它是一个非常不合适的课题。

这种态度使得罗马人保持着对宗教信仰的宽容态度。政府规定，所有的人，无论是罗马人、移居罗马的外族人，还是臣服于罗马的希腊人、巴比伦人和犹太人，他们都应该对法律规定的所有神庙中敬奉的皇帝像表示深深的敬意。这就像为什么有很多的美国邮局挂着总统的画像的原因，好让人们方便行注目礼。但是这只不过是一种形式而已，毫无意义。一般情况下，每个罗马公民都有权去赞颂、崇敬、爱慕他们自己喜欢的神，这种宗教宽容的政策导致的结果是，罗马到处是各式各样、异常奇怪的小型神庙和教堂，里面敬奉的是来自埃及、非洲以及亚洲的形形色色的神。

当第一批耶稣的信徒们到达罗马的时候，他们开始传播“爱人如己，四海皆兄弟”的新信仰，没有人会站出来提出反对意见。后来便有了许多好奇的路人驻足倾听这些传教士新鲜的布道。罗马作为如此庞大的帝国首都，充斥着五花八门、四处游荡的传教士，每个人都在宣讲自己的“神秘之道”，这些自封的传教士一般讲述的是理性，对人们大声疾呼，对那些希望追随自己所宣讲的神祇的人，答应赋予他们灿烂的未来和无限的欢乐。

没过多久，在大街上聚集的群众便发觉，那些被称为“基督徒”（就是追随基督耶稣的人或者是被上帝涂抹膏油嘱咐过的人）的人宣讲的是一种他们从来没有听说过的事物，他们好像从不关心自己拥有多少财富或者自己的地位是否高贵，相反地，他们大肆赞扬贫穷、谦虚、顺从这类的美德。然而，罗马能成为世界的强国，凭借的恰恰不是这些美德。在太平盛世、战绩远扬的时期，居然有人前来对罗马人民说，太平的盛世并不能为他们带来永远的幸福，这确实是个有趣的事。

再加上那些基督教的传教士还讲到许多拒绝倾听真神之言的人们，他们未来的命运将会面临难以想象的悲惨情况。显然，撞大运不是什么好方法。当然，罗马的旧神依然存在，就在不远的地方。然而他们是否还拥有强大的威慑力来保护他们的追随者，有与刚从遥远的亚洲国度传播到欧洲的新上帝相对抗的权威呢？人们逐渐产生恐惧和怀疑，于是他们重新回到基督徒的身边，希望能更深入地了解这些教义的内涵。又过了一段时间，他们开始同宣传基督的人有了私下的接触，发现他们做事的方法与罗马的僧侣正好相反。他们破衣烂衫、清贫如洗，对奴隶和动物也宠爱有加。他们从来不爱慕钱财，反而用全部积蓄帮助穷人和病人。他们无私奉献的精神触动了许多罗马人，并成为他们的榜样，他们开始放弃原有的信仰，加入到基督徒组成的小社团中，他们在私人的住宅密室里或者是露天的田野里聚会，从此，罗马的庙宇孤独寂寞了。

教会的成长过程

日复一日，传教工作与往常一样，基督徒的人数在不断地上升。他们选举神甫或者长老（“presbyters”，希腊语的意思是“老年人”）保护小社团信徒的利益。每个省内的所有社团还推选出一位主教，担任这一地区的基督教首领。在保罗之后前往罗马传教的彼得就是第一任罗马主教。没过多久，彼得的继任者（信徒将其称为“父亲”或“爸爸”）从此以后就被称为“教皇”。

教会慢慢地变成了罗马帝国的一个有极高影响力和权势的重要机构。基督教义不但触动了许多对现实世界绝望的人们，而且还吸引了无数精明睿智的能人。这些人曾经在政府里无法施展才华，不得不在拿撒勒导师的追随者中间来展示他们的才能。最后，政府不得不予以重视，正视基督教的存在。正如前面讲过的一样，罗马的政府在原则上允许人民根据自己的喜好敬奉神，但是政府还要求，所有的宗教要和平共处，共同遵循“共存”的明智原则。

但是基督教的社团却公开拒绝所有的宽容与妥协，并宣称只有他们的上帝才是宇宙与尘世间真正的主宰者，其他的神只不过是些冒充上帝的骗子而已。显然，这种说法对其他宗教很不公平，警察不得不出面处理这种言行，然而基督徒们依然坚持自己的观点。

没有多久，更大的矛盾发生了。基督徒们拒绝对罗马皇帝行礼，他们还拒绝帝国的兵役。罗马当局威胁说要惩罚他们，可他们却回答说，我们现在生存的这个悲惨世界只是一条进入天堂乐土的“过道”而已，我们宁肯失去生命，也不会违背信仰。罗马人对这种言行非常不解，只是偶尔杀死几个狂妄的基督徒，但大多时候都会放任他们的行为。在教会成立之初，曾经发生过滥用私刑处死基督徒的事情，不过这只是一些暴民的行为。他们胡乱对温顺的基督徒邻居们指控，诬陷他们犯了各种各样奇怪的罪行，比如肆意屠杀、传染疾病和瘟疫、背叛国家等恶行。不过这些罪行只是出自暴徒们疯狂而毒辣的想象，因为他们知道基督徒不会用同样的方式来报复，所以他们才有机会轻易处死基督徒，还不会遭到报复。

同时，罗马也在不断地遭到蛮族的入侵。然而当罗马军队无力反抗时，基督传教士则会挺身而出，向野蛮的条顿人宣扬他们和平的福音。他们都是些不怕死的忠实信仰者，态度沉稳，言语恳切，当讲到不思悔改的人会在地狱遭遇噩运的悲惨情形时，条顿人不知不觉地就被感动了。条顿人一直对古罗马的智慧保有尊敬的态度，他们想，既然这些人来自罗马，那么他们说的很有可能是事实。就这样，在条顿人和法兰克人居住的荒地上，基督传教团迅速形成了一支强大的力量，六个传教士比整个罗马军团的力量还要威猛。从此以后，罗马的皇帝开始意识到，基督教对帝国的生存有极大的好处。于是在某些省份，基督徒们与信仰古老宗教的人们拥有同样的权利。然而要等到发生根本性的变化，就得到公元 4 世纪下半叶了。

君士坦丁大帝接受洗礼

当时在位的罗马皇帝名叫君士坦丁，有时他也会被人们称为君士坦丁大帝（公元 306 至 337 年在位，不知道为什么人们会这样称呼他）。他是一个非常恐怖的暴君，因为在那个严酷的时代，一个仁慈温顺的皇帝是不可能长期胜任的。在君士坦丁漫长而又坎坷的生涯里，他经历了无数变幻莫测的大事件。有一次，在他快要被敌人击败的时候，他萌生出了一个念头，就是应该尝试敬奉那个人人都在讨论的亚洲新上帝，要看看他到底有多大威力。于是他发誓，如果能在这场战役中获胜，他从此就信仰基督。结果这场战争他取得了胜利。从那以后，君士坦丁深信基督教上帝的权能，彻底接受洗礼，成为一名基督徒。

从那以后，基督教便得到罗马政府的认可，这也极大地增强了它的地位。

可是，基督徒只占罗马总人口的5%～6%，依然是少数派。为了赢得最后的胜利，让群众全都信仰基督教，于是他们拒绝任何妥协，摧毁了所有的旧神，想要让上帝成为主宰世界唯一的神。在某段时间里，在位的皇帝是朱利安，他非常崇拜希腊的智慧，他全力拯救异教的神庙，不让它们受到破坏。然而不幸的是，他在一次征讨波斯的战役中身亡。继任的朱维安皇帝再次树立起基督教的绝对权威，因此，古老的异教神庙被迫接连关闭。后来是查士丁尼皇帝，他下令在君士坦丁堡修筑圣索非亚大教堂，并且要把柏拉图修建的古老的雅典学园永久关闭。

这一历史时刻意味着古希腊世界的终结。人们可以按照自己的思想自由思考问题，按自己的意愿开创未来的时代悄然离去了。当野蛮和无知的洪水淹没大地时，原来的规则被冲毁了，要引领生活的航帆在惊涛骇浪中继续向前，那些古希腊哲学家的行为规范就显得无足轻重了，它们不再成为人们生活的向导，人们现在需要的是一些更先进更具体的东西，这些正是教会可以提供的。

基督教的最后的辉煌

在一个朦胧的恍惚不定的年代里，只有教会像岩石一样坚强地屹立在那里，继续坚持真理和神圣法则，绝不会因为畏惧危险和情势的变迁而妥协。这种坚强的勇气不但赢得了人民的赞誉，同时也使罗马教会安全度过了种种罗马帝国被颠覆的灾难。

不过，基督教能取得最后胜利也带有一点幸运的成分。公元5世纪，西奥多里克建立的哥特王国灭亡之后，意大利面临的外部入侵也相对减少了。继任的哥特人统治意大利的伦巴德人、撒克逊人和斯拉夫人，他们都是实力相对薄弱的部落。就是在这样宽松的环境下，罗马的主教们才有机会维持城市的自主权。没过多久，散布在意大利半岛的众多残余小国也跟着承认了罗马主教作为他们政治上和精神上的领袖。

历史的舞台已经搭建好了，正迎接一位强者的登场。这个人叫作格利高里，于公元590年引起了众人的重视。格利高里原是旧罗马的贵族统治阶层，曾经被称为“完美者”，也就是罗马市市长。后来，他又做了僧侣，并逐步担任了主教。最后，他本人极不情愿地被推举为圣彼得大教堂的教皇（因为他想做一名传教士，去荒凉的英格兰向异教徒布道）。他在位仅仅有十四年，但是当他去世的时候，全部西欧基督教世界已经正式承认了罗马主教，也就是教皇，为基督教会的领袖。

然而，罗马教皇的权威没有向东方扩展。在君士坦丁堡，东罗马帝国仍然沿袭旧传统，奥古斯都和提庇留的继任者（即东罗马皇帝）被视为政府的绝对统治者和国教的领袖。1453年，在长期围困后土耳其人将君士坦丁堡攻陷。最后一位东罗马皇帝——君士坦丁·帕利奥洛格，在圣索非亚大教堂的台阶上被土耳其的士兵杀死。残存了千余年的东罗马帝国就这样覆灭了。

就在几年前，帕利奥洛格的兄弟托马斯的女儿左伊公主，远嫁给俄罗斯的伊凡三世。就这样，莫斯科大公就理所当然地成了君士坦丁堡的继承人。拜占庭的双鹰标志（体现的是罗马被分为东、西两部分）推广到现代俄罗斯的徽章中，原本只是俄罗斯首席贵族的大公也摇身变成了沙皇。他享有罗马皇帝一样崇高与庄严的地位，统治着所有臣民。在他面前，不管是高贵的贵族还是卑微的农奴，都只是小小的奴隶而已。

沙皇的宫殿是按照东方的风格建成的，是东罗马皇帝引进的亚洲和埃及的风格，外形犹如亚历山大大帝的王宫（这是他们对自己的称赞）。垂死挣扎的拜占庭帝国给后世留下的奇特遗产，正以旺盛的精神面貌屹立在俄罗斯广阔的大草原上，度过了整整六个漫长的世纪。最后一任佩戴双鹰标志皇冠的是沙皇尼古拉二世，他被杀害时间并没有过去多久，尸体被扔进了井里，与他一同死去的还有他的孩子们。他享有的全部的古老特权也被废除了，教会在俄罗斯的地位又重返君士坦丁皇帝以前的罗马时代了。

然而，罗马的天主教会的遭遇与之完全相反。我们在下一章将会讲到，整个基督教的世界即将面临一个阿拉伯放牧骆驼的先知者的严重威胁。

◆ 第 27 章　穆斯林的领袖 ◆

阿哈默德变成了阿拉伯沙漠上的先知，为了安拉的荣耀，他的信徒们几乎征服了整个世界。

诞生于麦地那

自从迦太基和汉尼拔交战以后，我们就再也没提起过光荣的闪米特种族。你应该还记得，他们的英勇事迹是如何体现在这本书讲述古代世界的章节里。巴比伦人、亚述人、腓尼基人、犹太人、阿拉米尔人、迦勒底人，这些统治了西亚长达三四千年之久的民族都是闪米特种族人。后来，他们被位于东部的讲印欧语的波斯人和位于西部的印欧种族的希腊人两面夹击，最终丧失了统治地位。亚历山大大帝去世一百年以后，腓尼基人的非洲殖民地迦太基城和罗马展开了一场争夺地中海领导权的战争。迦太基失败后被罗马人彻底地摧毁了。在此后的八百年里，罗马人就变成了世界的主人。

到了公元 7 世纪，另一支闪米特部族气势汹汹地站在了历史的舞台上，向西方世界的权威挑战，他们就是阿拉伯人，游牧在阿拉伯沙漠里的性格极其温和的牧羊人部落。起初，他们没有流露出一丝征服帝国的野心；后来，他们追随着穆罕默德，听从他的指挥，骑上远征的战马，在短短不到一个世纪的时间里，已经挺进了欧洲的心脏，他们向胆战心惊、惊慌失措的法兰西农民，宣讲唯一的“真神安拉”的光荣事迹和“唯一的先知”——穆罕默德的荣耀。

阿哈默德是阿卜杜拉和阿米娜生下的儿子，世人尊称他为“穆罕默德”，意思是“应该受到赞美的人”。他的一生读起来犹如《一千零一夜》中的一个故事。穆罕默德出生于麦加，开始的职业是赶骆驼行商。他经常会做一些奇怪的梦。在梦里，他听见大天使加百列在和他说话，后来这些话被记录到《古兰经》里。因为身为商业的领袖，穆罕默德走遍了阿拉伯所有的地方，与犹太商人和基督徒的生意人有着密切的往来。通过和他们频繁地接触，穆罕默德意识到如果只崇拜一个上帝将是一件非常有益的事情。当时的阿拉伯人和他们的祖先一样，敬拜的是怪异的石头和树干。在他们的圣城麦加，至今依然保存着一座方形的神殿，那里面供奉的是像黑色石头之类的许多器物。

穆罕默德发誓要成为阿拉伯人的摩西，他觉得不能一边赶骆驼，一边做先知。于是，他与查迪雅结婚，有了自己的家庭。后来，他开始向邻居们宣称自己就是人们期盼已久的先知，是真主安拉派他前来拯救世界的。一些人认为他的宣讲触犯到了自己的利益，想要加害于他。穆罕默德知道了这个阴谋后，与他最信任的学生阿布·伯克尔一起离开麦加城，前往麦地那。这件事情发生于公元622年。

圣书《古兰经》教条

在穆罕默德故乡麦加城，每个人都知道他。然而对于麦地那的人民来说，他是一个地道的陌生人，这也就为他作为先知推广传道事业铺平了道路。没过多久，他的身边就产生了更多的追随者，这些追随者被称为“穆斯林”，意思是“顺从神旨”的信徒，因为“顺从神旨”是穆罕默德宣扬赞美的最高品德。随着事业的不断发展，穆罕默德积攒了相当强大的力量。他率领着一支由麦地那人组成的军队，自己走在前面，穿越沙漠，他的追随者轻而易举地攻陷了麦加城。这样一来，想要使其他人相信穆罕默德确实是一位伟大的先知者，就是一件非常容易的事了。

从那以后，一直到穆罕默德逝世，他的事业一直在非常顺利地进行。

伊斯兰教能够取得成功，有两个主要的原因。首先，穆罕默德教化追随者们的教义简单易懂，他告诉信徒，必须要忠于宇宙的主宰和仁慈而宽容的神——安拉；他们必须要孝敬父母，依从父母的意愿；他们在与人交往时不能欺诈自己的邻居，要谦虚谨慎，对穷人和病人要善于伸出援助之手；最后一点是禁止饮用烈酒，在吃用方面的花销不能浪费，就是以上这些教条。伊斯兰教里没有基督教的那种“看护羊群的牧人”，就是那些需要人们自掏腰包供养的传教士和主教们。而作为穆斯林的聚集场所——清真寺，是石砌建筑，里面也没有桌椅板凳，信徒们可以根据自己的意愿在这里聚集，阅读讨论圣书《古兰经》中的某个章节。然而对于一般的穆斯林来说，他们的信仰是生来就有的，每天他们都会五次面朝圣城麦加的方向，朗读简单的祷词。在剩下时间里，他们把世界托付给安拉。

成功地征服了欧洲

穆斯林在与基督徒的战争中能够取胜的第二个原因是，走在前线与敌人交战的穆斯林士兵目的是实现信仰。穆罕默德曾经许诺他们，凡是能勇敢面对敌人、死于战场上的穆斯林，都可以直接升入天堂。这就使得战场上穆斯林坦然面对死亡。这种信念使穆斯林在与十字军对峙的时候，赢得了极大的心理优势。十字军与穆斯林恰好相反，他们对黑暗的地狱有极大的恐惧心理，因此宁愿尽全力抓住今生的美好事物，尽享现世的生活。正是这种原因，穆斯林成了十字军顽强的对手。

继任穆罕默德的是“哈里发”，意思是“穆斯林的领袖”。首先继任的是他的岳父，名叫阿布·艾克尔。他曾经与穆罕默德出生入死，共同经历了创业之初的艰难岁月。两年过后，阿布·艾克尔也去世了，由奥玛尔继位。在短短不到十年的时间里，奥玛尔曾率军先后征服了埃及、波斯、腓尼基、叙利亚、巴勒斯坦等地，并把首都定在大马士革，建立起第一个属于伊斯兰世界的大帝国。

奥玛尔之后，穆罕默德的女婿阿里继任了哈里发。阿里死后，哈里发变成了世袭制度，以前的宗教领袖们变成了庞大帝国的统治者。他们在幼发拉底河的岸边靠近巴比伦遗址的地方修建了新的首都，并且命名为巴格达。他们把阿拉伯的牧民组织起来，变成威力四射的骑兵兵团，开始出发远征，向异教宣讲穆罕默德的信条。公元700年，穆斯林大将军泰里克跨越了赫尔克里斯门，来到了欧洲海岸的陡峭岩壁一带。泰里克将那里命名为直布尔，后来也称泰里克山或是直布罗陀。

又过了十一年，在泽克勒斯战役中，泰里克成功地击败了西哥特国王的军队。随后，穆斯林的骑兵兵团继续向北挺进，沿着汉尼拔曾经进军罗马的路线，翻越了比利牛斯山的山隘。阿奎塔尼亚大公打算在波尔多附近伏击穆斯林的军队，没有成功。穆斯林的下一个目标是巴黎，骑兵继续北上。可是在公元732年，也就是穆罕默德去世一百年后，在图尔和普瓦捷间发生了一场壮观的欧亚大会战，作战双方僵持不下。最后，法兰克人的首领查理·马特（人们称他为铁锤查理）拯救了整个欧洲，但穆斯林军队仍然占领着西班牙。阿卜杜勒·艾尔·拉赫曼在那里建立了科尔多瓦哈里发国，成为欧洲中世纪最著名的科学和艺术中心。

这个帝国统治了西班牙长达七个世纪之久，历史上也被称为摩尔王国，原因是帝国的统治者来自于摩洛哥的毛里塔尼亚地区。直到穆斯林在欧洲的最后一个据点——格拉纳达，于1492年失陷之后，哥伦布才有幸获得西班牙皇室的委任书，授权他航行，开始了开发新大陆的历史性航行。没过多久，穆斯林又聚集了很多力量，征服了亚洲和非洲的大片土地。

◆ 第28章　查理曼 ◆

查理曼赢得皇冠，重温世界帝国的旧梦最终破灭。

著名的普瓦捷战役拯救了欧洲，使它没有被穆斯林吞并，但是欧洲内部的敌人——那些与罗马警察一同消失后出现的无法挽救的混乱状态，依然存在着，它时刻威胁着欧洲的安全。事实上，欧洲北部的那些新加入基督教的民族，本来对有极高威望的罗马主教有很深的敬佩之情，但是当可怜的主教向北方巍峨的群山眺望时，却没有一丝安全感，不知道会有哪支野蛮的部落会突然崛起，在转眼间翻越阿尔卑斯山兵临罗马城门下。这位精神领袖感觉必须尽快寻找到一位精明能干、善于作战的同盟者，以便在危难关头随时保证教皇的安全。

于是，神圣而又务实的教皇开始日夜策划，寻找盟友。很快，教皇将目光望向了一支最有可能加盟的部落日耳曼部落，这支部落在罗马帝国颠覆以后一直占领着欧洲的西北部，他们被称为法兰克人。他们早期的国王叫作墨罗维西，于公元451年，在加泰罗尼亚战役中，他曾率兵帮助罗马人共同击败过那些纵横欧洲的匈奴人。他的子孙随后建立起一个墨洛温王朝，并不断地吞并罗马帝国的领土。直到公元486年，国王克洛维斯（就是古法语中的“路易”）已经积累了足够强大的实力，并且足以公开向罗马人挑战。然而，他的子孙却是些懦弱无能之徒，把国家政事全部委任给首相，这就是所谓的“宫廷管家”。

“矮子”丕平是著名的查理·马特的儿子，他继任了父亲的职务，担任宫相以后，对眼前的形势一筹莫展。他的国王将全部精力奉献给了上帝，是个地地道道的神学家，从来不关心政治。于是，丕平向教皇征求建议，追求事实的教皇说：“国家的政权应由实际控制它的人负责。”丕平立刻明白了教皇的意思，于是极力劝说希尔德里克（墨洛温王朝的最后一位国君）出家去当僧侣。在征求了其他日耳曼部落酋长的批准以后，丕平自封为法兰克国王。当然，精明能干的丕平对国王的位置还不满足，他还幻想获得比日耳曼部落酋长更高的荣誉。于是，他精心策划了一个隆重的加冕仪式，邀请到西北欧的最著名的传教士博尼费斯在他身上涂抹膏油，并且把他命名为“得到上帝恩许的国王”。因此，“上帝恩许”这个字眼儿轻而易举地混进了加冕仪式中，过了将近一千五百年才被彻底清除出去。

丕平对教会的精心帮助心存感激，他前后两次远征意大利，对抗教皇的敌人。他从伦巴德人手中将拉维纳和其他几座城市劫掠过来，并奉献给神圣的教皇陛下。教皇再把这些新征服的领土纳入“教皇国”，直到半个世纪以前，教皇国还是一个独立存在的国家。

丕平去世后，罗马教会和埃克斯·拉·夏佩勒、尼姆韦根、英格尔海姆（因为法兰克国王不会在固定的地点办公，所以总是率领着大臣和官员们不断地从一个地方搬到另一个地方）间的关系越来越密切，最终，教皇和国王共同采取了一个影响欧洲历史进展的重大行动。

公元768年，查理（历史上被称为卡罗勒斯·玛格纳斯或查理曼）继任王位，为法兰克国王。查理曼征服了位于德国东部的撒克逊人的领土，并在欧洲北部大肆兴建城市和教堂。阿布·艾尔·拉赫曼的敌人邀请他，所以他入侵了西班牙，与摩尔人进行激烈的对战。但是在比利牛斯山一带，他惨遭野蛮部族巴斯克人的袭击，被迫撤退。

就在这紧急关头，布列塔尼亚的侯爵罗兰自告奋勇，尽显法兰克贵族效忠于国王的精神，为了成功地掩护皇家军队的撤退，罗兰和他的忠诚的部属光荣牺牲了。他的英勇事迹在欧洲广为流传，为后代骑士们树立了榜样。

然而，到了公元8世纪的最后十年中，查理曼将全部精力放到摆平欧洲南部的众多纠纷中。教皇利奥八世惨遭罗马暴徒的袭击，暴徒们认为他死了，于是把他的尸体扔到了大街上。一些善良的过路人为教皇包扎好了伤口，并协助他逃往查理曼的军营。随后，查理曼立刻派遣一支法兰克军队，平定了罗马城的内乱。于是，利奥八世在法兰克士兵的护卫下重返拉特兰宫。从君士坦丁时代开始，拉特兰宫就一直是历代教皇的住所，这时是799年12月。教皇被袭事件后的第二年的圣诞节时，查理曼正好在罗马，出席于圣彼得古教堂举办的隆重的祈祷仪式。正当查理曼朗读完祷词准备起身的时候，教皇就把早已准备好的一顶皇冠戴在他的头上，正式宣布他为罗马皇帝，并且将很久没有使用过的“奥古斯都”的光荣称号赋予他，带领所有人向他欢呼。

现在，欧洲北部再一次变成了罗马帝国的一部分。帝国无上的尊严，被一个只认识几个简单的字并且从没有学过书写的日耳曼部落酋长所拥有。但是，英勇善战的他在很短的时间里就迅速恢复了欧洲的和平与秩序。没过多长时间，即使是他的对手——君士坦丁堡的东罗马皇帝都会写信给他，信中的称呼是“亲爱的兄弟”，向他表示亲睦与赞许之情。

不幸的是，这位精明睿智的老人于公元814年逝世了。查理曼刚一去世，他的儿孙就为争夺遗产，相互攻击，连年作战。卡罗林王朝的国土先后被两次瓜分，一次是公元843年制定的《凡尔登条约》，另一次是公元870年于默兹河畔签署的《墨尔森条约》。第二次把整个的法兰克王国分成了两个部分。被称为“勇敢者”的查理接管了西半部分和旧罗马时代的高卢行省。生活在这里的当地居民使用的语言早已是拉丁语了，这就是为什么法兰西这种地道的日耳曼民族的国家，使用的却是拉丁语的原因了。

查理曼的另一个孙子掌管帝国的东半部分，日耳曼族人称那里为“日耳曼尼”，因为这片荒凉强悍的土地一直都不属于罗马帝国的领地。奥古斯都大帝（即屋大维）曾经想要征服这片土地，可是在公元9年时，他率领的军队在条顿森林全军覆没以后，就再也没尝试过。当地的居民没有接受罗马先进文明的教化，他们使用的语言是条顿方言。在条顿语里，“人民”被称为“thiot”，所以基督教的传教士称日耳曼使用的语言为“大众方言”或者“条顿人的语言”（lingua teutisca），“teutisca”一词逐渐演变成“Deutsch”，也就是“德意志”（Deutschland）的由来。

那个被许多人虎视眈眈的帝国皇冠很快从卡罗林王朝的继承者头上，返回到了意大利平原，变成为许多小君主、小权谋家随身携带的玩物。他们相互斗争，通过屠杀偷取皇冠，戴在自己的头上（不管是否得到教皇的批准），没过多长时间，它就被另一个更强悍的邻居夺走。悲惨的教皇再次被卷入战争，敌人将他们四面包围，他们不得不向北方发出求救信号，但是没有找西法兰克王国的统治者。他们派信使跨越阿尔卑斯山，拜见撒克逊亲王——奥托，他是当时日耳曼各部落公认的最伟大领袖。

奥托与日耳曼族人一样，一向对意大利半岛的那片蔚蓝的天空和幸福欢乐的人民有极大的好感。当他一听到教皇陛下需要帮助，他立刻率兵救援。为了酬谢奥托的忠心相救，教皇利奥八世赋予他“皇帝”的称号。从那以后，查理曼王国的东半部分就变成了“属于日耳曼民族的神圣罗马帝国”。

这个神奇的政治产物顽强地生存了很久，长达八百三十九年。直到公元1801年，也就是托马斯·杰斐逊胜任美国总统的那年，它被全部扫进了历史的垃圾桶中。把旧日耳曼帝国全部铲平的野心家是一位守旧的公证员的儿子，他来自法国的科西嘉岛，凭借着在法兰西共和国服役期间的战绩步步攀升。他率领的近卫军团是有名的军队，以骁勇善战闻名天下。在军队的帮助下，这个人成为了欧洲的事实统治者，然而他还梦想要远远超越这些。他派人邀请教皇从罗马过来，为他举办隆重的加冕仪式。仪式上，教皇所做的只能是尴尬地站在旁边，眼睁睁地看着这个个头矮小的家伙把帝国的皇冠戴在自己头上，并大声宣布他就是查理曼大帝的继承人。这个人就是著名的拿破仑大将军。历史就像人生一样，变幻莫测，但是终究有一条主线。

◆ 第29章　北欧海盗 ◆

生活在10世纪的人们会向上帝祈求保护他们不受北欧人的残害。

在公元3世纪到4世纪时期，位于中欧的日耳曼部落经常冲破罗马的边防线，挺进罗马大肆劫掠，依靠掠夺当地的财富为生。直到公元8世纪，他们终于遭到了报应，日耳曼人自己变成了“被劫掠”的对象了，他们非常讨厌这种情况，可是那些强盗正是他们的亲兄弟，也就是那些散居在丹麦、挪威和瑞典的斯堪的纳维亚人。

至于是什么样的原因驱使那些任劳任怨的水手开始从事海盗职业的，我们至今也没有弄清楚。当北欧人体会到抢劫和做海盗给他们带来的乐趣时，就再没有人能够阻拦他们。他们经常会突袭某个位于河口附近的居住着法兰克人或弗里西亚人的村庄，犹如天上降下来的瘟疫一样，破坏了村民们宁静的生活。他们杀死全部男人，掠夺所有的妇女，然后乘着快船迅速离开。当国王或皇帝的军队赶到也是为时已晚了，强盗们早已离开，留下的只有一片冒烟的废墟。

查理曼大帝死后，国家混乱一片，北欧的海盗活动越来越频繁，行为越来越猖狂。他们的海盗船队袭击了欧洲所有的海滨国家，他们的水手沿着荷兰、法兰西、英格兰和德国的海岸线，建立起许多独立的小国，他们最大胆的举动就是到意大利去碰运气。这群北欧人非常聪明，他们很快学会了被他们征服的民族的语言，抛弃了维京人（即海盗）原来外表的肮脏粗野、行为极度野蛮的恶习。

10 世纪初，一个名叫罗洛的维京人多次入侵法国的沿海地区，当时的法国国王软弱无能，无法抵挡这些北方凶猛的强盗。于是，他想出一个办法，那就是贿赂他们，使他们成为良民。他答应强盗，如果保证不再骚扰他的领地，就把诺曼底送给他们。罗洛欣然地接受了这笔交易，定居在那里，做了“诺曼底大公”。

然而，罗洛骨子里征战的激情延续到了他子孙后代的血液中。面对狭长的海峡，在短短的几小时的航程以外，就是他们盼望已久的英格兰海岸处白色的岩壁和碧绿的田野。可怜的英格兰地区经历了无数难以忘怀的艰难岁月！首先是被罗马帝国殖民了两百年，罗马人离开后，又被欧洲北部的石勒苏益格的两个日耳曼部族——盎格鲁人和撒克逊人征服了。后来，丹麦人跨越海洋来到了这里，占领了英格兰的绝大多数土地，建立起一个克努特王国。到了 11 世纪，经过长期的反抗斗争，丹麦人被驱逐出了英格兰，一个撒克逊人就继任了王位，他被人们称为“忏悔者爱德华”。他体弱多病，看起来寿命很短，他没有后代可以继承王位，对于野心勃勃的诺曼底大公来说，这种情形是再好不过的了，他偷偷地蓄积力量，等待发动战争的最佳时机。

1066 年，爱德华去世了，继承英格兰国王位子的是威塞克斯王国的亲王——哈洛德。诺曼底大公率领军队渡海，发动了征服英格兰的战争，他在黑斯廷战役中一举战胜了哈洛德，自封为英格兰国王。

在上一个章节已经讲过了，在 800 年时，一个普通的日耳曼酋长摇身一变成了罗马帝国的皇帝。到了公元 1066 年，一个北欧海盗的子孙也变成了英格兰国王。历史上的事情确实是有趣至极，远比荒谬的神话有意思得多，我们为什么还要去读那些神话故事呢？

◆ 第30章　西欧的封建制度 ◆

欧洲中部受到三个敌人的严重威胁，变成了十足的大兵营。如果没有骑士和封建体制，欧洲早已消失了。

法兰西与日耳曼民族

现在，我来为你们讲述公元1000年时欧洲世界的普遍情况。那时，绝大部分欧洲人的生活相当悲惨，商业衰败，农事荒废殆尽，四处流传着世界末日即将来临的预言。人们内心感到非常不安，纷纷到修道院去当僧侣。因为迎接末日来临最安全的方法，就是当这一时刻来临的时候，自己正在虔诚地敬奉上帝。

在很久以前，日耳曼部族远离中亚的群山，向西进行迁移。凭借着拥有大量的人口，他们强行挺进罗马帝国的领地，肆意劫掠，将庞大的西罗马帝国付之一炬，东罗马的幸免是由于他们离日耳曼民族大迁移的途径很遥远。然而东罗马现在也没有太好的结局，只能在西罗马颠覆后的混乱年代残存（是公元六七世纪时欧洲历史上的黑暗时期），日耳曼人虚心地接受传教士们教化，归顺了基督教，承认罗马的主教为教皇，即世界的精神领袖。直到9世纪时，查理曼凭借自己优秀的才能，恢复了罗马帝国的光荣传统，把西欧的绝大部分地区归为一个统一的国家。然而到了10世纪，查理曼不争气的子孙为了争夺权位，把他艰苦奋斗创建的帝国摧毁了。帝国的西半部分变成了一个单独的国家——法兰西。帝国的东半部分变成了日耳曼民族神圣的罗马帝国，境内的各国领袖也都宣称自己是恺撒和奥古斯都的第一继承人，由此获得占据统治地位的正当途径。

但是不幸的是，法兰西国王的大权从没有跨越到城堡以外，而神圣罗马帝国的皇帝也经常遭到实力强大的臣属们为了自身利益的公开挑战，他们全都是徒有虚名。

给人民带来更多痛苦的是，生活在西欧三角洲一带的居民不断遭受来自三个不同方向的敌人的进攻：南部是穆罕默德的信徒，他们占领了西班牙的领土；西海岸经常遭到北欧海盗的侵扰；而东面除了一小块喀尔巴阡山脉能够稍微阻挡入侵者的军队以外，其他的军事防御全都是些摆设，只能听凭匈奴人、匈牙利人、斯拉夫人以及鞑靼人的践踏。

罗马时代的太平盛世已经成为历史，人们只能在睡梦中回忆这段美好的时光。现在，欧洲面临的局势是“要么战斗，要么灭亡！”当然，人们更愿意举起自己的武器进行战斗。公元1000年后的欧洲成了一个地道的大兵营，由于环境的困扰，人们高声呼吁需要一个精明能干的领袖。可是国王和皇帝离他们太远了，远水解不了近渴。于是，生活在边疆的居民（公元1000年的绝大多数欧洲地区都属于边疆）必须依靠自己的力量，他们接受了国王的代表，就是管理本地区的行政领导，因为只有他们才有实力保护当地的居民不受外敌的迫害。

欧洲迅速建立起许多大大小小的公国、侯国，每个国家根据国情，设立一位公爵、伯爵、男爵或者是主教大人，担任统治者的职务。而这些公爵、伯爵、男爵们全都发誓要效忠于“封邑”的国王（“封邑”为“feudum”，是“封建制”（feudal）一词的根源），凭借战争年代对国王的尽忠服役与和平时期定期纳税进贡，作为对封邑国王分封土地的回报。然而在那个交通不畅、通信简陋的年代里，皇帝和国王的权威很难及时传达到属地的各个地方，因此这些由国王任命的管理者享有非常充分的独立性。事实上，他们在自己管辖的土地范围内，已经僭越了国王大部分的权力。

城堡与骑士

如果你认为11世纪的普通老百姓会反对这种封建体制，那么你就错了。他们力挺封建制，因为对于当时的社会来说，封建制是一种具有必需性和实效性的政治制度。他们的领主一般情况下会住在高大牢固的石头城堡里，或者屹立在陡峭的岩壁上，或者四周是抵御危险的护城河。城堡就在属民们能够看得见的地方，以便给他们足够的安全感和信心。一旦危险来临，臣民们有权躲入领主城堡的高墙内避难。这也是当时的居民希望住在与城堡最近地方的原因，并且大部分欧洲的城市也因此起源于封建城堡的附近。

在这里，必须说明的是，早期的欧洲中世纪骑士并不是简单的一名职业战士，他们还是公务员。他们有的担任社区的法官，判处刑事案件，处理人们的纠纷；有的是负责安全的警察领导，抓捕拦路的盗贼，保护小贩（即11世纪的商人）的安全；有的还负责照看水坝，以免附近的人们遭受洪水的袭击（犹如四千年前埃及法老在尼罗河谷的罪行）。他们还赞助行吟的诗人，让他们向不识字的居民们诵读赞美大迁徙时为战争牺牲的英雄的史诗；此外，他们还要保护管辖范围内的教堂和修道院。即使他们自己没有文化（这种情况在当时被看成是缺乏男子汉气概），但是他们会雇用几个教士替他们记账，并详细记录辖地内所有人的婚姻、死亡、出生等重要事件。

到了15世纪的时候，国王们重新强大起来，能够完全行使他们被视为“上帝恩许”的人所拥有的全部权力。这样一来，封建的骑士们丧失了原有的“独立王国”，沦落成普通的乡绅。他们从此不再适合国家形势的需要，很快变成了令人生厌的家伙。但是在这里，我想为这些骑士们说句公道话，如果离开了“封建制度”，欧洲不可能如此安全地度过黑暗的年代。当然，正如今天的许多坏人一样，那个时代同样也有很多不道德的骑士，但总体来说，十二三世纪坚强的男爵们绝大部分都是一些肯吃苦的、辛勤工作的管理者，为历史向前发展做出了巨大的贡献。在那个时代，曾经点燃了埃及人、希腊人以及罗马人的文化与艺术的火炬，它的光芒虽早已微弱，并很快就要熄灭了，如果没有骑士和他的好友僧侣的存在，恐怕欧洲文明将会全部灭绝，而欧洲人也同样会回到穴居时代，把历史的脚步从最原始的时代，重新再走一遍。

◆第31章　骑　士◆

欧洲中世纪的职业战士们通过某种形式的组织，紧密地团结起来，互相帮助，维护共同利益，因此，骑士制度和骑士精神就诞生了。

我们对于骑士制度的起源了解得非常少。但是随着这一制度的发展，它又给当时混乱无序的社会提供了必不可少的东西，那就是所有详细的行为准则，它或多或少地缓解了那个年代的野蛮习俗，使人们的生活变得比五百年前的黑暗时代轻松了很多，舒适了很多。教化粗野的边疆居民，并不是一件容易的事情。他们把大部分时间花在与穆斯林、匈奴人和北欧海盗的连年战争中，挣扎在战争残酷的环境中。作为基督徒，他们必然会对自己的堕落行为表示忏悔，所以他们每天清晨都会发誓从此以后要行善事，并且向上帝承诺要有仁慈的行为和宽容的态度。可是一天还没有结束，他们就会把早晨的诺言抛到九霄云外，一口气把所有的俘虏杀光。进步是通过长期坚持不懈的努力得来的，最终，连最胆大妄为的骑士都会遵守属于他们"阶层"的行为准则，否则就会自食恶果。

骑士准则或骑士精神在欧洲许多地方都不尽相同，但它们都会强调"服务精神"和"尽忠职守"。在中世纪，"服务"被看成最高贵、最完美的品德，做仆人并不是一件丢脸的事，只要你是一个称职的仆人，辛勤工作、毫不懈怠就可以了。至于忠诚，对于一个必须忠实履行职责才能够维持平静生活的时代来说，它必然是骑士们最崇高的品德。

因此，一个年轻骑士会发誓永远做一个效忠上帝的仆人，同时他们也会用一生的时间效忠自己的国王。此外，他们还会发誓向那些比自己生活更穷苦的人们伸出援助之手，他们还会发誓要行为谦虚谨慎，言语得体，永远不吹嘘自己的功绩。他们将同所有穷苦大众成为朋友。

究其本质来说，这些誓词只不过是将十诫中的内容，用中世纪的人民能够理解的语言表达出来。围绕着这些，骑士们还形成了一套礼貌和行为举止方面的复杂礼仪。中世纪的骑士以亚瑟王的圆桌武士和查理曼大帝的宫廷贵族为榜样，犹如普罗旺斯骑士的抒情诗或是英雄骑士的史诗中向他们述说的内容那样。他们希望自己像兰斯洛特爵士一样勇敢，像罗兰伯爵一样忠诚。无论他们的衣着有多么简朴甚至是衣衫褴褛，无论他们是否一贫如洗，他们都会保持尊严，谈吐优雅，行为有节，永远保持着骑士的声誉。

这样一来，骑士团就变成了一所培养优雅言行的大学校，而礼貌和端庄的仪表恰好是促进社会机器正常运转的润滑剂。骑士精神代表谦虚有礼，向周围的世界展示着如何进行衣着的搭配、优雅地进餐、彬彬有礼地邀请女士共舞以及很多其他的日常生活礼节。这些东西都给人们的生活增添了缤纷的色彩。

如同人类所有的制度一样，骑士制度一旦衰弱，它就会走向灭亡的道路。

十字军的东征恢复了商业的发展，城市一夜之间出现在欧洲的原野上。从此，使用雇佣军为自己作战，就不可能再像下棋一样，以完全的步骤和帅气的策划来指挥一场战役，骑士在此变成了多余的摆设，骑士精神也不能适应当时的社会，变成了一种奢侈品。当骑士们高尚情操失去了实用价值后，他们本人也就变成了一个被人耻笑的角色。

据说，崇高的堂吉诃德是历史上最后一位真正的骑士。他去世以后，与他相依为命、勇闯天涯的盔甲和宝剑被拍卖掉了，用以补偿他遗留下的个人债务。不过不知道是什么原因，他的宝剑好像经过很多人之手。在福奇谷（费城西北 40 千米）的严冬里，华盛顿将军曾经佩带过它。在喀土穆被敌人重重包围的惨淡岁月里，戈登将军拒绝抛弃他的属民，勇敢地面对死亡，当时，这把宝剑就是他唯一抵御外敌的武器。

我不太了解这把宝剑在刚刚过去的世界大战中究竟发挥了什么样的作用，但事实可以证明，它是个无价之宝。

◆ 第 32 章　世俗王权与教权的交锋 ◆

中世纪人民的双重效忠制度，由此引发了教皇与罗马帝国皇帝之间无休止的斗争。

中世纪人们的无知

如果想真正理解以前那个时代的人们，弄清他们的行为方式以及他们的思想动机，确实是一件非常困难的事情。正如你每天都会看到的自己的祖父一样，他仿佛是一个在思想、着装和行为及观念各个方面，都体现出与我们是不同世界的神秘人物。难道你不是绞尽脑汁地要去认识他、理解他，但经常是徒劳无功吗？我现在将要为你讲述的，就是比你的祖父还要早二十五代的老爷爷们间发生的故事。如果你不反复读这一章，我觉得你不可能领悟到它真正的内涵。

生活在中世纪的普通老百姓非常简朴，在他们平淡的岁月中很少会发生特大的事情。即使是一个随心所欲的自由市民，他的生活范围也很少会跨越出自己居住的地方。书籍也是少得可怜，除了极少的手抄本在当地流传以外，根本没有印刷的书籍。在每个角落，都会有一小批勤勉的僧侣在教人读书、写字，学习一些简单的算术。对于科学、历史以及地理，早已被深深地埋藏在古希腊和古罗马的废墟中，再也找不到了。

人们对过去的了解，大都出自于平时听到的故事和传奇。这些父亲讲给儿子的故事，惊人准确地保存了历史的事实，只是在细节上有些轻微的出入而已。两千多年过去了，印度的母亲们为了使淘气的孩子能够安静下来，依然会说出同样的话吓唬他们：“再不听话，伊斯坎达尔就会来捉你了！”这位伊斯坎达尔就是在公元前330年曾经率军扫荡印度的亚历山大大帝。他的精彩故事历经了几千年，依旧在印度的广阔大地上流传着。

中世纪的人们从来没有读过一本讲述罗马历史的教科书。事实上，他们在许多方面都显示出了极大的无知，甚至现代的小学三年级的学生了解的最基本的生活常识他们都不知道。罗马帝国，对于现代读者来说只不过是一个空虚的名词，而在中世纪人的眼里却是一个活生生的现实。他们亲身感受着它的存在，心甘情愿地承认教皇就是自己的精神领袖，是因为教皇住在罗马城，代表着罗马帝国。当查理曼大帝和奥托大帝重新燃起了“世界帝国”的梦想，创建了神圣罗马帝国时，人们发自肺腑地感到欢乐和感激，因为他们心中的世界就应该是这样的。

尴尬的人们

由于罗马存在着两个不同的继承人，中世纪虔诚的自由民们便处于尴尬的处境中。支撑着中世纪的政治体制理论简单明了，也就是世界的统治者（即皇帝）负责管理臣民物质方面的利益需求，而精神世界的统治者（即教皇）只负责照顾他们的灵魂。

不过在实际执行的过程中，这一体系暴露出了许多弊端。皇帝总是想要插手教会的事务，而教皇也不甘示弱，总是指点皇帝管理国家的行为。后来，他们互相用很不文明的语言相互警告对方不要多管闲事。照这种情形发展下去，双方难免发生战争。

那么在这种情况下，普通老百姓该怎么办呢？一个优秀的基督徒就是既要忠于教皇又要服从国王。可是教皇与皇帝变成了一对仇人。同时作为一个负责的国民和一个虔诚的教徒，他到底应该站在哪边呢？

要想得到正确的答案确实不是一件简单的事情。有时碰巧会赶上一位精明的政治强人作为皇帝，同时又有足够的财力组织起一支强大的军队，那么他就可以翻越阿尔卑斯山向罗马进攻，把教皇的宫殿围得水泄不通，最终逼迫教皇服从帝国的命令，否则就会自食其果。

但大多情况是教皇的势力更为强大。所以，这位敢于与教皇相抗衡的皇帝或国王与他的全部属民，将被永久开除教籍，逐出教会。它的含义就是说要关闭辖地内的所有教堂，人们不能再接受洗礼，也不会有神甫在他们临死前举行忏悔仪式，下地狱就成为必然的结果。总之，在这种情况下中世纪政府的一大半职能都被吞并了。

更糟糕的是，教皇还除去了人们对君主的宣誓，怂恿他们一起反抗“叛教”的君主。可是人们如果真的听从了教皇的指示，那么他们就会被身边的国王抓起来，等待他们的就是绞刑架，这也不是玩笑。

如果教皇与皇帝的对抗发生了，那么普通人民的处境就会变得非常艰难。而最不幸的就是那些生活在 11 世纪下半叶的人民。当时的德国国王亨利四世与教皇格列高利七世打了两场难以区分胜负的战役后，不但没有从根本上解决问题，反而使欧洲陷入长达五十年的混乱状态。

11 世纪中期，教会内部发生了激烈的改革活动。那时，教皇的选举方式非常不正规。对于神圣罗马帝国的皇帝来说，他当然希望有一位容易相处、对帝国有利的教士坐上教皇的职位。因此每到选举教皇的时候，皇帝们都会亲临罗马，用他们广泛的影响力和号召力，为自己的朋友攫取利益。

新教皇与亨利四世

到了 1059 年，形势发生了逆转。按照教皇尼古拉二世的命令，创建了一个由罗马附近教区的主教和执事组成的红衣主教团。那些有权势的教会头目被赋予选举教皇的至高权力。

1073 年，红衣主教团推选格列高利七世为新教皇。他原名叫希尔布兰德，出生在托斯卡纳地区的一个普通人家里，他有着超强野心和旺盛的精力。格列高利知道，教皇的绝对权力应该是建立在犹如花岗石一样坚固的信念和勇气之上的。在他的眼里，教皇不简单只是基督教会的绝对首脑，而且还是所有事务的最高法官。教皇如果能把普通的日耳曼王公提升至皇帝的位子，享受他们从来不敢想象的尊严，那么他当然也有权罢免他们。他可以否定任何一项由大公、国王或者皇帝制定出来的法律，但是如果有谁对教皇宣布的敕令提出质疑，那么他就得当心了，因为后面的惩罚将是如闪电般快速而且残酷的。

格列高利派大使前往欧洲所有的宫廷，向君主们宣读他新颁布的法令，并要求他们认真阅读其中的含义。征服者威廉一下就答应了。但是从六岁开始就经常与臣属互殴的亨利四世却是一个天生叛逆的人，他根本不会顺从教皇的意志。亨利召开了一次德国教区的主教会议，会议中指控格列高利犯下的所有罪行，最后他以沃尔姆斯宗教会议的名义废黜了格列高利的教皇职位。

然而，格列高利的反应是要把亨利四世逐出教会，并且号召全体德意志的王公一起驱逐这位品德败坏、不称职的国王。日耳曼的贵族们也正希望铲除亨利，自己取而代之，纷纷要求教皇能够亲自到奥格斯堡，为他们挑选出一位新国王。

于是，格列高利离开罗马，连夜赶往北方去惩罚这位对手。亨利四世当然不会坐以待毙，他非常清楚自己危险的处境。那时，这位国王唯一的出路就是竭尽全力与教皇讲和。当时正是寒冷的冬天，亨利管不了寒冷天气下危险的路境，匆忙翻越阿尔卑斯山，火速赶到教皇驻足休息的卡诺萨城堡。1077 年 1 月 25 日至 28 日，整整三天的时间，亨利把自己伪装成一个在深深忏悔的虔诚的教徒，穿着破破烂烂的僧侣装（在他破旧的外衣下掩藏着一件温暖的毛衣），恭敬地守候在城堡的大门前，恳切地请求教皇能够宽恕他。过了三天，格列高利终于让他进入城堡，并且亲自赦免了他的一切罪行。

亨利的忏悔并没有持续很长时间，当被废黜的危机过去了，他平安重返德国以后，又旧病复发，依然我行我素地做事。教皇再次把他逐出教会，而亨利也再次召开了德意志主教团的会议，要废黜格列高利。可是这次，亨利艰难地翻越阿尔卑斯山时，却带着一支庞大的军队，他气势汹汹地走在队伍的最前端。日耳曼的军队将罗马城包围了起来，格列高利也被逼下台，最后死在流放的地方——萨勒诺。教皇与皇帝的第一次流血矛盾并没有解决本质问题。当亨利返回德意志的时候，他们之间的争斗又重新开始了。

中世纪城市的兴起

霍亨施陶芬家族在夺取了德意志帝国皇位短暂的时间之后，越来越独立了，更加无视教皇的存在。格列高利曾经宣称，教皇凌驾于所有世俗君主之上，理由是在末日审判那一天，教皇要为他照管的羊群中的每只羊的行为负责，而在上帝的眼中，国王只不过是羊群的众多忠实牧羊人之一。

霍亨施陶芬家族，有一个人叫弗里德里希，他通常被称为红胡子巴巴罗萨，他提出了一个用以反对教皇的理论。他宣称，神圣的罗马帝国是由“上帝本人恩许的”，赋予他的前辈掌管帝国的大权。既然帝国的领土先前包括意大利和罗马，因此他想要发动一场具有正义感的战争，来收复这些已经被抢走的行省。不幸的是，他在参加第二次十字军东征时，在小亚细亚一带意外溺水身亡。后来，他的儿子弗里德里希二世继承了王位。这位年轻人精明强悍，风度翩翩，在小时候就深深地受过西西里岛伊斯兰文明的熏陶。子承父业，他继续与教皇作对。

教皇控告弗里德里希二世犯下了不可饶恕的罪名。事实上，弗里德里希确实对北方基督徒粗犷野蛮的作风、德国骑士的庸俗愚昧以及意大利教士阴险狡诈的品行，抱有极大的蔑视态度。但是他保留自己的意思，从不作评论，专心投入十字军战争，夺回耶路撒冷，因此被人封为“圣城之王”，即使他立下如此丰厚的战果，依然没有使邪恶的教皇们心里得到些安慰。他们无情地把弗里德里希二世驱逐出了教会，并把他的意大利属地分给安如王朝的查理，也就是著名的法王圣路易的兄弟。此举在当时引发了无数的争端。霍亨施陶芬家族的最后一任继承人——康拉德四世的儿子康拉德五世，想要夺回原本属于自己的意大利领土，但是他的军队惨遭失败，他本人也不幸被处死在那不勒斯。二十年过后，在“西西里晚祷”事件中，当地居民把那些非常不受欢迎的法国人全部杀死了，战争依然在继续。

教皇与皇帝的斗争永无休止，看起来似乎永远没有解决的办法。然而过了一段时间以后，两个强大的仇人渐渐学会了只管自己的事情，不再轻易干扰对方。

1273 年，居住在哈布斯堡的鲁道夫被公众选为德意志皇帝。他不远万里，前往罗马接受加冕。教皇对这一举动也没有公然反对，但为了报复，教皇慢慢疏远德意志。这就意味着和平的开始，但毕竟太晚了。经历了两百年的斗争，原本可以将全部的精力用于国家内部建设中，却浪费在了不分胜负的战争上。

不过凡事利弊永相随。在意大利的诸多小城市中，教皇与国王之间小心地保持着平衡，暗地里却在壮大各自的实力，巩固自己的独立地位。在朝拜圣地的运动开始时，面对着无数急于求成，攻克耶路撒冷的十字军战士，这些城市轻而易举地解决了战士的交通和饮食问题，并且从中捞取大量的财富。等到十字军运动结束以后，这些发战争财的城市已经有足够的财富用砖石和金子建造起坚硬无比的防御，同时对于与教皇和国王的作对，他们显得淡然了。

在教会和国家的相互争斗中，第三方——中世纪的城市，从中获取了胜利的果实。

◆ 第 33 章　十字军东征 ◆

当土耳其人掠夺圣地，亵渎圣灵，并且严重切断了东西方的贸易时，内部的所有争吵都被忘记了。欧洲人开始了十字军东征运动。

土耳其的入侵

经历了漫长的三个世纪，除了守卫欧洲的两个国家——西班牙和东罗马帝国以外，基督徒和穆斯林之间始终保持着最起码的和平。公元 7 世纪，穆罕默德的信徒成功地征服了叙利亚，完全掌控基督教的圣地，但是他们不会阻止朝圣的基督徒。在大教堂（即君士坦丁大帝的母亲，圣海伦娜在位于圣基的原址上修建的教堂）里，允许基督朝圣者自由祈祷。然而到了 11 世纪，一支来自亚洲荒原的鞑靼部落（被人们称为塞尔柱人或土耳其人），征服了位于西亚的伊斯兰国家，并且成为基督教圣地的新主人，从此以后，基督教和伊斯兰教间互相妥协的和平就此结束了。土耳其人抢夺了东罗马帝国手中的全部小亚细亚地区，这就使东西方之间的贸易全部停滞了。

东罗马皇帝阿历克西斯，把全部心思放在东方，与邻近的西方基督教很少联系，但是此时反而对欧洲的兄弟们提出求援。他说，土耳其人一旦夺取了君士坦丁堡，那么通往欧洲的大门就会被打开，他们同样会遭到土耳其骑兵的威胁。

有些意大利的城市各自在小亚细亚一带和巴勒斯坦沿岸地区拥有小片贸易殖民地。但是出于害怕失去自己财产的心理，他们就会散布一些可怕的谣言，添油加醋地描述土耳其人的暴行。听到了这些故事以后，整个欧洲全都沸腾起来了。

当时，在位的教皇是乌尔班二世，他出生在法国的雷姆斯，在格列高利七世曾经受过教育的著名的克吕厄修道院里接受过同样的教育。他认为，现在到了采取行动的时候。当时欧洲的状况非常令人担忧，甚至可以称为糟糕。由于耕种依然采用原始的方法（自从罗马时代以来就一直没有改进过），欧洲经常发生粮食危机，失业与饥荒大肆漫延，这样很容易激起民愤，最终会导致无法收拾的后果。然而西亚自古以来粮食就很充足，养活了无数人，因此，这里无疑是个理想的移居地。

1095 年，在法国著名的克勒芒宗教大会上，教皇乌尔班二世拍案而起，开始是痛斥大肆践踏圣地的种种劣行，后来又娓娓道来这片肥硕的圣地自从摩西以来是怎样哺育着无数基督徒的动人场面，最后，他还恳切地激励法国的骑士们和欧洲的百姓一起鼓起斗志，放下自己的妻儿，从土耳其人的手里把巴勒斯坦解放出来。

不久，一群难以掌控的宗教教徒狂妄地席卷了整个欧洲。人们失去了理性，纷纷扔掉手中的铁锤和锯，冲出家园，头也不回地踏上征途，前往东方企图杀死土耳其人。就连小孩子都会吵着要离开家前往巴勒斯坦，利用他们稚嫩的热情以及基督徒的虔诚，感化土耳其人，呼吁他们的悔改之心。但是在那些狂热的信徒中，九成以上的人就连看上一眼圣地的机会都没有。他们一贫如洗，不得不沿街乞讨或者偷盗，以便维持生计。他们还影响了交通的安全，经常被愤怒的乡民杀害。

靠战争发财

第一支十字军是由忠诚的基督徒、没有办法履行应尽义务的破产者、清贫的没落贵族以及为了逃避法庭制裁的罪犯所组成。他们无组织无纪律，在疯疯癫癫的隐士彼得和“赤贫者”沃尔特的带领下开始了远征。为了惩罚异教徒，他们首先把路上遇见的犹太人全部杀掉，他们最后只是勉强挺进到匈牙利，就全军覆没了。

这次失败给了教会一个深刻的教训：仅凭一腔热血是根本不可能解放圣地。精密的组织和积极的意愿、勇气一样，都是十字军取得胜利不可或缺的因素。因此欧洲花费了一年的时间，训练和装备了一支二十万人的大军队，由布隆的戈德弗雷、弗兰德斯伯爵罗伯特、诺曼底公爵罗伯特以及其他几位贵族率领。这些人都非常精通作战的技巧，是有着丰富经验的将领。

1096 年，第二支十字军开始了漫长的征程。当到达君士坦丁堡以后，骑士们表情严肃地向东罗马皇帝举行了隆重的宣誓效忠仪式。（就像我前面讲过的一样，传统依然存在，不管现在的东罗马皇帝是多么的腐朽，但是他依然享有崇高的威严。）随后，他们跨越海洋来到亚洲，一路向前，对耶路撒冷发起了暴风骤雨般的袭击。最后，他们带着充满了感恩的心，向圣墓进军，赞美他们伟大的上帝。可是没过多长时间，土耳其人精锐的援军就赶到了那里，重新掠夺了耶路撒冷。

在后来的两个世纪里，欧洲人先后发动了另外的七次东征。慢慢地，十字军战士们学会了远征亚洲的旅行方法。陆地上的行程艰苦而又危险，他们宁可先翻越阿尔卑斯山，来到意大利的威尼斯或是热那亚，再搭乘舰船前往东方。精明能干的热那亚人和威尼斯人把这笔提供运送十字军跨越地中海的服务做成了有丰厚利润的大生意。他们征收高额的旅费，当十字军战士无力支付高额费用的时候（因为他们大部分人都很贫穷），这群意大利“奸商”就会装出大发慈悲的样子，先允许他们登船，但要用胜利的果实抵偿船费。往往为了偿还这些高额的费用，十字军战士不得不答应为那些船主们出一份力，用掠夺来的土地还钱。就是通过这种方法，威尼斯大大扩展了在亚得里亚海沿岸、希腊半岛、克里特岛、塞浦路斯以及罗得岛控制的范围，最后，连雅典也变为威尼斯的殖民地。

向敌人学习

当然，这所有的努力对于解决棘手的圣地问题是毫无作用的。当狂热的宗教浪潮渐渐退去的时候，一段短暂的十字军旅程变成了每个家境良好的欧洲青年的学习课程。所以，报名前往巴勒斯坦服役的候选人总是源源不断。然而，古老的热情已经完全消失了。起初，十字军战士对敌人怀有刻骨铭心的仇恨，对东罗马帝国和亚美尼亚的基督徒怀有极大的爱心，带着这种心情，他们开始了艰难的远征。但是他们经历了内心的巨大变化，他们开始憎恨居住在拜占庭的希腊人，因为他们经常被希腊人欺骗，并且这些人经常做出出卖十字架的事情。他们同样还憎恨亚美尼亚人和所有生活在东地中海地区的民族。但是，他们慢慢地学会了欣赏敌人的各种品行，实践证明他们是正义的对手，非常值得人们尊重。

但是，他们绝对不会把这些心思公开流露在表面。可是一旦十字军战士有机会返回家乡时，他们就会模仿从敌人那里学到的新奇的优雅举止。与那些优雅的东方敌人比起来，欧洲骑士只不过是一群大老粗。十字军战士还从东方带回来一些异国的植物种子，像桃和菠菜之类的，并且种在自家的菜园里，不但可以换换口味，还能出售挣钱。他们摒弃了身穿厚重铠甲的野蛮习俗，模仿起了伊斯兰教教徒和土耳其人的样子，穿着丝绸或者棉制的长袍。实际上，十字军运动的最初目的是惩罚敌人，到最后却演变成了开启欧洲青年文明的教育课，其间经历的沧桑是那么耐人寻味。

站在政治和军事的角度来看，十字军的东征是一场失败的战争。耶路撒冷以及其他小亚细亚的众多城市失而复得，得而复失。虽然十字军曾经在叙利亚、巴勒斯坦以及小亚细亚一带建立了许多小型基督教王国，最后却被土耳其人征服。直到1244年，耶路撒冷仍然牢牢地掌控在穆斯林的手中，成了一个地地道道的土耳其化的城市。与1095年之前相比，圣地的情况并没有发生任何变化。

然而，欧洲因为十字军运动经历了一次深刻的变革。西方人民因此有机会看到东方文明的优雅与辉煌，这就使得他们不再适应枯燥乏味的城堡生活，反而寻求更舒适、更加充满活力的生活。这是教会和封建国家无法赋予他们的。

这种优美的生活，他们在城市里寻找到了。

◆ 第 34 章　中世纪的城市生活 ◆

人们常说中世纪的城市充满了自由的气息。

上帝的安排

中世纪的初期是一个拓荒寻求居所的时代。从遥远的中亚群山声势浩大地西迁而来的日耳曼民族，原本是生活在罗马帝国的东北部森林，高山与沼泽之外的那片荒野地带。当时，他们强行跨越这道天然的屏障，勇敢地闯入西欧肥沃的平原，把大片土地占为己有。他们生来不喜欢安分的生活，就像所有的拓荒者一样，他们喜欢游荡的生活，不断迁徙。他们全身心地砍伐森林，开拓荒地，放牧兽群；他们同样相互厮杀，割断敌人的喉咙。在他们当中很少有人会居住在城市里，因为他们喜欢"无忧无虑的"生活方式。他们喜欢赶着羊群在强风中翻越草坡，让山间树林散发出来的清新空气充满全身。当久居旧家令他们感到厌烦的时候，他们就会立刻收起帐篷，带着家当，开始寻找新的牧场。

在大迁徙的途中，弱者会被淘汰，只有那些坚强的战士和跟随着男人勇敢闯入荒野的女人们才能幸存下来。就这样，他们逐渐发展成为一个坚强的种族，拥有着顽强的生命力。生活中，他们对那些优美细腻的东西并不是非常在意，他们经常奔波忙碌着，没有玩乐器的兴趣或是写作诗歌这类高雅的情调。他们精明强悍，讲求务实，不喜欢说大话，也不喜欢一起讨论问题。教士是村子里唯一"有文化的人”（在13世纪中期以前，会读写的男人一般被人称为“女人气的男子”），人们都会相信依赖他，让他解决所有的问题，但也就是些没有实用价值的问题。同时，那些日耳曼的酋长、法兰克的男爵或是诺曼底的大公们（或者是有别的头衔或称号的贵族），他们舒服地享有那份原属于罗马帝国的土地，在帝国昔日辉煌的废墟中重新建立起属于自己的新世界。这个世界看起来是那么的完美无瑕，这足以使他们心满意足了。

他们竭尽全力地处理城堡和乡村的各种事务，兢兢业业地工作着。他们与“凡人”一样，总是期望早日能到达天堂，因此，他们虔诚地遵守着教会的纪律。他们在国王或是皇帝面前十分忠诚，与这些距离遥远但是危险的君主们保持密切的联系。总之，他们尽心把事情妥善处理好，对邻居义正词严而又不会损害自己的权力。

当然，他们有时也会感觉到，自己现在的处境并不是理想的世界。在那里，大部分人沦落为农奴或者“长期雇工”，这些人与牛羊一起住在牛栏羊圈里，而自身也如同牛羊，成为依附在土地上的一部分。他们的命运虽然不是非常幸福，但也不算异常悲惨。除了这些，还能奢望他们做什么呢？对于主宰着中世纪人民生活的伟大上帝来说，他毫无疑问地用完美的方式来安排世界。如果凭借他高深的智慧，决定这个世界上骑士与农奴的数量，那么身为教会忠诚的儿女，是不应该对这种安排表示不满的。因此，农奴从来没有抱怨过。如果受到过分的役使，他们就会像牲畜一样死去。随后，主人们就会做一点事情，使奴隶的生活质量稍微有所改善，除了这些，就再也没有别的了。如果肩负世界进步的历史责任是在农奴和他们的封建领主肩上，那我们现在的生活就有可能像12世纪一样，只有等到牙疼的时候才会念“啊巴拉卡，达巴拉啊”这类的祷词，凭借神秘的咒语抵挡肉体上的痛苦。不但这样，如果这时有一位牙医想要用他的诊疗方法来帮助我们，那么他的结果必然是我们憎恶的。因为那些异端理论大多是来自异教徒们的恶毒而且没有用处的“骗术”。

进步的意义

当你们长大以后，就会发现身边有很多人不相信“进步”。他们表面上显得很有思想，我敢保证他们能列举出大量可怕的事实，以此来向你证明“世界向来是这样，没有任何变化”。不过我希望，你们不要被这种理论迷惑。你看，我们的先祖花费了将近一百万年的时间，才学会了直立行走。当他们把同动物一样的咕咕声变成可以使自己理解与沟通的语言时，又耗费了很多个世纪。书写术——为人类的进步保存了我们的思想和技术，没有它人类是不可能有任何进步的，它的发明只不过是在短短的四千年以前。那种征服自然为人类服务的奇思妙想，仅仅是在祖父时代才刚刚出现的。因此，我认为，我们人类其实是在以光的速度进步着。也许，我们现在对物质生活的关注度多了些，但是这种趋势必然会在某种状态下扭转的。到那时，我们便会全身心地去处理那些与身体健康、工资高低、城市排水管道和制造机械毫无关系的问题。

在这里，我想提醒大家，千万不要对那些被称为“古老的好时光”抱有太多的悲伤情绪。在许多人眼里，他们只看到了中世纪留下的那些壮丽的教堂和伟大的艺术作品，经常会拿这些与我们现在的喧嚣和汽车尾气这样的丑陋文明相比较，推断出现在不如过去的谬论，然而，这仅仅是一个方面而已。众所周知，在宏伟壮观的中世纪教堂旁边，布满了无数破旧的贫民窟，相比较之下，即使是现代最简陋的公寓在那时也会被称为豪华奢侈的宫殿。是啊，同样高贵的兰斯洛特和帕尔齐法尔，当这些年轻正义的英雄踏上寻找圣杯的征途时，他们肯定不用忍受汽油难闻的味道，可是当时还夹杂着许多其他臭味，比如牲畜圈里的味道、大街上的垃圾腐烂的味道、主教大人宫殿周围猪圈的味道以及那些穿戴祖父遗留下来的衣服和帽子、一辈子没用过肥皂、几乎不洗澡的人们散发出来的味道。我不想描绘出一幅大煞风景、令人恶心的画面。然而，当你在阅读古代编年史，了解到法国国王在华丽的皇宫里悠闲地向窗外眺望的时候，却被巴黎街边的猪群散发出的冲天臭气熏得昏倒时，当你看到某些简单描述天花和鼠疫横行的悲惨生活情况的古代手稿时，你才会真正地理解“进步”一词绝对不是现代广告人经常使用的那句时髦词语。

商业复兴

然而，如果没有城市的存在，那么过去六百年来的进步是绝对不可能发生的。因此，我将用更长的篇幅来谈论这个问题，因为它在历史的发展中发挥了重要的作用，不可能像简单的政治时间一样，只需三四页的文字就能概括。

古代的埃及、巴比伦、亚述，他们都以城市为中心。古希腊是一个由许多小城邦组成的国家。而腓尼基的历史可以说是西顿和提尔两座城市的历史。再来看看伟大的罗马帝国，那广阔无边的行省只不过是罗马城的“腹地”。书写、艺术、科学、建筑学、天文学、文学——这些是数不胜数的，它们全都是城市的产物。

在长达四千年的漫长岁月中，被我们称为城市的地方，居住着大量像蜜蜂一样为了生活日夜劳碌的人，它一直扮演着世界大作坊的角色，它生产商品，推动着文明的进步，催化着文学与艺术。然而随之而来的是日耳曼人大迁移的时代，他们颠覆了辉煌的罗马帝国，拼命地焚毁着令他们难以捉摸的城市，使欧洲再次变成一片由草原和小村庄组成的土地，在这段黑暗无知愚昧的岁月里，欧洲文明进入了停滞期。

后来，十字军东征又为欧洲文明重新播种准备了有利的土壤。等收获的季节即将来临的时候，果实却被那些自由民抢先一步摘走了。

我曾经讲过城堡与修道院的故事。在它们那高大沉重的石墙背后，居住着骑士和僧侣，他们一个负责人们的安全，一个精心守护着人们的灵魂。后来，那里出现了一些手工匠人，比如屠夫、面包师傅、制蜡烛工人等，他们来到城堡附近住下，这样不但能随时应付领主随叫随到的需要，还能在危险发生时快速逃到城堡中避难。有时如果遇上主人心情好，这些人就会被允许在自己的房子周围围上一圈栅栏，就像是独门独院。然而，他们当时的生计完全取决于威严的城堡主人的善心。当领主外出巡视时，工匠们就会跪在路旁，亲吻他尊贵的手表示对主人的感恩。

伴随着后来发生的十字军东征运动，世界正在悄悄地变化着。过去的大迁徙驱使人们从欧洲的东北移居到西部，十字军运动反而引导人们从荒凉原始的欧洲西部，前往有着高度文明的地中海东南一带接受新文明的洗礼。他们发现，世界并不仅仅局限在他们的狭小居室内，只有前进才能够看到海阔天空。从此以后，他们开始欣赏华丽的服饰、更加舒适宜人的房屋、全新口味的美食以及其他各种各样出产于神秘东方的新奇事物。当他们重返自己的故乡时，仍然希望享受这些稀有的商品。于是，那些背着货物走街串巷的小贩们（这些小贩是中世纪唯一的商人），在原有的商品名单中添加了许多畅销的新品种。商贩们的生意越做越大，单纯依靠人力背的货物已经不能满足人们的需求了。于是他们购买货车，又雇用以前的十字军战士作为保镖，以防止国际性的战争引发的犯罪浪潮。就这样，他们采用更现代的方式、更大规模的做起生意来了。然而，事实上，干这行也不是简单的事情。他们每进入一个领主的圣地时，都必须得按规定缴纳过路费和商品税。由于做生意是有利可图的，所以商贩们没有间断过他们的交易。

过了一段时间，一些精明的商人逐渐意识到了一点，那些从远方运进来的商品在当地也可以生产。于是，他们在家里腾出一小块地方，作为生产作坊。就这样，他们结束了长年的行商生涯，摇身变成了制造商。他们生产出来的商品不仅卖给居住在城堡里的领主和修道院院长，还能满足附近城镇的需求。领主和院长大人们就会用自己农庄生产的产品，比如鸡蛋、葡萄酒、蜂蜜，来支付商人的商品。然而对于居住在遥远的市镇的居民来说，这种以物换物的方式不被采纳，要求他们必须支付现金。这样，制造商和行商手里就能慢慢地积攒起一些金块，这一举动彻底改变了他们在中世纪时期社会上的地位。

可能你们难以想象在一个没有钱币的世界里将会是什么样子。在现代城市里，你会因为没有钱而寸步难行。从早到晚，人们都会随身携带一个装满了金属圆片的钱包，以便能够随时付钱。比如，你乘公共汽车会花费一便士，在外面吃上一顿美味的晚餐会使你花费一美元，等吃饱喝足以后，你又想看两眼晚报，不得不花三分钱给小贩。然而，在中世纪初期，很多人一辈子都没看见过钱币（即使是一块铸造的钱币也没见过）。希腊和罗马的全部金银被深深地埋藏在城市的废墟下面了。罗马帝国之后的大迁移世界是一个绝对的农业社会，那时，每个农民都会播种足够多的粮食、饲养足够多的绵羊和奶牛，过着完全自给自足的生活，没有必要依赖他人。

中世纪的骑士在当时也是拥有田产的乡绅，很少会出现必须付钱购买某物品的情况。他们的庄园里能够生产出供自己和家人吃、喝、穿的所有物品。那些修筑城堡的砖块是用附近的河岩制造出来的，大厅的檩梁也是直接从自己的森林中采伐来的。偶尔会有些少量物品来自国外，但那也是用庄园生产的蜂蜜、鸡蛋、柴捆来进行交换的。

公爵、市民和钱

十字军的东征把那个古老的农业社会盛行的陈规旧习弄了个底朝天。现在我们设想一下，如果希尔德海姆公爵想要前往圣地，那么他必须得跋涉好几千英里的路程，一路上，他必须要支付交通费、伙食费，如果是在家里，他可以拿自己田庄里的农产品与别人交换，但是在路上可就不行了，他总不能背着一百打鸡蛋和整车火腿上路，以便随时满足某些威尼斯船主或者布伦纳山口旅馆主人的要求吧！这些绅士坚持收取现金，因此公爵被迫随身携带些金子才能开始旅程。然而，他怎么才能得到金子呢？他可以向老隆哥巴德人的后代伦巴德人借，伦巴德人优哉地坐在兑换柜台的后面（当时的柜台被人们称为“banco”，就是银行“bank”一词的起源），他们早就以兑换钱币为职业了。他们非常乐意借给公爵几百个金币，然而为了保险起见，公爵必须用自己的庄园作为抵押。这样，即使在公爵征讨土耳其人的过程中发生意外，他们的钱财也不至于打了水漂。

这对于借钱的人来说是一笔具有危险性的交易。最终的结果，总是伦巴德人占有了公爵的庄园，而骑士也只能面临破产，被迫受雇于其他更缜密、更加有权势的邻居，并且为他们作战。

当然，公爵也可以去城镇的犹太人居住区获得钱财，在那里，他能够以50%～60%的利息借到高额的旅费。可是即使是这样对于借钱的人来说也非常的不划算。难道就再没有其他方法了吗？公爵日思夜想，终于，他记得曾经听说居住在城堡附近小镇里的居民非常有钱。这些居民在很小的时候就认识那位年轻的公爵大人，他们的父辈也一直是好朋友，因此，这些人是不会对他提出过分要求的。于是，公爵的文书（一位会看书写字、为公爵记账的教士）给当地最有名的商人写了一张欠条，得到了一笔小额贷款，这在当时引起了不小的轰动。城镇里有地位的居民聚集到珠宝商家（这是为附近教堂制作圣餐杯的珠宝商）里讨论此事。他们肯定不好意思拒绝公爵的要求，然而收取高额的利息也起不到作用。这是因为，收取利息首先违背大多数人的宗教原则，会遭到人们的反对；其次，利息只能用农产品来支付，这些东西大家都有很多，并不需要这些农产品，即使拿到了又有什么用呢？

“可是……”一直在旁边专心聆听的一个裁缝突然开口说话了，这个人整天静坐在裁缝桌前，看起来像是一个哲学家，“大家想一想，我们为什么不请公爵大人答应我们一件事作为交换呢。我们不是都非常喜欢钓鱼吗？可是公爵老是禁止我们在属于他的小河里面钓鱼。如果作为我们借给他100元钱的回报，让他签署一份允许我们任意在河流里钓鱼的保证书，你们看这样好不好呢？他得到了他急需的100元金币，而我们得到了钓鱼的权利，这难道不是一桩对所有人都有利的交易吗？”

公爵在接受这桩交易的那天起（表面上像是补偿100元金币的好方法），他已经不知不觉地签署了权利死亡证书。他的文书为他起草了一份协议书，公爵大人在上面盖上自己的印章（是因为他不会写自己的名字，只能盖印章），一切工作做妥帖了，公爵一腔热血奔向东方去了。两年以后，当他回到家乡的时候，自己已经是一贫如洗。当时镇民们正在城堡的河流里钓鱼，一排人静静地错落有致地伏在水边。见到这种情景，公爵大发雷霆，他命令管家去把钓鱼的人全部赶走。他们乖乖地离开了，可是就在当天晚上，一个商人代表团访问了城堡。他们彬彬有礼，开始先祝贺公爵大人平安回归，而后，对于大人为钓鱼者生气的事情，他们深深表示遗憾。然而如果大人没有忘记的话，正是公爵大人本人亲自答应他们到公爵的河里垂钓的。随后，裁缝展示出了那份盖有大人姓名印章的特许状，自从公爵出发前往圣地的那天起，它就被精心保管在了珠宝商的保险箱里。

这样一来，更是火上浇油，激起了公爵大人的怒火，然而，他突然想起了自己现在又急需一笔钱的事情来。在意大利，他在几张文件上同样也盖上了印章，现如今，这些文件正掌握在著名的银行家瓦斯特洛·德·梅迪奇的手里。这些文件是些足以要他命的“银行期票”，还有两个月就到期了，总数是340磅佛兰芒金币。鉴于这种情形，公爵大人不得不极力压住心中的怒火，小心翼翼地使这种心情不流露在表面。相反，他要求再借一小笔钱财，商人们答应回去商量后再给结果。

三天过去了，他们来到城堡，同意公爵再借一笔钱的要求。能在高贵的公爵面临困难的时候提供小小的帮助，对于他们来说，是绝对有利可图的，怎么会不同意呢。但是，作为345磅金币的回报，不知道公爵是否可以再签署一张保证书（即另一张特许状），允许他们建立起一个由商人和自由市民选举出的议会，并且由议会负责处理城镇的内部事务并且不受城堡的干涉。

这次，公爵大人真的被激怒了。然而他确实是急需这笔钱！公爵大人只好答应了，并且签署了特许状。一星期以后，公爵后悔了，他召集全部士兵，气势汹汹地闯进了珠宝商的家中，向他要回那张特许状。因为，按公爵的言论来说，这张特许状是狡猾的市民趁他手头紧张的时候，从他那里骗走的。公爵拿走了文件，一把火将它烧掉。市民们静静地站在一旁看着，什么也没说。可是当下一次公爵为了筹备女儿嫁妆急需用钱的时候，他再也借不出一分钱了。经过上次在珠宝商家里发生的小小纠纷以后，公爵被赋予了“不守信用”的称号。公爵大人不得不忍气吞声，放下高贵的姿态，答应做出一些补偿。在公爵大人得到合同中规定数目的第一笔借款之前，市民们再次得到了所有以前签署的那些特许状，另外还有一张新的，就是允许他们修建一座“市政厅”和一座坚固的塔楼。塔楼将用来珍藏全部文件和特许状，以防发生火灾或者被盗，但实际的用意就是防止公爵率领他的士兵以后会发生暴力行为。

在十字军东征以后的几个世纪中，这种情形普遍发生在欧洲各地。与此同时，权力也慢慢地由封建城堡转向城市，这是一个缓慢而逐渐的过程，经常会发生一些流血事情，几个裁缝和珠宝商被杀害，许多城堡被焚毁。然而，类似这种极端的事件并不多见。在不知不觉中，城镇越来越富有，封建领主反而却越来越穷。为了维持自己的面子，开销巨大，封建主经常用放宽公民自由的特许状去换取他们急需的钱财。就这样，城市在不断地壮大，甚至敢收留逃跑的农奴。当他们在城墙的后面居住了若干年以后，就会重新获得新的身份和宝贵的自由。与此同时，城市也同样吸引了生活在附近的乡村里精力旺盛、活泼勇敢的人，取代了城堡的中心位置，他们为自己能够获得新的重要地位而深感骄傲。在几个世纪一直进行着类似鸡蛋、绵羊、盐等商品的物物交换的古老市场周围，他们修建了新的教堂和公共建筑，并在那里聚会、讨论，公开行使自己的权力。他们希望自己的子女能够过上比自己更幸福的生活，所以他们会办学校并花钱雇用僧侣到城市来当教师。当他们偶尔听说有哪个能工巧匠会在木版上刻画出美丽的图画，他们也会大掏腰包，邀请木匠为教堂和市政厅的四壁画满金碧辉煌的圣经图案。

同时，年事已高的公爵大人就坐在自己那潮湿阴暗的城堡里，欣赏着眼前繁荣富贵的景象，心中不时地感觉到后悔。他想起他一生中最倒霉的那一天，迷迷糊糊地签署了第一张出卖特权的许可状。在当时，这原本是一件小小的施舍，可是没想到，事情怎么会落到了今天这种地步呢？公爵后悔至极，但早已没办法挽回了，镇民在保险箱里装满了公爵签署的特许状和文件，如今的他们已经对公爵大人不屑一顾了，更有甚者还会对公爵伸指头呢！他们彻底变成了自由人，早已充分做好准备要尽享他们新获得的权力。他们知道，这些权力是他们辛辛苦苦，历经十几代人的顽强持续的斗争才赚来的！

◆ 第 35 章　中世纪的自治制度 ◆

城市的自由民在皇家议会中捍卫自己的权力。

中产阶级的再度兴起

当人类的历史处于游牧阶段，每个人都是四处迁移的游牧民时，人人都是平等的，每个人对整个群体的命运和安全都有同样平等的权利和义务。

然而，当他们定居在一个地方的时候，有些人越来越富有，有些人则会越来越贫穷，政府也通常会被富人掌控。这是因为富人不需要整日为了生计而辛勤劳作，他们有足够的时间全身心地投入到政治领域中。

在前面的章节中，我讲述过富人掌控政治大权的情形，以及在古埃及、古美索不达米亚、古希腊和古罗马这些国家中是如何体现的。当欧洲在罗马帝国被颠覆后慢慢恢复过来，再次建立正常的政治体制和生活秩序时，这种相似的情形在移居至西欧的日耳曼部族中发生了。整个西欧世界开始是由一位皇帝统治，皇帝的候选人一般情况下出自于日耳曼民族的罗马帝国中七至八个最重要的国王。从理论上说，皇帝享有至高无上的大权，但事实上，大部分的权力都是有名无实，我们甚至可以说，皇帝最缺的就是实权。真正统治西欧的是那些国王，但他们的王位向来危险，他们终日为了应付篡权夺位而劳碌着，根本没有空闲时间来专心治理自己的国家。那些日常生活中管理的职责，也就被大量的封建诸侯所掌控，而他们的属民不是自由农民就是农奴。当时只有很少的几座城市，因此也就没有中产阶级的存在。

然而，在13世纪，中产阶级缺席了整整一千年以后，他们以商人的形象再次出现在历史的舞台。这个阶级有强大的势力，正如上一章讲述那样，同样也意味着封建城堡的影响力逐渐衰弱。

直到现在，国王还只是把目光局限在贵族与主教们的需求上，然而，随着十字军东征运动茁壮成长的贸易与商业世界，使国王不得不正视中产阶级的存在，要不然，早晚有一天国库会亏空。事实上，国王陛下宁可和牲畜一起讨论财政问题，也不愿意向城市的自由民请教，但是出于形势所迫，他们也是无可奈何。他们只能吃下这颗苦药，因为它的外表镀上了一层闪闪发光的金子。但是，在这期间也曾经发生过斗争。

《大宪章》

在英格兰，当查理一世（又名狮心王查理）不在任时（当时他去了圣地抗击敌人，但是他在十字军旅程中的大部分时间是蹲在奥地利的监狱里），国家的管理大权就转交到了他的兄弟约翰手里。约翰军事方面比不上查理，但是在用恶政治理国家方面，两人却非常相似。约翰刚一担任摄政王，他就丧失了诺曼底和大片法国属地，这就是约翰政治生涯的开端。后来，他又倾尽全力把自己卷入与教皇英诺森三世喋喋不休的争吵中。英诺森三世是霍亨施陶芬家族强大的敌人，就像发生在两百年前的格利高里七世挑战德意志国王亨利四世一样，他毫不留情地把约翰驱赶出教会。到了1213年，约翰被迫服输并且深表忏悔，想要与教皇和解。这种情形与亨利四世在1077年的做法一模一样。

虽然屡次惨遭失败，但是约翰一点都没有感到惊慌，反而继续滥用王权。最后，心怀怨气的大臣们再也不能忍受他的做法了，只能将他禁闭起来，迫使他承诺会好好地治理国家，并且不再侵犯大臣们一直享有的特权。这件事情发生在1215年，位于伦尼米德村附近的泰晤士河上面的一个小岛上。那份由约翰签署的文件被人们称为“大宪章”，它里面并没有什么新鲜的内容，只是用简单的话语重申了国王原有的职责，并且一一确立了大臣原本享有的各项权力，对占人口大多数的农民的权力只字未提，对于新兴的商人阶级却答应给予某些保障。这是一份有重要价值的宪章，因为它用严格谨慎的话语，限定了国王的大权。但是，总的来说，宪章只不过是一份中世纪的文件，它并没有为普通老百姓的利益着想，除非这些利益恰好属于某个大臣的财产，必须保护百姓免受皇室暴政的迫害，就像男爵对自己的森林和牛要严加看守一样，要防止皇家林务官过分的热心。

过了几年，我们开始在皇帝的议会上听到一些相反的言论。

“议会”

无论从本性还是从性格取向方面来看，约翰确实是一个可恶至极的家伙。他刚刚严肃承诺要悉心遵守大宪章，话音未落，他就马上违反了每项条款。然而幸运的是，没过多久约翰就去世了，继位的是他的儿子亨利三世。在人们的压力下，亨利不得不承认大宪章的效力。与此同时，他的舅舅——忠诚的十字军战士，已经花费了国家大部分的金钱。亨利只能想其他的办法去借钱，用来偿还欠那些聪明的犹太放债人的债务。然而，身为皇家顾问的大地主和主教们对国王急需的金银也是无能为力。没有办法，亨利只能下令，召集一些城市的代表出席他举行的大议会。1265年，新兴阶级的代表首次亮相历史的舞台，可是，他们只能以财政专家的身份出席会议，不能涉足国家事务。他们提出的建议被局限在增加税收方面。然而，随着时间的推移，这些“平民”代表慢慢地施展自己的能力，扩大了自己的影响，在很多事情方面也会征求他们的意见。最后，这个由贵族、主教和城市代表构成的重大会议演变成了固定的国会，用法语说是“où l’on parlait”，含义是“人民说话的地方”，所有重大的国家事务在决定之前都必须在这里讨论。

这种拥有一定执行权的国会并不是像大众所想象那样，仅仅是英国的发明。这种靠国王和议会治理国家的政治体制，也并不是不列颠群岛的专利，在欧洲各国都会有这种情形。在某些国家中，比如法国，中世纪后皇权的迅速漫延，在相当大的程度上限制了“国会”的力量，并把它看成一无是处的摆设。到了1302年，城市的代表开始被允许出席议会，可是直到五个世纪以后，法国的“国会”才足够强大，这时它才有能力维护中产阶级，也就是被称为“第三等级”的权力。后来，他们拼命工作，想把过去丢失的时间找回来。经历了法国大革命翻天覆地的变革以后，国王、神职人员及贵族的特权终于被彻底地取消了，普通人民的代表变成了真正统治者。在西班牙，“cortes”（意思是国王的议会）在12世纪上半叶就已经对所有平民实行开放政策。在德意志帝国，有些重要的城市成功地获得了“帝国城市”的尊贵地位，帝国的议会有义务倾听代表们提出的建议。

瑞典早在1359年召开第一届全国性的议会时，人民的代表就已经出席议会了。1314年，丹麦恢复了古老的全国大会，虽然当时贵族阶层在牺牲国王和人民利益的基础上，获得了对国家事务的控制权，但是城市的代表们还是有足够的实权。

在位于斯堪的纳维亚半岛的国家中，关于代议制政府的事情更加有趣。比如冰岛，掌握全岛事务大权的大会成员是由土地的拥有者组成的。大会从公元9世纪就开始定期召开，一直延续了一千年之久。在瑞士，不同类型的自由市民竭尽全力维护他们的议会，以防被周边的封建主掠夺，最后他们终于取得了成功。

最后，我们再看看一些低地国家。在荷兰，早在13世纪，许多公国和州郡的议会就已经同意第三等级的代表出席。到了16世纪，有一些小的省份联合起来，共同反抗他们的国王，在一次“市民议会”

上，他们正式废除了国王的地位，并且把所有的神职人员赶出议会，这一举动彻底击垮了贵族，由七个地区共同组建起一个新的尼德兰联合省共和国，自己充分享有政府管理和行政大权。在漫长的两个世纪的时间里，城市议会的代表自己统治着国家，那里没有国王、没有主教，也没有贵族。城市占有绝对地位，那些善良的自由民就是这片土地的主宰者。

◆第 36 章　中世纪的外部世界◆

中世纪人们眼睛里的世界。

愚蠢的野蛮人

“日期”，对人类的历史进程来说，是一项有着重要意义的发明。如果没有日期，人们就会感到无所适从，仿佛一切事情都无从下手。可是，即使有了日期，我们也必须谨慎对待它，因为它经常会戏弄我们。它有一种把历史划分得过分精确的天性，但历史并不是被简单地以年代和日期来进行划分的。我打个比方，当我说到生活在中世纪的人们内心想法和观点时，我并不是说，就在 476 年 12 月 31 日开始，全体欧洲人一下子惊叫：“啊！现在到了罗马帝国灭亡的时刻了，我们已经到了中世纪，这太有意思了！”

在查理曼大帝的宫廷中，你会发现有这样一种人，他们在生活习性、言谈举止方面甚至在对生活的态度上，像是一个纯正的罗马人。相反，当你长大以后，你就会发现生活在当时的某些人还没有完全脱离穴居阶段。所有的时间与年代都是互相重叠的，一代人的思想紧紧衔接着另一代人的思想，互相牵绊，没有办法划出明显的界限。然而，提起研究中世纪的许多代表人物的思想，让我们充分了解生活在中世纪的人们对于人生和生活中面临的难题的普遍心态，这项工作还是可以完成的。

首先，必须要知道，中世纪的人们从来都没有把自己看成终身自由的公民，可以凭自己的意志去做事，或者是依靠自己的能力或是精力或是运气来改变命运。恰恰相反，他们只是把自己看成总体中的一部分，这个总体中有皇帝与农奴、教皇与异教徒、英雄与流氓、穷人与富人、乞丐与盗贼，他们认为这才是正常的生活。他们乐意生活在这种神圣的秩序下，从来不会问为什么是这样。从这个角度来看，他们和现代人截然相反。现代人敢于对眼前的事实提出质疑，并且会竭尽全力使自己的经济条件与政治地位得到很好的改善。

在公元 13 世纪的男男女女的眼睛里，天堂里总是充满了美好与幸福的金色，地狱永远是恐怖与苦难的代名词，这些言论绝对不是骗人的空话或是难以捉摸的神学理论，它就是近在眼前的事实。在中世纪，无论是骑士还是自由民，都会花一生大部分的时间和精力为来世的美好生活做准备，而我们现代人则会在此生历经所有的劳作与享乐之后，用古罗马人和古希腊人独有的那份平静与安详，迎接威严的死亡。等到寿命即将结束的时候，我们会一边回首自己一生中的工作与辛劳，一边怀着一颗认为所有的事情都会好转的心悠然地入睡。

然而对于中世纪的人们来说，面带微笑、令现代人毛骨悚然的死神是他们忠实的伙伴。他用恐怖的琴声使熟睡的人们惊醒；他也会默不作声与人们共同坐在丰盛的餐桌上；当人们带着情侣散步时，他会躲在树林或是灌木丛的后面对他们发出恐怖的笑容。如果现代人在小时候没有听过安徒生和格林讲的那些美好动听的童话，只是听到恐怖的令人战栗的鬼故事，你也会像中世纪的人们一样，一生都会活在世界末日和最后审判的惊恐中。这些恰好也是发生在中世纪的儿童身上的情形，他们整日生活在一个有无数妖魔鬼怪的世界，偶尔天使会出现在他们面前。有的时候，他们对未来的恐惧使其灵魂充满谦卑和虔诚。可是大多数情况下，恐惧给他们带来的是更深的残害，他们往往会因此而感伤。有时，他们会将攻占的城市中的妇女儿童全部杀掉，举着沾满鲜血的双手，虔诚地来到圣地，祈求仁慈的上帝饶恕他们犯下的罪行。他们不仅嘴里祈祷，而且还会流出悲伤的泪水，在上帝面前承认自己是最恶毒的人。但是到了第二天，他们依然会去屠杀萨拉森敌人，在那一刻他们不会有一丝怜悯之心。

身为十字军的骑士，是以战争为使命的，他们遵循的行为准则与普通人有区别。可是在对待死神这方面，他们的主人和普通人却是一样的。他就像一匹敏感的野马，即使是一个影子或是一张纸片都会把他吓倒。他不辞辛苦、忠心耿耿地任人驱使，可是当他想象中看到妖魔鬼怪的时候，就会惊慌逃跑，做出恐怖的举动。

不过，在我们大肆评判这些良民时，最好先想一想他们所处的恶劣环境。事实上，他们是一些没有文化的野蛮人，但是外表看上去却是文化人。查理曼大帝和奥托皇帝在名义上被人们称为“罗马皇帝”，而实际上，他们与真正的罗马皇帝相比，如奥古斯都或者马塞斯·奥瑞留斯，根本不是一个层面的。这犹如刚果的皇帝旺巴·旺巴和接受过高等教育的瑞典或者丹麦统治者之间的巨大差别。他们是一群生活在罗马帝国那雄伟古迹上的野蛮人，历史悠久的古老文明早已被他们的父辈和祖父辈无情地摧毁了，他们根本没有接受文明教化的机会。他们一个字都不认识，就连现在12岁的小孩都明白的道理他们却一点都不清楚。那时，他们只能在书中寻求希望得到所有的知识，这本书就是《圣经》，《圣经》指引人类历史往更好的方向发展，《新约全书》的内容教导了我们要有爱心、仁慈与宽恕。这些是生活在中世纪的人们读不到的。对于天文学、动植物学、几何学以及其他学科的指南，《圣经》中的内容则是非常不完备的。

亚里士多德在中世纪的复出

在12世纪，又有一本书被纳入了中世纪的文学宝库，就是由亚里士多德编纂的实用知识大百科全书，他生活在公元前4世纪，是希腊著名哲学家。是什么原因使基督教在排斥其他所有的希腊哲学家的言论为异端邪说的同时，只愿意把这个崇高的荣誉赋予亚历山大大帝的恩师亚里士多德呢？这其中的原因，我确实想不通。但是，除了《圣经》以外，亚里士多德被中世纪的人们视为唯一值得信任的导师，他的著作完全可以放心地交给真正的基督徒。

亚里士多德的所有著作流传到欧洲，兜了一个有意思的圈子。它们首先从希腊被传到埃及的亚历山大城。在公元7世纪，穆斯林彻底征服了埃及的时候，这些著作被穆罕默德的信徒由原始的希腊文翻译成了阿拉伯文。后来，穆斯林军队把它们带到了西班牙，在科尔多瓦的摩尔人大学里，这位著名的斯塔吉拉人（亚里士多德的家乡就在斯塔吉拉地区）的哲学思想被公众接受。后来，被译成阿拉伯文的亚里士多德的著作，又被一群翻越过比利牛斯山前来学习的基督教学生译成了拉丁文。最后，这一经过跋山涉水的哲学名著译本在欧洲北部的大部分学校中露面，演变成了教材。这些经过的具体情况现在虽然还不太清楚，但是这似乎显得更有趣味了！

手捧着《圣经》和亚里士多德的著作，中世纪的那些有智慧的人开始为解释天地间的瞬息万变的事物而忙碌，并且分析万物的变化是如何体现出上帝的意愿的。这些被称为学者或是导师的人，他们的确思维敏捷、智慧超群，可是关键的问题在于，他们学习到的知识全部来自于书本，并没有做什么实际的观测。比如，如果他们想为学生讲授关于鲟鱼或毛虫的知识，他们首先会翻阅《新旧约全书》和亚里士多德的著作，然后，自以为是地为学生们讲述著作中关于鲟鱼或毛虫的知识。他们不会突破书本，亲自去附近的小河中捉一条鲟鱼来实际观察一番；他们也从来不会离开图书馆，到后院抓几条毛虫，观察这种生物是如何在自己的巢穴中生活的。即便是像艾伯塔斯·马格努斯或者托马斯·阿奎那这样著名的学者，他们也都从来不会过问生活在巴勒斯坦河里的鲟鱼和马其顿奇怪的毛虫与欧洲的鲟鱼和毛虫相比，是否具有差异。

偶尔会有一个产生了疑问的人物，比如，罗杰·培根式的人物会出现在讨论会上。他手里会拿着一个奇怪的放大镜，还会用一个看起来很有趣的显微镜，并且捕捉几条鲟鱼和毛虫到讲台上。接着，他就开始用那些仪器观察那些令人作呕的生物，并且邀请学者们到近处来观看。他形神并茂地证明，眼前的这些鲟鱼和毛虫与《圣经》或是大百科全书里提到的生物是有明显区别的。那些尊贵的学者们全都予以否定，认为他走得太远了，很有可能被某种东西迷惑住了。如果此时的培根胆敢宣称，他一个小时精心的观察比对亚里士多德的十年苦研更有意义，并且还说他的著作虽然好，但是如果不翻译成别的语言就是最佳的，那么学者们就会对这个人产生极大的恐惧心理。他们火速找来警察，并且对警察说："这个人严重地威胁了国家的安全！他让我们都去学习希腊文以便更有准备地阅读亚里士多德的原著。他为什么对我们的阿拉伯译本这么不满呢？我们成千上万善良虔诚的信徒在过去的几百年来一直读这个译本，他们也没有提出任何质疑啊！还有，他居然对鱼类和昆虫的内脏感兴趣！估计他是一个居心不良的巫师，想要用他的巫术把人们清醒的头脑迷惑住，最终扰乱世界的秩序！"他们说得看起来非常在理，这些言论把捍卫和平的警察吓唬住了，他们迅速颁布禁令：禁止培根在未来的十年内写字。悲惨的培根在受到重大的打击以后，重新开始了自己的研究，他从中汲取了一个教训。他用一种新的密码写书，使和自己生活在同一时代的人一个字都看不懂。当时，由于教会一直严防人们对现有的社会秩序产生疑问或有动摇信仰的倾向，所以，采用这种密码的行为在当时非常流行。

这种做法并没有恶意的居心。生活在那个时代的异教徒搜寻者的心里，实际上存在着一种善良的感情，他们一直坚信，眼前的生活是为另一个世界的存在而做的长期准备。他们深信，懂得知识太多反而会令人不安，心灵也会充满危险感，那么怀疑的种子就会在脑海中慢慢成长，必然会走上灭亡的道路。如果一个中世纪的经院教师看见他的学生脱离了《圣经》和亚里士多德的正统思想，走上危险的迷途，想独立研究一些事物，他就会感到极其的不安，就好比一位慈祥的母亲看着自己的孩子正在靠近滚热的火炉一样，她知道，如果放任孩子去触摸火炉，必然会烫伤手指，所以，她会使尽全身解数把孩子拉回来，如果形势危急，她将会使用武力。但是她确实是真心地疼爱她的孩子，如果孩子很乖很听话，会对母亲的命令一一服从，她也会竭尽全力善待自己的孩子。对于中世纪的灵魂捍卫者来说，他们的行为与情感正好犹如这位慈祥的母亲。一方面，他们严格要求与信仰有关的所有事务，甚至已经到了无比残酷的地步。另一方面，他们自己也会辛勤地工作，为他们的羊群服务，并且随时准备好向他人伸出援助之手。在那时，无数虔诚的男女会用其一生的时间和精力，改善人们的悲惨命运，他们在社会上的影响力是随处可见的。

农奴的幸福生活

农奴终究是农奴，他们的地位永远无法改变。但是，中世纪那善良的上帝虽然使农奴的一生都像牛马一样辛劳，但同时也赋予了这个低贱的微小生命一个长存不朽的灵魂。他们的权力受到了保护，有像善良的基督徒那样生活和死去的权力。当农民太老或是身体太瘦弱，没有力量再承担沉重的劳役时，他的封建领主就会肩负起照顾他的责任。因此，生活在中世纪的农奴即使生活单调乏味、地位平庸，可是他从来不需要为以后担忧。他知道自己的处境非常“安全”——他不会沦落到失去工作、孤苦伶仃的地步。在他的头顶上永远会有一个能够挡风遮雨的屋顶（有时会有点漏雨，但毕竟是个屋顶），他会一直有粮食糊口，至少不会因为饥饿而死去。

满足感与安全感

生活在中世纪社会的各个阶层，普遍存在着一种“稳定”和“安全”的感觉。在城市里，商人和工匠组成行会，保证他们当中的每个成员都有一份稳定的收入。行会不鼓励那些具有能力，一心想要凭着自己的才华超越同行的人。相反地，它保护的是一些“得过且过”的“懒人”。然而，行会在整个劳动阶层里同样也使每个成员具有满足感和安全感，而这种感觉对于我们现在这个竞争的时代早已逝去了。如果有位富人控制了全部能买到的谷物、肥皂或是腌鲱鱼，使人们只能以他规定的价格购买商品，这种行为被我们现代人称为“囤积居奇”。中世纪的人们深知这种恶行的危险性，因此政府会亲自出面限制这种行为，并且规定价格，迫使商人按照规定的价格出售商品。

中世纪的人们讨厌竞争。因为他们认为竞争只能使世界充满明争暗斗，并且还会出现大量有野心的投机者。等到末日审判的日子来临之时，尘世的财富就将变得一文不值，恶劣的骑士会被打到地狱的底端接受烈火的惩罚，而那些终日劳苦的善良农奴最终会进入金碧辉煌的美丽天堂。

那么，竞争到底有没有必要呢？可以总结为一句话：中世纪的人们被迫要求放弃某些思想和行动上的自由，以使他们可怜的肉体和灵魂在贫困的基础上享有足够的安全感。

有时会有个别人出来反对这些，但是大多数人都不会反对这样的安排，因为他们坚信，自己只是这个星球上的过客而已——他们来到这里，只是为能得到更幸福、更重要的来生做一点准备。他们掩耳盗铃，无视这个世界的痛苦与邪恶，以使他们灵魂得到平静。他们关闭百叶窗，遮挡住太阳发出的耀眼光芒，以使自己能够专心阅读《启示录》。那里面的内容告诉他们的是，只有天堂的光明才能为他们指引幸福的道路。对于现世的欢乐，他们闭上自己的眼睛，不被诱惑，为的是能够尽享来生的欢乐世界。他们把生命视为一种罪恶，把死亡看成是辉煌时刻的开端并且欢天喜地地庆贺。

古希腊人和古罗马人从来不会为以后的事情担心，他们幸福地生活并精心创造，为的是在今生今世、就在自己的领土建立起天堂。他们非常成功，把生命变得如此精彩。但是，能够享受幸福生活的只是那些没有沦落为奴隶的自由人。到了中世纪，人们又走向了另一个极端，他们在梦想的地方建立起属于自己的天堂，把眼前的世界变成了人们的地狱，无论你是高贵、卑贱，还是富裕、贫穷，或是聪明、愚昧麻木，通通无一例外。现在，我们终于到了钟摆朝向另一个方向的时候了。具体情形我会在下面的章节里为你们讲述。

◆ 第 37 章　中世纪的商业贸易 ◆

十字军的东征使地中海一带再次成为生意最繁忙的贸易中心，意大利半岛上的许多城市变成了欧亚、欧非贸易的集散地。

水城威尼斯

在中世纪，意大利半岛上的很多城市率先繁荣起来，取得了完美无瑕的重要地位，导致这些的有三个原因。首先，在很早以前，意大利就是罗马帝国的中心地带，拥有欧洲最多的公路、城镇和学校。在野蛮人入侵欧洲的年代里，意大利同样遭到大肆地劫掠和焚烧。然而，罗马帝国修建的东西实在是太多了，导致那些野蛮人无法将它们全部焚毁，所以，与欧洲其他的地方比起来，意大利幸存的文明古迹要多一些。

其次，教皇就居住在意大利。身为这么一个庞大的政治机构首脑，他拥有全部的土地、农奴、城堡、森林、河流以及法庭，拥有着大量的金钱。与威尼斯、热那亚的大船主和大商人一样，向教皇的权威表达自己的敬意，只能用金钱来表达。在为遥远的罗马城付账前，欧洲北部和西部的奶牛、马匹、鸡蛋以及其他的农产品必须换成现金，这就使得意大利成为欧洲的众多国家中拥有较多金钱的国家。最后，在十字军东征期间，聪明的意大利人把自己的城市变成了运载十字军战士前往东方的海运中心，赚取了很高的利润，令人惊羡不已。当十字军在东方艰苦战斗时，他们养成了依赖东方商品的习惯。等到东征结束的时候，这些意大利的城市就摇身变成了东方商品的集散地和转运中心。

这些城市中，最著名的就是水城威尼斯，它是一个海滨城市。在公元4世纪野蛮人入侵的时候，他们的祖先曾经逃到这里躲避战争。由于这里四面环海，人们开始从事食盐的加工生产。食盐在中世纪举足轻重，是非常紧缺的商品，价格也很昂贵。几百年来，威尼斯人一直垄断着这种必不可少的调味品（这里我说食盐是人们的必需品，是因为如果食物中的盐量不足，人们就会发病），利用对食盐的垄断，大大增强了威尼斯的竞争力，有时，他们甚至胆敢公开反对教皇的权威。城市积累了越来越多的财富，于是人们开始制造船只，用于与东方进行贸易往来。当十字军东征开始后，这些船就被用来运载十字军战士。如果战士没有足够的现金来支付昂贵的船费，他们就会为威尼斯人去攫取一定土地作为船费。就这样，威尼斯在爱琴海、小亚细亚和埃及的领地不断扩张，他们得到了越来越多的殖民地。

14世纪末，威尼斯的总人口已经增长到了20万，变成了中世纪时期欧洲最大的城市。但是，人口众多的人民没有发言权，政府的管理变成了一小部分富贵家族的私事。他们选出了一个参议院和一位公爵，那也只是名义上的称号，而城市的真正统治者是著名的十人委员会的所有成员。他们依靠一个组织严密的私人密探和职业刺客体制维持政权，所有的市民都会被警察秘密地严格监视，那些给专横跋扈的公共安全委员会带来威胁的人们，会被偷偷地铲除。

富有的美第奇家族

在佛罗伦萨，你会发现另外一种极端的体制，那是一种充斥着动荡与不安的民主政治。佛罗伦萨的地理位置相当重要，掌控着从欧洲北部通往罗马的重要道路，它把这种由优越的地理位置赚来的利润投资在制造业上。佛罗伦萨人原本想以雅典人为榜样，即无论是贵族、教士、行会成员，全都要充满激情地参与城市事务的讨论队伍之中。这也导致了没完没了的祸乱。在佛罗伦萨，人们分属于不同的政治流派，各个党派间都存在着激烈的斗争。一旦有某个党派在议会中取得胜利，他们就会驱赶自己的竞争对手，并将竞争对手的财产充公。历经了几个世纪以来由暴民组织的统治之后，不可避免的事情再次发生了。一个在当时享有至高无上的权力的家族变成了佛罗伦萨的主人，并且按照古雅典的“专制”方式，管理着城市和附近的乡村。这个家族被人们称为美第奇家族，他们的祖辈开始是外科医生（在拉丁文中，“美第奇”的意思就是医生，这个家族也因此得名），后来变成了大银行家。他们自己的银行和当铺位于所有重要的商业中心。直至今天，你依然能在美国当铺的牌匾上看到三个金球，那就是拥有超强势力的美第奇家族族徽上的标志。这个家族不但成了佛罗伦萨的统治者，而且还与王室联姻，把自己的女儿嫁给法国国王。他们的陵墓相当奢华气派，足以与恺撒大帝的陵墓相媲美。

热那亚的兴衰

热那亚是威尼斯的老对手，那里的商人只做与非洲的突尼斯以及黑海沿岸几个小谷仓的贸易。除了这几座著名的城市以外，意大利半岛上还有大大小小的二百多个城市，每个城市都是功能齐全的商业机构。它们互相竞争，怀着永远不会熄灭的仇恨与对手们竞争，因为对手的强大意味着自己赚取的利润会逐渐减少。

当东方和非洲的货物运到这些意大利集散中心后，必须被转运到欧洲的西部和北部。

热那亚通过水路把全部货物运送到法国马赛，在那里重新装船，再运到罗纳河沿岸的城市。因此，这些城市又变成了法国北部和西部的零售市场。

威尼斯则是通过陆路把商品运到北欧。这条古老的道路经过阿尔卑斯山的布伦纳山口，这里在过去也是野蛮人入侵意大利的入口。经过因斯布鲁克，再把货物运往巴塞尔，沿着莱茵河向下走，最后到达北海和英格兰。或者是把货物运送到富格尔家族的奥格斯堡（这个家族不仅是大银行家，而且涉足商品制造业，是通过克扣工人工资的卑鄙手段发财的），在他们的精心照料下，货物被分别送到纽伦堡、莱比锡、波罗的海的沿岸城市以及哥特兰岛的威斯比。而威斯比在更大的程度上满足了波罗的海北部的需要，并且有能力直接与俄罗斯的商业中心诺夫哥罗德城市共和国进行交易，这个共和国在16世纪中期被伊凡雷帝摧毁了。

国际贸易体系的建立

欧洲西北沿海的众多小城市都有非常有趣的故事。在中世纪，鱼类产品的需求量非常高。由于当时经常会有宗教斋戒日，斋戒日时人们不能吃肉，只能用鱼代替。对那些居住在远离海岸与河流的人们来说，只能吃鸡蛋，否则只能饿着肚子。在13世纪初，一位聪明的荷兰渔民发明了一种加工鲱鱼的妙招，使得新鲜的鲱鱼能够被运到遥远的地方，供应那里的人们在斋戒日的使用。从此以后，北海地区的鲱鱼捕捞事业越来越昌盛，在商业领域占据了更高的地位。可是好景不长，在13世纪，这种能够给人们带来极高利润的鲱鱼突然从北海全部移居到了波罗的海，瞬间，波罗的海的周边地区大发其财。每次到鲱鱼捕获的时期，欧洲的所有捕鱼船就会集中在波罗的海。但是，这种鱼在一年中只有短短几个月的捕捞期（其他的时间它们会在深海里繁殖后代），如果捕捞船不想在非捕捞期没有事情可做，他们就必须再去找工作。这样一来，捕捞船就被用来运送俄罗斯中部和北部那些盛产的小麦，将小麦运往西欧和南欧。返回的途中，再把威尼斯、热那亚盛产的香料、丝绸、东方挂毯等货物运送到布鲁日、汉堡以及不来梅等地区。

以这种简单的商品转运为开端，欧洲确立了一个重要的国际贸易体系，从布鲁日、根特这种从事商品制造业的城市（在这些城市里，势力强大的行会与法国国王、英格兰的君主展开了激烈的斗争，那里最终形成了一个使所有的雇主和工人破产的劳工专制制度）一直扩展到俄罗斯的诺夫哥罗德共和国。这座城市原本是一个势力强大、生意兴隆的地方，但是最终被伊凡沙皇攻占了，在短短的不到一个月的时间里杀死了六万多当地居民，幸存者也全部沦为乞丐。

为了不受海盗、苛捐杂税和各种法律的干扰，生活在北方城市的商人成立了一个保护自己的联盟，叫作“汉萨同盟”。它是由一百多个城市在自愿的原则下组成的，总部就设在吕贝克。汉萨同盟不仅拥有自己强大的海军势力，可以随时在海上巡逻免遭海盗的入侵，而且还在英格兰和丹麦国王公开干预汉萨同盟的商人们拥有的权力的时候，对他们发起战争，并且最终赢得胜利。

我非常想有足够多的时间和篇幅，为你们讲述关于这段神奇的贸易过程中发生的很多动听的故事，但是这种旅行需要越过陡峭的群山，穿过波涛汹涌的大海，随时都会陷入危险中，因此每一次行程都是一次辉煌的冒险活动。然而，如果想要把这些故事讲得惟妙惟肖，是需要好几卷书才能写出来的。另外，我希望在上面我讲过的大量有关中世纪的事情，能够引发你们的好奇心去阅读其他更加优秀的著作来深入地研究。

我一再想要为你们指明的是，中世纪是一个进步相当缓慢的时代。那些拥有大权的人们坚信，“进步”是一个居心叵测的无知的事情，因此不应该受到鼓励。再加上，他们拥有着足够的权力，所以能轻而易举地把自己的思想强加给农奴和没有文化的骑士。偶尔会有一些勇敢者冲破他们的思想，冒着生命危险闯入科学禁区。但是，他们的命运大多数是悲惨的，如果能够保住性命或是被赦免牢狱之灾，那可是非常幸运的了。

在 12 和 13 世纪期间，国际贸易的浪潮淹没了整个西欧，犹如发生在四千年前的尼罗河水汹涌地冲到古埃及的山谷一样。它为人们留下的是肥沃的土壤，生长出来的是空前的繁荣盛世和宝贵的财富。繁荣就意味着在紧张的劳碌后的那些闲暇，而闲暇带给人们的是有足够多的时间和精力去购买和阅读书籍，培养文学、艺术和音乐方面的高雅情趣。

后来，世界再次充满了巨大的好奇心。早在几万年前，这种好奇心促使人类迅速地超越了与自己一样的动物，在它们依旧过着沉闷麻木的动物生活时，人类已经创造出了文明。此外，再次兴盛起来的城市（在前一章里我已经详细地描绘过城市是如何成长和发展起来的），为那些勇于超脱现实、进入广阔天地的勇敢者们，提供了一个温暖而又安全的避风港。

他们开始着手工作了，他们不再满足现在隐居的书房和专心学习书本的生活，他们打开窗户，让温暖的阳光洒落在阴暗的陋室，彻底将历经漫长的黑暗时代遗留的问题照亮。于是，他们开始打扫书房，再修整一下美丽的花园。

他们走到屋外，越过摇摇欲坠的城墙，来到一望无垠的田野中。他们呼吸着新鲜湿润的空气，一下子感受到世界是那么美丽而动人。他们不禁高声呼喊："世界太美妙了！我为我能活在这个世界上感到无比的高兴！"

这时，中世纪已经走到了尽头，一个崭新的世界即将开始。

◆ 第 38 章　文艺复兴 ◆

人们试图挽救那些古老而又令人欢快的古希腊、古罗马和古埃及的文明残骸。他们为自己取得的成就感到无比的自豪，这个阶段就是众所周知的文艺复兴，有的人也会称之为文明的再生。

时刻警惕日期的危险性

文艺复兴并不是政治或宗教运动。事实上，它是一种精神状态。

文艺复兴时期的人们依然是教会的属民，他们依然是被国王、皇帝、公爵主宰的顺民，从来没有过任何怨言。

他们改变的只是对生活的态度。他们慢慢地接受了五颜六色的新奇服饰，说各种形式能听懂的话，在刚刚装饰过的新房子里畅谈着现在与过去截然不同的生活。

他们不再盼望来世的天堂，相反，把自己所有的思想和精力全部集中在今生。他们开始了新的尝试，在现有世界上开创自己美丽的天堂。总之，他们取得了非凡的成就。

我在前面提起过，要时刻警惕日期的危险性。人们开始只是将自己的眼光放在历史日期的表面，在他们心中，中世纪是一个纯粹黑暗与无知的年代。伴随着时钟“咔嗒”一声巨响，文艺复兴运动就拉开了序幕。从此，城市和宫殿一下子被渴望得到知识的眩目阳光照得明亮透顶。

事实上，我们很难在中世纪和文艺复兴之间寻找出一条明显的分界线。所有的历史学家都认为13世纪是属于中世纪的。但我想问一下，13世纪是否仅仅是一个充满了黑暗与停滞的时代呢？答案非常肯定，不是！中世纪的人民非常活跃，大的国家在不断地建立，大的商业中心也在朝气蓬勃地发展。在城堡和市政厅的屋顶旁边，新修建的哥特式的大教堂上纤细的塔尖正在威严地矗立着，向人炫耀着灿烂辉煌的景象，世界上的所有角落都在生机勃勃地发展着。市政厅里尽是高傲的绅士，他们在刚刚意识到自己拥有着强大的力量（这些力量来自于他们新获得的巨额财富）的时候，就为夺得更多的权力与那些封建领主打得不可开交。而行会的成员们似乎也突然明白了“多数有利”这个重要的原则，他们把市政厅当成角斗场，正在与高傲的绅士们一决胜负。而国王和他的顾问们就在斗争中浑水摸鱼，幸运的是他们居然捉住了许多肥美的鲈鱼，还在那些感到惊讶和失望的议员和行会的兄弟面前，搭起灶火、加入各种佐料烹饪，开始尽情地享受美味。

当夜幕降临时，在那灯光昏暗的大街，辩论了一整天政治和经济问题的雄辩家们正颓废地往家走。为了使气氛更加活跃、渲染城市的夜景，普罗旺斯的抒情歌手以及德国的游吟诗人在这种形势下登上了历史的舞台。他们用富有磁性的声音讲述故事，用动听的歌声演唱动听的浪漫往事、冒险的生涯、英雄精神以及对天下所有美人的忠心。正在这时，朝气蓬勃的青年人再也无法忍受蜗牛般的进步了，他们纷纷涌入大学，并且由此引出新的佳话。

“国际精神”产生的大学

我认为中世纪富有“国际精神”，这听起来好像很难理解，下面我慢慢地为你讲述。我们现代人经常会提起“民族精神”，这倒不难理解。我们是美国人、英国人、法国人或是意大利人，各自说着英语、法语或是意大利语；我们读的是英国的、法国的或者是意大利的大学，除非我们想要研究只有外国才具备的某项专门的学科，我们才会学习别国的语言，到慕尼黑、马德里或是莫斯科去上学。然而在13、14世纪，人们很少会说自己是英国人、法国人或是意大利人，他们会说“我是一个谢菲尔德的公民，我是一个波尔多的公民，我是一个热那亚的公民。”这是因为他们同属于一个教会，他们彼此间有一种情同手足的情谊。再加上，当时接受过良好教育的人都会说拉丁语，所以他们都掌握了一门国际通用的语言，因此避免了语言障碍带来的麻烦。在现代，整个欧洲随着民族国家的不断发展，语言障碍无处不在，这样，弱小的国家就会处于非常不利的状态。

我打个比方，我们一起来看看伊拉斯谟。他是一位在欧洲各地宣扬仁慈与欢乐的伟大导师，他的全部作品都是在16世纪完成的，他出生在荷兰的一个小村庄，但是他只用拉丁语写书，全体欧洲人都是他忠实的读者。如果他能活到现在，也许只会用荷兰语写书，如果这样，只有五百多万人能够直接读懂他的书。如果想让更多的欧洲人和美国人一起来分享他的著作，那么出版商就得将他的著作翻译成二十多种语言。这是一笔很大的开销，极有可能的情况是，出版商嫌麻烦或是觉得有风险，所以就不翻译他的书了。

然而在六百年前，这种情况是根本不可能发生的。当时，大多数欧洲人目不识丁，没有文化。而那些会读书写字的人，全都归属于一个国际化的文坛。这个文坛遍及欧洲，没有国界，也没有语言和国籍的限制。大学就是这个国际文坛的靠山，与现代的堡垒或关口不同，那个时候的大学是没有围墙的。如果在某个地方恰巧有老师和学生凑在一起谈论问题，那么这个地方就是大学的地址。这点是中世纪和文艺复兴时期与我们现代社会的另一个巨大的差别。现代社会，如果想建立一所新的大学，那么所有的程序都是千篇一律的。如果有某个富人想为自己的社区做些善事，或是某个宗教社团考虑到让他的孩子们能够接受严格的监督，又或者是国家需要医生、律师以及教师等专业人才，才会新建一所大学。于是，银行的户头就会有一大笔兴办学校的资金，这就是大学的雏形。接下来，这笔钱就会用在修建校舍、实验室和学生宿舍等基础设施上。最后，在社会上招聘优秀的职业教师，并且通过入学考试后，学生才能进入校门学习，这所大学从此就步入了正轨。

大学登上了历史的舞台

中世纪的情形与现代全然不同。一位聪明人会对自己说：“看，我发现了一个伟大的真理！我一定要把自己的知识讲给别人！”这样，等到他能在某个地方聚集起几个听众以后，就会开始不辞劳苦地散布他的思想，就像一个站在肥皂箱上手舞足蹈的现代街头演说家。如果他思维敏捷，讲得栩栩如生，并且是一位优秀的宣传家，人们就会围在他身边，听听他在说什么。如果他的演讲沉闷无趣，人们就会对他视而不见，继续做自己的事情。时间长了，会有一群青年人经常来听这位伟大导师的演讲。他们还随身携带笔记本、墨水和一支鹅毛笔。一旦听到似乎很有道理的话时，他们就会匆忙地记录下来。有一天，老师正讲得起劲时，天空突然下起了雨，于是，还没有尽兴的老师和那批青年学生们一起搬到某个地下室或是导师的家中，继续讲演。这位伟大的导师坐在椅子上，学生们席地围坐。大学就是在这种情况下诞生了。

在中世纪，“Unibersetas（意思是大学）”一词，最初的意思是一个由老师和学生组成的共同体。“教师”意味着一切，至于在什么地方或是在什么样的房子里教书都是无关紧要的。

下面我举一个例子，事情就发生在公元9世纪。那时，在那不勒斯的一个小城——萨莱诺，有很多医术精湛的医生，他们吸引了大批想要从医的人们前来向他们学习。于是，萨莱诺大学就这样诞生了，这所大学兴办了将近千年，到了1817年才关闭。它主要讲授的是希波克拉底留传下来的医学成果，这位著名的希腊医生就生活在公元前5世纪，他曾经在希腊半岛上给当地的人民治病，造福了很多人。

还有一个名叫阿贝拉德的人，他是来自布列塔尼的一位年轻神甫。在 12 世纪初，他在巴黎讲授神学和逻辑学，吸引了无数热血青年来到巴黎聆听他讲述的深奥知识。其间，有些反对阿贝拉德观点的神甫会站出来讲述自己的理论。没过多久，巴黎街头就挤满了许多熙熙攘攘的英国人、法国人以及意大利人，甚至还有来自遥远的瑞典和匈牙利的学生。就这样，在塞纳河一个小岛上，在老教堂附近，著名的巴黎大学就诞生了。

在著名的意大利博洛尼亚城，格雷西恩（是一个僧侣）编纂了一本教科书，使想了解教会法律的人得到了获得知识的途径。因此，许多欧洲的年轻教士和俗家纷纷前来此地，悉心聆听格雷西恩阐释的理论。为了使自己不受当地的地主、旅店老板和房东的欺负，这些人自愿组织起一个联合会（即大学），这就是意大利博洛尼亚大学的雏形。

后来，巴黎大学发生了内部矛盾，具体的原因我们也不清楚。一大批对社会不满的教师带领着他们的学生，渡过英吉利海峡，最后，他们来到了泰晤士河畔一个热情好客的小镇——牛津，找到了自己的新居所，著名的牛津大学就这样成立了。这样的一幕再次发生了，1222 年，博洛尼亚大学出现了分裂。一些心存怨念的教师带着他们的学生迁移到帕多瓦重新开始办学。从此以后，这座意大利的小城也就拥有了一所自己的大学。就这样，大学在欧洲各地纷纷崛起，从西班牙的巴利亚多里德到遥远的波兰克拉科夫，从法国的普瓦捷到德国的罗斯托克，随处能看到大学活跃的身影。

事实上，与我们现代喜欢学习数学和几何原理的人们相比，那些早期教授们讲授的东西未免有些荒谬可笑。但是，我想强调一点，在中世纪，特别是 13 世纪，并不是一个绝对停滞的时代。在年轻一代人中，朝气蓬勃的精神四处洋溢着，即使有些地方会出现些小问题，但是他们终究是渴望知识的。就是在这些问题和矛盾中，文艺复兴诞生了。

但丁的出现

中世纪在历史的舞台上落下帷幕前，有一个孤单的身影慢慢地登上了舞台。关于这个人的东西，你需要了解的是比他的名字更多的内容，这个人就是但丁。但丁的父亲在佛罗伦萨是一个律师，属于阿里基尔家族的一名成员，但丁出生于1265年，在佛罗伦萨长大。在他成长的岁月里，乔托正全身心地把阿西西的基督教圣人——圣方济各的伟大事迹刻画在圣十字教堂的四面墙壁上。少年的但丁经常会在上学的路上看到一摊摊血迹，是因为在当时的佛罗伦萨，有两大派别，分别是教皇的追随者奎尔夫派和支持皇帝的吉伯林派，他们激烈地斗争，流血和杀戮的事情没完没了，那些血迹就是恐怖事件的有力证据，这些给少年时期的但丁留下了痛苦的记忆。

但丁长大以后，他加入到了奎尔夫派。理由很简单，因为他的父亲就是奎尔夫派的成员。这好比是一个美国孩子加入了民主党或共和党，仅仅因为他的父亲是民主党或共和党。然而，过了几年，但丁发现，如果再没有一个统一的领导者，意大利就会因为许多小城市间的嫉妒互相争斗，最终走上灭亡的道路。于是，他转向了支持皇帝的吉伯林派。

他的目光定位在阿尔卑斯山后面，向北方发出了求救信号。他希望能有一位威严的皇帝来拯救意大利当时混乱的局面，重新建立统一的秩序。可惜，他的等待却是一场空，梦想化为泡影。1302年，吉伯林派在争夺权力的斗争中遭遇惨败，皇帝的追随者纷纷被流放。从那时起，一直到1321年在拉维纳城的废墟中孤单地死去为止，但丁变成了流浪汉，靠着许多富人施舍餐桌上的美味的面包填饱肚子。这些人本来应该被后人彻底忘记，仅仅因为他们对一位落魄的诗人发的善心，才使他们的名字得以流传下来。

在长期的流浪生活中，但丁越来越觉得有一种需要，那就是他必须为自己当年作为一位政治领袖的行为辩护。那时，吉伯林派还没有面临危险，他依然能漫步在阿尔诺河的河堤上，思念着他的情人贝雅特丽齐，即使她早已嫁给别人为妻并且不幸身亡，可是但丁仍然希望能在恍惚中看见她那美丽的身影。

但丁的政治雄心最终以失败结束。虽然他曾经全身心地为生他养他的佛罗伦萨拼死效力，然而在一个腐败的政治法庭，他被陷害以盗取公共财产的罪名，被罚终身流放。如果他擅自回到佛罗伦萨，就会被活活地烧死。为了给自己的良心和同时代的人们洗清冤屈，身为诗人的但丁创造了一个充满幻想的世界，它详细讲述了失败的种种不利因素，并且描绘了当时人们的贪婪、私欲和仇恨，从而把自己热爱的祖国变成了一个被邪恶的暴君们互相争夺权力的角斗场的肮脏情形。

他为我们描述了发生在1300年复活节前的一个星期四，他在一片黑漆漆的森林里迷路了，前路被一只凶猛的豹子、一只狮子和一只饥饿的狼拦住了，正当他惊慌失措，感到绝望时，一位身披白衣的人浮现在树丛中，这个人就是古罗马的诗人与哲学家——维吉尔。当时，圣母马利亚和他的情人贝雅特丽齐在天上看到了他危险的处境，特意派维吉尔带领他走出森林。后来，维吉尔带着他开始了穿越地狱的道路。艰难曲折的道路指引他们向地心靠近，最终他们来到了地狱的最深处，在这里，魔鬼撒旦被冻成永不融化的冰柱。撒旦的周围，是些十恶不赦的罪人、叛徒和骗子，还有那些欺世盗名的千古罪人。在他俩到达这个最恐怖的地方之前，但丁遇见了许多在佛罗伦萨历史上曾经有权有势的人物，皇帝和教皇，勇猛的骑士和高利贷者，他们全在这里，有些罪恶极深的人注定了永远不得翻身，有些罪过较轻的人在等待脱离地狱前往天堂的赦免之日。

但丁为人们讲述了一个神奇的故事。它就像是一本手册，书上写的尽是13世纪的人们的行为、思想、恐惧和祈祷的一切。然而，贯穿于这一切事物的，是佛罗伦萨的孤独流放者，他身后永远拖着绝望的影子。

彼特拉克

当死亡的大门即将在这位绝望的诗人身后紧紧关闭的时刻，生命的大门又向一位日后能成为文艺复兴先驱者的婴孩敞开了。他就是著名的桂冠诗人弗朗西斯科·彼特拉克。他是一位生活在意大利阿雷佐小镇的公证员的儿子。

彼特拉克的父亲与但丁一样，同属吉伯林派，他也没有幸免于政变的失败，因此，彼特拉克就出生在佛罗伦萨以外的一个小地方。在彼特拉克 15 岁的时候，就被送到法国的蒙彼利埃学习法律，他的父亲希望他以后也能当一名律师。可是，他根本不想当律师，他不喜欢法律，他的志向是当一名学者或是诗人。怀揣着伟大的志向，他对能成为学者和诗人的梦想远远超越了世界所有的东西，他的意志非常坚强，最后，他最终成功了。他开始了漫长的旅程，来到弗兰德斯、莱茵河沿岸的修道院，而后又来到巴黎、列日，最后来到罗马，他在各地抄写古代的手稿。后来，他只身来到沃克鲁兹山区的一个幽静山谷中隐居，夜以继日地研究写作。很快，他写的诗歌和学术成果使他声名远扬，巴黎大学和那不勒斯国王纷纷邀请他，为学生和市民讲学。在前往新工作的途中，罗马是他的必经之路。身为一名专门发掘古罗马文化的作家，彼特拉克早已在罗马城家喻户晓，当地的市民们授予他至高无上的荣誉。那一天，在罗马城的古代广场上，彼特拉克被人民赋予了诗人的桂冠。

从那以后，彼特拉克的周围尽是无数的称赞声和掌声。他讲述的是人们最爱听的新鲜事物，人们早已对枯燥的神学辩论感到厌倦，渴望过上绚烂多彩的生活，而当时可怜的但丁更加喜欢讲述他的地狱旅行，人们只能任他自由了。彼特拉克歌颂的是爱、自然以及永远新生的太阳，他从来不会提起令人忧郁的事物，因为那些只不过是前辈们的陈词滥调。每当他来到一座城市的时候，全城的人都会去迎接他，就像欢迎一位凯旋的英雄。如果他碰巧与自己的朋友或是善于讲故事的薄伽丘一起，欢迎的场面就会更加热烈。这两个人都是文艺复兴的代表人物，对世界充满了好奇心，愿意接受所有新鲜的事情，他们经常会扎进人烟稀少的图书馆仔细查阅，看看是否会找到维吉尔、奥维德、卢克修斯或是其他古代拉丁诗人遗失的手稿。这两个人都是善良的基督徒，在那个年代，几乎所有人都是优秀的基督徒。他们不会因为注定在将来的某一天死去，而成天哭丧着脸，穿着暗淡的破旧衣服生活。是啊！生命是美好的，生活是快乐的。人既然生活在这个世界上，就应该努力地去追求幸福。如果你想看到证据，那么好，请拿一把铲子，在地里深挖几尺，你会发现什么呢？神圣的古代雕塑，美丽的古代花瓶，还有古建筑的遗迹。所有的美好事物都是曾经生存在这个星球上的伟大帝国留给我们的。他们主宰着世界长达一千年之久，他们强悍、富有、帅气（只要看到奥古斯都大帝的半身像，我们就会知道古人有多么的英俊）。但是，他们不是基督徒，所以永远不可能进入天堂。他们最多是能在犯有较轻罪过的炼狱里度日，但丁刚刚前往那里拜访过他们。

可是谁会在乎这些呢？如果能在古罗马时候快快乐乐地生活，对于任何一个凡人来说已经犹如天堂了。并且，不管怎么说，此世的生命只有这一次，仅凭生活能够快乐这一点，我们也应该努力追求幸福，使自己更加快乐。总之，这就是刚刚诞生于众多意大利小城的时代精神，遍布在那曲折的、狭窄昏暗的大街小巷中。

你知道什么是“自行车狂”和“汽车狂”吗？几十万年以来，人们一直依靠自己的双脚缓慢而费力地行走，从一个地方走到另一个地方，有人发明了自行车，从此以后，人们高兴得近乎疯狂。现在他们可以借助自行车轮的力量，轻而易举地快速翻山越岭，尽享速度带来的乐趣。后来，一个绝世聪明的工程师又发明了一辆汽车，从此以后，人们再也不用脚踩踏板，没完没了地蹬了，只要舒舒服服地坐着，让马达和汽油代替脚力，就可以更快速更轻松地到自己想去的地方了。所以，每个人都希望拥有一辆属于自己的汽车，当时的人们总是念叨罗尔·罗伊斯、廉价福特汽车、化油器、里程表和汽油等这类东西。探险家们整日挖掘国土的最深处，就是为了发现石油资源。苏门答腊和刚果的热带雨林地区可以为人类提供橡胶，因此，石油与橡胶一下成为社会上非常宝贵的资源，以致人们为了争夺这些资源而再次发起战争。全世界都在为汽车而奔波劳碌着，甚至小孩子在学会叫“爸爸”“妈妈”之前，就先学会了说“汽车”。

14 世纪，当重新发现古罗马被埋没多年的“美”时，整个意大利为之疯狂，当时的情景犹如现代人的“汽车狂”一样。很快，他们的热情渲染了整个欧洲。于是，这个刚得到的古代手稿，就变成了人们狂欢的理由。当时，一个写了一本语法书的作家受欢迎的程度，不亚于现代有新发明的工业发明家。人文主义者，就是那些全身心地研究“人类”与“人性”的人，与那些把全部时间和精力浪费在毫无价值的神学研究的学者不一样，他们受到的赞誉和钦佩远远高于那些刚刚占领了食人岛后凯旋的探险英雄们。

在文艺复兴时代，发生了一件对研究古代哲学的学者和作家非常有利的事情。土耳其人再次发动了对欧洲的大范围进攻，古罗马帝国的最后一片土地——君士坦丁堡被包围起来。1393 年，东罗马皇帝曼纽尔·帕莱奥洛古斯派特使伊曼纽尔·克里索罗拉斯去西欧，向西欧人发出求救信号，但是援军一直都没有来。

罗马的天主教根本不喜欢希腊的那些天主教徒，反而希望看他们被邪恶的异教徒迫害。但是，无论西欧人对拜占庭和那里的人民多么不关心，也不妨碍他们对古希腊人的兴趣。众所周知，拜占庭这座城市是古希腊殖民者在特洛伊战争爆发的五个世纪以后，在博斯普鲁斯海峡修建起来的。他们非常爱学希腊语，只有这样，才能更深入地研究亚里士多德、荷马以及柏拉图的原著。他们渴望得到知识，可是他们没有希腊书籍、没有语法教材、没有教师，无从下手。幸好，佛罗伦萨的官员们知道了克里索罗拉斯将要前来访问的消息，于是马上发出邀请。城市的那些居民急于学习希腊语，到了近乎疯狂的地步，阁下是否愿意来此地教授知识呢？克里索罗拉斯接受了邀请，对于他们来说，简直是再好不过的事情了。于是，欧洲的第一位讲授希腊语的教授开始为几百个热血青年讲授希腊语，阿尔法、贝塔、伽马等年轻人都是历经千辛万苦，甚至有的还会沿途乞讨前往小城阿尔诺的，他们住在肮脏的马厩或是狭窄的阁楼里，就是为了学会希腊语，以便能深入地研究索福克勒斯和荷马的伟大世界。

最后的挣扎

与此同时，大学里面守旧的经院教师还在不厌其烦地讲授着古老的神学和逻辑学，他们一边阐释《旧约》中暗含的神秘含义，一边讨论着希腊—阿拉伯—拉丁文中大百科全书里奇怪的科学。他们开始是小心翼翼地观察事态的发展，然后会大发雷霆，这些人实在是太离谱了！年轻一代的人居然陆陆续续地离开大学的教室，纷纷跑去听某些狂热的人文主义者宣扬“文明再生”的新理论。

他们会向当局抱怨投诉，但是，你只能强迫一匹脾气暴躁的野马喝水，却不能强迫人们对根本不感兴趣的言论竖起耳朵聆听。这些老派教师的地位不断地下降，人们对他们熟视无睹。少数情况下，他们会赢得几场小胜利，他们与那些从来不追求幸福也不憎恨别人的宗教狂热分子联合起来，一同作战。

作为文艺复兴中心的佛罗伦萨，旧秩序与新生活间发生了一场恐怖的斗争。西班牙的一个多明我派僧侣是中世纪阵营的领导者，他面色灰暗、对美一向怀有憎恶的态度，他发动了一场英勇的战役。每天，他如雷贯耳的怒吼声回荡在玛利亚德费罗大厅中，时刻警告着人家他已经愤怒了。“忏悔吧！”他高声呼喊，“忏悔你们抛弃了上帝！忏悔你们对尘世万物的喜爱之情！它们是肮脏的，落后的！”他开始听到各种奇怪的声音，眼前满是燃烧的利剑划过天空。他对孩子们演讲，精心地带领着那些还没有被玷污的灵魂，以免他们走上父辈灭亡的歧途。于是，他组织起了一支童子军，全心全意地为伟大的上帝效劳，并且宣称自己就是先知。在一阵突发的狂热中，心中充满了恐惧的佛罗伦萨市民答应改过自新，并且忏悔他们对美和欢乐的热爱之情。他们把自己所有的书籍、雕塑和油画通通交出来，送到市场上，聚集在一起，用疯狂的方式举办了一个“虚荣的狂欢节”。人们嘴里一边唱着圣歌，一边张牙舞爪跳着落后的舞蹈。这时，那位多明我派僧侣萨佛纳洛拉把火把投向那些艺术品，把这些珍贵的物品全部焚毁了。

然而，当灰飞烟灭的时候，人们却清醒过来了，他们逐渐地意识到了自己失去的东西。这个恐怖的宗教狂热分子居然使他们亲手摧毁自己深爱的东西，于是，他们开始反对萨佛纳洛拉，并把他关进了监狱。萨佛纳洛拉在那里接受严酷的刑罚，可是他拒绝对自己的恶行忏悔。他是一个守信用的人，全心全力地过自己圣洁的生活，并且他非常想要摧毁那些蓄意违背信仰的人。只要他发现罪恶，那么消灭这些罪恶就是他义不容辞的责任了。作为教会忠诚的儿子，在他的眼里，热爱异教的书籍和美向来是一种不可饶恕的罪恶。可是，萨佛纳洛拉已经完全孤立了，没有一个同伴，他是在为一个即将消失的时代发动一场没有光明的战争。罗马的教皇从来没有花一点心思想去拯救他；相反，当他那些忠实子民把他拖上绞刑架绞死，并在人们欢呼声中焚烧他的尸体时，教皇默默地接受了这个事实。

这个悲惨的结局是无法避免的。对于 11 世纪来说，萨佛纳洛拉肯定是一位伟人。可他偏偏出生在 15 世纪，所以他不幸扮演着一个注定失败的领导者角色。不管结果怎样，当教皇变成人文主义者，当梵蒂冈成为收藏希腊和罗马艺术品的博物馆时，中世纪就彻底地退出了历史的舞台。

◆ 第 39 章　完美的表现 ◆

人们开始有了一种将他们新发现的乐趣表达出来的内心需求。于是，他们通过诗歌、雕塑、建筑、油画及出版的书籍等各种形式，表达自己的幸福感。

1471 年，有一位虔诚的老人离开了人世。在他九十一年的漫长生涯中，有长达七十二年的时间是在圣阿格尼斯山修道院那道隐蔽的高墙后面度过的。这座修道院位于荷兰汉萨市的兹沃勒小镇附近，毗邻风光秀美的伊色尔河，是一个舒适的隐修的场所。这位老人被人们称为“托马斯兄弟”，由于他出生在坎彭村，人们又称呼他为“坎彭的托马斯”。当托马斯年仅 12 岁时，他就被送到了德文特，正是在那里，著名的布道者，巴黎、科隆及布拉格大学的一名优秀毕业生——格哈德·格鲁特，创建了一个叫作“共同生活兄弟会”的组织，成员是一些谦虚的凡人，他们希望能一边从事自己的像木匠、油漆工、石匠等工作，一边效仿基督十二门徒过简单淳朴的生活。他们创建了一所优秀的学校，贫穷的农家孩子也能在那里接受基督的谆谆教诲。就是在这所学校里，小托马斯学会了拼写拉丁文动词，如何手抄古代手稿等。学成以后，他发誓，要背上自己的所有书籍，不辞辛苦地来到兹沃勒，然后，他激动地感叹一声，把那躁动不安的世界拒之门外。

托马斯生活的年代充满了瘟疫和死亡。在欧洲的波西米亚，英国宗教的改革者约翰·威克利夫的朋友和追随者约翰尼斯·胡斯的那帮忠实的信徒们，正在筹划着要为他们战亡的领袖发动一场大面积的复仇战争。根据康斯坦茨会议下达的命令，胡斯被活活地烧死在了火刑柱上。但是在不久以前，正是这个会议答应给他提供安全的保障，邀请他到瑞士，为教皇、皇帝、二十三名红衣主教、三十三名大主教和主教、一百五十名修道院的院长以及一百多位的王公贵族，讲解他的教义。

在西欧，法国人为了把英国人驱赶出自己的领土，进行了近一百年的持久战，直到圣女贞德的及时赶到，才避免了彻底沦陷的悲惨命运。然而，百年的战争刚刚结束，法兰西王国和勃艮第人又蓄意争夺西欧的霸主位子，互相控制着对方，展开了一场殊死搏斗。

在南部，罗马教皇正在对天祈祷，想要给法国南部阿维尼翁的一位教皇带来灾难。面对这些，阿维尼翁的教皇也有自己的说法，开始对罗马教皇施以同样的灾祸。土耳其人霸占了君士坦丁堡，将罗马帝国的最后遗迹全部摧毁。俄罗斯人开始了自己最后的远征，想要彻底摧毁鞑靼的势力。

对于外部世界发生的所有事情，托马斯兄弟只顾待在自己的陋室里隐修，从来不过问外面的事情，也无心打听。有古代的手稿和自己的脑袋可以思考，他已经非常满足了。他将对上帝的一腔热血全部倾注在一个小册子里面，并且取名为《效仿基督》。除《圣经》以外，这本《效仿基督》是被译成的语言最多的书籍，它的读者群与研读《圣经》的读者一样庞大。它改变了无数人的生活，改变了他们对世界的态度。托马斯兄弟最理想的生活方式体现在一个淳朴的愿望之中——“他能够安静地坐在某个角落里，手捧着书，安详地过完此生”。

托马斯兄弟代表了中世纪最纯洁的理想。在不断取得胜利的文艺复兴浪潮中，在人文主义者高声呼喊新时代来临的声音中，中世纪同时也在慢慢地积攒力量，为最后一搏做准备。修道院进行了大范围的改革，僧侣们也放弃了追求金钱与快乐的恶习。那些淳朴、善良的人们，正在想尽办法以虔诚的生活为自己的榜样，想要把世人带回到正义与顺从上帝意愿的道路上来。但是一切都是徒劳的，新时代带着的喧嚣声在这些善良的人们身边划过，过去的日子不可能再回来了。伟大的“表现”时代登上了历史的大舞台。

现在，我想说明一下，我对上述这么多的“烦冗的话语”感到抱歉。其实，我非常希望只需要用一个音节的单词将全部历史讲完，但那是根本不可能完成的任务。你不可能在一本几何教科书中不提到“弦”“三角形”和“平行六面体”等这样的专业术语，你只有在理解了这些术语后，才能学会数学。在历史中（囊括生活的各个方面），你最终会明白许多起源于拉丁和希腊的深奥词汇，如果这是必经之路，我们为什么不从现在就开始学习呢？

我认为文艺复兴时期是一个“表现的时代”，那是因为当时的人们已经不再仅仅满足于扮演无声无息的角色，他们想让皇帝和教皇告诉他们应该如何做事和思考。如今，他们想变成生活大舞台上的表演者，希望把自己的思想充分“表现”出来。

如果有一个像历史学家尼科·马基雅维里一样的人，正好对政治非常感兴趣，那么他就会写一本书来充分地表现自己，揭示他对一个胜利的国家和一个战功累累的统治者的想法。从另一角度来说，如果他恰好擅长绘画，那么他就会用图画表现对五颜六色的美丽事物的热爱，于是，乔托、拉斐尔、安吉利科这样一系列伟大的名字就出现了。

当然，如果这种对周围事物的热爱还与机械和水利搭上边，就会产生列奥那多·达·芬奇一样的伟人，他一边画着著名的《蒙娜丽莎》，一边进行热气球的实验，并且构思着排干伦巴德平原上沼泽积水的有效方法。他在世界上的万事万物中感受到了无穷的乐趣，于是，将这些表现在他的散文中，他的绘画中，甚至是他构想出来的神奇发动机里面。

如果有一位像米开朗琪罗一样拥有足够多精力的人，感觉手中的画笔和调色板对他那厚实的双手来说太过腼腆时，他就会毫不犹豫地转向建筑和雕塑领域，从沉重的大理石块中凿出美妙绝伦的形象，并且会为著名的圣彼得大教堂绘制宏伟的蓝图。这就是对大教堂展示胜利的荣耀的最具体的“表现”。

就这样，“表现”一直继续着下去。不久，整个意大利出现了大批勇于“表现”的人，他们努力地生活和工作，目的就是积累宝贵的知识、美和智慧，能献出自己的一份微薄之力。在德国的梅因兹，约翰·古滕堡刚刚研究出一种新的出版书籍的方法，他研究了古代的木刻法，并把现行的方法加以改善，把单独的字母刻在铅上，然后排列成单词和长篇的文字。没过多久，他就在随后的一桩关于印刷术发明权的官司中倾家荡产，最终死于贫困。可是，他那善于发明的天赋“表现”流传了下来，大大受益于后人。

没过多长时间，威尼斯的埃尔达斯、巴黎的埃提安、安特卫普的普拉丁以及巴塞尔的伏罗本，他们把印刷精良的古典名著广泛地应用起来，他们有的使用古滕堡《圣经》中使用的哥特字母来印刷，有的使用意大利体，有的使用希腊字母，还有人会使用希伯来字母印刷。

因此，整个世界变成了那些想要表现自己的人的热情听众，知识被少数拥有特权的阶层垄断的时代彻底结束了。如果还会发生无知和愚昧，那么将只有一个原因——昂贵的书价，这也伴随着厄尔泽维开始从事大量印刷廉价通俗读物的工作，一去不返了。现在，只需要花费一点点小钱，人们就能阅读到亚里士多德、柏拉图、贺拉斯以及普利尼等伟大的作家和哲学家的著作。最终，人文主义使所有人在印刷术的发明中得到了自由与平等的地位。

◆ 第 40 章　地理大发现 ◆

既然人们已经走出了被中世纪束缚的阴影，他们需要的便是更宽广的空间去冒险。欧洲在他们的雄心面前，显得那么的渺小，于是航海大发现的历史时代悄悄地来临了。

危险的航程

对于欧洲人来说，十字军的东征运动是一堂讲授旅行基础知识和技巧的课程。但是在当时，很少有人敢冒险超越从威尼斯到雅法这段人们熟知的路线。13 世纪时，威尼斯的商人波罗兄弟曾经到过很远的地方，他们越过了浩瀚无边的蒙古大沙漠，翻过高耸陡峭的群山，历经千辛万苦，终于到达了当时统治着中国的蒙古大汗的皇宫。波罗兄弟其中的一个人的儿子马可·波罗写了一本游记，详细地记载了他们二十年来在东方漫游的过程和刺激的冒险经历，这引发欧洲人极大的兴趣。当读到马可·波罗描绘神奇的岛国“吉潘古”（意思是“日本”，这是意大利念法）中许多的金塔的动听语句时，全欧洲的人都睁大了眼睛，屏住了呼吸。当时，有很多人幻想着要去东方寻找那片铺满了黄金的土地，想在一夜间变成富翁。但是，陆路的行程太遥远，并且路途非常艰险，人们只得乖乖地待在家中做做白日梦。

当然，通过水路到达东方是极有可能的。但是在中世纪，航海非常少见，因此也很少有人提起，这种情况有着充分的理由。首先，当时的船体积都非常小，当麦哲伦进行数年的环球航行时，他用的船只还不如现代的一条渡船大。它最多运载五十人，而且船舱狭窄拥挤，舱顶也非常低，人们都不能直起身来。由于船上的厨房非常简陋，再加上天气稍转恶劣就无法生火做饭，水手们只能吃些生的食物。在中世纪，人们早已熟练掌握了腌制鳕鱼制作鱼干的方法，但是当时罐头还没有发明出来。一旦驶入大海，他们就再也吃不到新鲜的蔬菜了。淡水被装在木桶里，但是存储不了多长时间就会变质，长出许多滑滑的东西，喝起来还会有一种烂木头和铁锈混合在一起的味道。中世纪的人们不知道什么是细菌（13 世纪时，曾经有一位学识渊博的僧侣名叫罗杰·培根好像发现了细菌，但是他并没有告诉任何人），由于水手们经常喝一些不卫生的淡水，他们有时会死于伤寒症。其实，在更早的航海家的船上，死亡率更高。1519 年，麦哲伦离开塞维利亚，开始著名的环球航行时，与他一起出发的有二百多名船员，可是能够活着回到欧洲的只剩下了十八个人。即使到了 17 世纪，西欧与印度支那间海上贸易活动已经非常活跃了，可是想要成功完成一次从阿姆斯特丹到巴达维亚的往返行程，会有 40％的人死在途中，这些不幸的人大多数由于坏血症而死亡，就是一种由于缺乏新鲜蔬菜导致的疾病。它一般是腐蚀患者的牙床，使血液中的毒素变浓，直到他们筋疲力尽，停止呼吸才会结束。

在这种恶劣的条件下，你应该很容易理解为什么当时航海不会吸引到欧洲的优秀人员的道理了。像麦哲伦、哥伦布和达·伽马这种伟大的探险者，通常会率领着一群刚获得刑满释放的人、杀人犯和一些在逃犯组成的乌合之众，进行自己的艰难而伟大的航程。

我们应当对这些航海者的勇气表示崇高的敬意，那些困难是我们现代过着舒适生活的人们从来没有听说过、根本无法想象的，他们坚强地投入到了看起来根本不可能完成的航行中。他们的装备非常低劣，船底经常会漏水，工具也很沉重，不易操作。到了 13 世纪中期，水手们得到一种类似罗盘的仪器（这种仪器是由中国传入阿拉伯，再被十字军带回欧洲的），它能为水手在海上指明方向，但是，他们手里的航海地图并不是很准确。很多情况下，他们只能依靠运气和猜测选择行驶方向。如果运气好，那么一两年以内，他们会拖着疲惫的身躯，面黄肌瘦地返回欧洲。相反，如果运气不好，他们的尸体只能遗留在某个荒凉的沙滩上，任凭风吹日晒和海水的侵蚀。但是，他们才是这个世界真正的开拓者和冒险家，敢于把命运当作赌注，在他们的眼里，生活是一次辉煌的冒险历程。每当他们发现一处新海岸线时，或者他们的船驶入一片从没有一丝人气的新水域时，那么这之前遭受的种种困难，像干渴、饥饿、疾病、创伤等，全部被抛到九霄云外。

我真希望这本书能有一千页那么厚，因为关于早期地理大发现这一有趣的话题，能讲述的实在是太丰富、太迷人了。可是，对于那些最重要的事迹、最伟大的人物以及最富有深刻含义的时刻，应该用鲜明生动的语言加以描述，剩下相对次要的内容，则只需用简单的话语勾勒一下即可。因此在这一章中，我只能为你们列出一个简明的清单，描绘一些最重要的航海发现。

葡萄牙人的伟大发现

大家一定要牢记，14 和 15 世纪时所有的航海家，唯一的想法就是尽快找到安全舒适的航线，来到盼望已久的中国、吉潘古海岛（日本）以及盛产香料的神秘东方岛屿。十字军东征以后，欧洲人便开始喜欢上了香料，香料最后变成了欧洲人的必需品。众所周知，在欧洲还没有发现冷藏法时，肉类和鱼会立刻腐烂变质，只有撒上一把胡椒或是豆蔻才能继续食用。

威尼斯人和热那亚人都是地中海一带的伟大航行者，但是，在获得了发现并探索大西洋海岸的荣誉以后，这一伟大的称号落到了葡萄牙人身上。在与摩尔人的连年斗争中，激发了西班牙人和葡萄牙人强烈的爱国热情，这种激情一存在，就很快转移到了新的领域。

在13世纪，葡萄牙国王阿方索三世成功地征服了西班牙半岛西南部的阿尔加维王国，并把那里纳入自己的领地。在后面的时间里，葡萄牙人在与穆罕默德信徒的斗争中逐渐扭转了被动的趋势，赢得了主动地位。他们渡过直布罗陀海峡，占领了阿拉伯的休达城。紧接着，他们趁着有利的形势，攻占了丹吉尔，并将它作为阿尔加维王国在非洲的首府。

现在，葡萄牙人已经做好了充足的准备，开始他们的探险事业了。

1415年，被人们称为“航海家亨利”的亨利王子正在为将要开始的对非洲西北部的大规模探索，做细致周密的准备工作。葡萄牙的约翰一世迎娶菲利帕为妻，他们生下了一个天生富有冒险精神的亨利王子。在亨利对非洲西北部考察之前，这片炎热而荒凉的海岸上曾经留下了腓尼基人和挪威人的足迹。挪威人记载到，这里是一群长毛的“野人”经常出没的地方。现在我们已经知道了，这些被称为“野人”的其实就是非洲大猩猩。葡萄牙人在非洲探险的工作进展得非常顺利，首先，亨利王子和他的船长们惊奇地发现了加那利群岛。紧接着，他们又一次找到了马德拉岛，在一个世纪以前，热那亚的商船曾经在那里做过短暂的停留。他们还实地勘察了亚速尔群岛，并且绘制出精确的地图，此前，葡萄牙人和西班牙人对这些群岛只是模糊的印象。他们对非洲西海岸的塞内加尔河河口只是匆匆地一瞥，误认为那里就是尼罗河的入海口。最后，在15世纪中期，他们来到了佛得角（也叫绿角）以及从巴西通往非洲海岸中间的佛得角群岛。

然而，亨利的探险活动并不仅仅局限在海洋上。他也是一名基督骑士团的首领，自1312年以来，圣殿骑士团被教皇克莱门特五世取消后，葡萄牙人继续保留了原有的十字军骑士团。按法国英俊潇洒的国王菲利普的命令而进行的取缔圣殿骑士团的行动，使菲利普趁机把自己的全部圣殿骑士活活地烧死在火刑柱上，并掠夺他们的全部财产和领土。亨利王子利用骑士团归属地每年上缴的金银财宝，组装了几支远征队，开始探索位于几内亚海岸的撒哈拉大沙漠的中心。

总体说来，亨利在思想上仍然是继承着中世纪的传统。他花费了大量的时间与金钱寻找神秘的“普勒斯特·约翰”，这个人的故事流传于12世纪的欧洲。据说，这个叫作约翰的基督教传教士建立了一个广阔的大帝国，自己就是帝国的皇帝。关于这个神秘国度的具体位置并没有记载得很清楚，他们只知道是位于东方的某个地方。三百年来，人们一直在努力寻找普勒斯特·约翰和他的后人。亨利也不例外地加入到了搜寻队伍中，但是所有的工作都是徒劳的。在他死去三十年后，这个谜团才被彻底地解开。

在1486年时，探险家巴瑟洛缪·迪亚兹想要从海路出发，找寻普勒斯特·约翰的国度，来到了非洲的最南方。开始，他把这里取名为“风暴角”，是因为这片海域上吹过的强风拦住了他继续向东航行的脚步，然而，他手下的一位名叫里斯本的海员比他乐观得多，他深知，这里的发现对于在将来向东寻找通往印度的航线有着非常重要的意义，因此最后将这里命名为“好望角”。

一年以后，佩德洛·德·科维汉姆带着热那亚的梅迪奇家族的委托书，从陆路出发，开始了寻找“普勒斯特·约翰”神秘国度的征程。他渡过宽阔的地中海，穿越了广袤的埃及，继续向南深入。不久以后，他到达了亚丁港，并在那里更换海船，改成海路，驶入了波斯湾平静的海面。欧洲人上次看到这片海水时，还是一千八百年前的亚历山大大帝时代。科维汉姆登陆印度沿岸的果阿及卡利卡特地区，并在那里听到了关于月亮岛（即马达加斯加）的美丽传闻，据说，该岛位于印度与非洲的中间。后来，科维汉姆离开了印度重新返回波斯湾，偷偷地参观了穆斯林的根据点——麦加和麦地那。后来，他又一次渡过红海，在1490年，他终于找到了“普勒斯特·约翰”的神秘国度。其实，这个国家就是由黑人领袖尼格斯统治的阿比尼西亚（即埃塞俄比亚），这些人的祖先在公元4世纪时归顺了基督教，比基督传教士来到斯堪的那维亚还要早七百年。

这么多的航行，使葡萄牙的地理学家们和绘制地图者们深信，虽然从朝东的海路到达印度支那是很有可能的，但是如果真实施起来，确实是非常困难的。因此，一场大争论开始了。一些人支持从好望角继续向东进行探索，开辟通向印度支那的新航线；而另一些人却说："不要再浪费时间了。我们只有向西越过大西洋，才能到达中国。"

在此，我想说明一点，那个时代最聪明的人一般都认为地球并不是扁平的饼，而是圆的。公元 2 世纪，埃及著名的地理学家克劳丢斯·托勒密提出宇宙构成的托勒密体系，他宣称地球是方形的。这一理论在当时正好满足了中世纪人们的简单需求，因此被广泛地接受。但是到了文艺复兴时期，科学家们脱离了托勒密体系，转向波兰数学家哥白尼的学说。通过大量深入的研究，尼古拉斯·哥白尼提出，有许多圆形的小行星围绕着太阳转动，地球就是其中的一颗这一伟大的理论。但是，出于对宗教法庭的恐惧，哥白尼把这个伟大的发现精心保存了三十六年，直到他 1543 年去世的时候才公开发表。宗教法庭最初建立在 13 世纪，当时主要的作用是为了防止罗马教皇的绝对权威遭到法国阿尔比教派和意大利华尔德教派的极端分子的威胁。事实上，这些异教分子性格温和，信仰虔诚，不接受私人财产，宁肯过像基督一样的穷困生活。但是，不管宗教法庭的威力有多么强大，当时的航海专家们一致相信地球是圆的真理，无论向东还是向西，最终都能抵达印度支那和中国。而他们辩论的，是往哪个方向航行会更方便、更迅速。

哥伦布向西

在支持向西航行的人士中，有一位叫作克里斯托弗·哥伦布的水手，他来自热那亚。哥伦布的父亲是一位羊毛商人，哥伦布曾经在帕维亚大学读书，专门学习数学和几何学，但是最后，他继承了父亲的羊毛生意。然而，没过多长时间，他又到了东地中海的希俄斯岛进行商务旅行。在那里，我们得知他乘船去了英格兰，但是，这次航行的身份到底是一名到北方购买羊毛的商人还是作为商船的船长，我们就不清楚了。据听说，哥伦布于 1477 年 2 月抵达了冰岛，但可能性更大的是，他只是到达了法罗群岛而已。在每年的 2 月，那里都是一片冰天雪地的景象，很有可能误认为是冰岛。哥伦布在这里遇见了强悍勇猛的北欧人后代，早在 10 世纪，他们就已在格陵兰岛定居了。在 11 世纪，这些北欧人后代还第一次看到了美洲大陆。当时利夫船长的船被一阵巨大的狂风刮到了美洲的瓦恩兰岛，也就是拉布拉多沿岸，那里的条件非常适合种葡萄。

至于那些西边的殖民地后来的发展状况，就没有人知晓了。利夫的兄弟托尔斯坦因死后，他的妻子嫁给了托尔芬・卡尔斯夫内，她的新丈夫在 1003 年建立了以自己的名字命名的美洲殖民地。但是，爱斯基摩人对他产生极深的敌意与反抗，这片殖民地仅仅持续了三年。至于格陵兰岛，从 1440 年以后，就失去了当地居民的所有信息，我们猜测那些定居在格陵兰岛上的北欧人全部死于刚刚夺走一半挪威人性命的黑死病。但是，无论事实是什么样的，有关“远西地区的大片土地”的传闻依然流行在法罗群岛和冰岛上，哥伦布一定是从他们那里得到了大量的信息。在北苏格兰群岛的渔夫口中，哥伦布搜集到了更多更可靠的信息。随后，他驶往葡萄牙，娶了一位曾经为亨利王子工作的船长的女儿为妻。

1478 年以后，他将全部的时间和精力投入到了向西寻找通向印度支那的航线中。他分别向葡萄牙皇室和西班牙皇室递交了自己拟订好的详细航海计划。当时，信心十足的葡萄牙人对自己的向东航线非常肯定，哥伦布的向西计划他们根本不会产生兴趣。在西班牙，1469 年，阿拉贡的斐迪南大公与卡斯蒂尔的伊莎贝拉结婚了，这桩婚姻促使阿拉贡和卡斯蒂尔联合起来组成了统一的西班牙王国。而在那时，这两个国家都正在为攻打摩尔人在西班牙半岛上的最后一个堡垒——格拉纳达而忙碌着，把全部费用都用在了战争上，所以根本没有办法资助哥伦布的航海计划。

在那时，很少有人会像勇敢的哥伦布一样，为实现自己的理想而拼命奋斗，并且永不言弃。但是，关于哥伦布的故事我们早已耳熟能详，这里我就不再赘述了。1492 年 1 月 2 日，被围困在格拉纳达的摩尔人最终还是投降了。于同年的 4 月，哥伦布与西班牙国王及王后签订了合同，于是在 8 月 3 日，那天正好是星期五，哥伦布率领三只小船驶出帕洛斯，开始了寻找印度支那和中国的西线航行。随行的有八十八名船员，大多数是坐牢的犯人，都是为寻求免刑才加入远征队的。同年 10 月 12 日，也是一个星期五，在夜里两点时，哥伦布第一次发现了一片陆地。次年 1 月 4 日，哥伦布告别留守在拉·纳维戴德关口的 44 名船员（因为这些人都已经死了），踏上了回家的路。2 月中旬，他抵达了亚速尔群岛，当地的葡萄牙人威胁说要把他关进监狱。3 月 15 日，哥伦布终于回到了帕洛斯岛，然后火速带着他的印第安人（因为哥伦布坚信自己发现的印度群岛只是延伸出来的一些岛屿，所以他把带回来的一些土著居民称为红色印第安人）赶往巴塞罗那，向他的保护者汇报他此次航行的成果，通往充满了财富的中国和吉潘古（日本）的航线已经打通了，可以随时供宽厚仁慈的国王和王后享用。

可惜，哥伦布直到死去也没有发现事实的真相。晚年的他，在第四次航行到达南美大陆时，他似乎怀疑过自己以前的发现并不是想象的那样。然而，他在死去的时候还一直坚信，在欧洲和亚洲之间绝对没有一个单独的大陆，他已经找到了直接抵达中国的航线。

伟大的麦哲伦

与此同时，葡萄牙人坚持自己的东方航线，他们的运气比西班牙人要好得多。1498 年，达·伽马成功抵达了马拉巴海岸，并且把船舱装满了香料，安全地返回了里斯本，这一举动在当时引起了全欧洲的轰动。1502 年，达·伽马再次前往马拉巴海岩，他早已对这一航线胜券在握了。相比之下，向西航线的旅程非常不乐观。1497 至 1498 年，约翰·卡波特和塞巴斯蒂安·卡波特兄弟想要寻找到一条通向日本的捷径，可是，他们除了看到纽芬兰岛上白茫茫的大地和怪石嶙峋的海岸以外，其他的什么也看不到。其实，早在五个世纪以前，勇敢的北欧人就已经发现这片美丽的大陆了。当时阿美利哥·维斯普奇（佛罗伦萨人）胜任西班牙的首席领航员，美洲大陆就是根据他的名字制定的。他对巴西海岸进行了深入的探索，但是根本找不到印度群岛的痕迹。

1513 年，也就是哥伦布去世七年以后，欧洲的地理学家才最终弄清新大陆的事实真相。华斯哥·努涅茨·德·巴尔波沃穿越了巴拿马地峡，来到了著名的达里安峰顶端，惊奇地发现在自己的眼前居然还有一片广阔的海面，这也证明了，还有另一个大洋的存在。

1519 年，葡萄牙的航海家斐迪南德·麦哲伦率领着由五艘西班牙船装备起来的船队，向西航行寻找香料群岛（因为当时向东的路线全部被葡萄牙人掌控，不允许别人来竞争）。麦哲伦越过非洲与巴西之间的大西洋，继续向南航行，来到了一个狭窄的海峡，这片海峡就位于巴塔哥尼亚（意思是说“长着大脚的人们的领土”）的最南端与火岛（有一天晚上，船员们发现岛上有火光，说明岛上生活着一些土著居民，因此他们称那里为“火岛”）的中间。经历了整整五个星期，麦哲伦的船队被狂风和暴风雪大肆袭击，随时都可能丧命，船员们开始恐慌起来。麦哲伦采取残酷的手段镇压住了叛乱的人们，并把其中两名船员留在了荒凉的海岸上让他们忏悔。

最后，风暴终于结束了，海峡也慢慢地变宽了。麦哲伦的船队驶入了一片新的大洋，那里风平浪静，阳光明媚，因此麦哲伦把这片太平安宁的海洋称作太平洋。他继续向西航行，足足有九十八天的时间没有看见一丝大陆的影子，大多数的船员因忍受不了饥饿和干渴，感觉快要死了。他们吃船舱中活生生的老鼠，等老鼠吃光了，他们就开始咀嚼船帆以充饥。

1521 年 3 月，他们终于再次发现了陆地。麦哲伦把这片陆地命名为“盗匪之地”，是因为当地的土著居民看见什么就偷什么。后来，他们继续西行，离他们梦寐以求的香料群岛越来越近了。他们又发现了一片陆地，这是由一群孤岛组成的群岛。麦哲伦以他的主人查理五世之子菲利普二世的名字，将这里命名为“菲律宾”。但是，菲利普二世在历史的舞台并没有留下什么光彩的记录，西班牙的“无敌舰队”被全部击败就是他的杰作。在菲律宾，麦哲伦开始受到了当地居民的热情友好的接待，然而，当他准备用大炮威胁强迫当地的土著居民信仰基督教时，他遭到了人们的强烈反抗。当地居民一气之下杀死了麦哲伦和他的大部分船员，得以幸存的海员将残余的三艘船中的其中一艘焚毁后，继续向西航行。他们最终来到了摩鹿加，也就是盼望已久的著名香料群岛。他们还发现了婆罗洲（即今印尼加里曼丹岛），紧接着，驶入了蒂多尔岛。在这里，剩余的两艘残船中的一艘由于严重漏水，部分船员只能留在当地。当时，仅剩下的一艘的“维多利亚”号在塞巴斯蒂安·德尔·卡诺船长的率领下，开始跨越印度洋，但是非常遗憾，他们错过了看见澳大利亚北部海岸的良机（17 世纪初期，荷兰东印度公司的一艘船发现了这片广阔荒凉的土地）。最后，他们历经千辛万苦，终于返回了西班牙。

世界文明的中心不断向西转移

这次著名的环球航行在所有的航行中占有最重要的地位。它耗时三年，花费了巨大的财力和人力，最终取得了成功。这次航行充分地证明了地球是圆的这一事实，并且哥伦布发现的那片大陆并不是印度的一部分，它们是一个全新的大陆。从此以后，西班牙和葡萄牙同时将自己全部的精力投入到开发这片新大陆和与印度、美洲之间的贸易上。为了避免这对竞争对手用流血屠杀的方式解决矛盾，教皇亚历山大六世（他是唯一被选为享有最高职权的天主教异端分子）以格林尼治以西的五十度经线为分界线，把世界平分成两半，也就是著名的1494年托尔德西亚分界线约定。葡萄牙人享有在经线以东的领土建立殖民地的权力，西班牙人则获得了经线以西的地方。这就是英国和荷兰殖民者在17、18世纪取得殖民优势之前，除了巴西以外的全部南美大陆都是西班牙的殖民地，而全部的印度群岛以及非洲的大部分地区都属于葡萄牙殖民地的理由。

当哥伦布发现中国大陆和印度支那的惊人消息传到中世纪的利奥尔托时，那里发生了一场广泛的大恐慌，股票和债券的价格暴跌了40%～50%。又过了一段时间，当事实证明哥伦布并没有发现通往中国的海路时，威尼斯的商人们才慢慢地从惶恐中恢复过来。但是，达·伽马与麦哲伦的航行证明，向东从海路出发抵达印度群岛是很有可能的。这时，中世纪和文艺复兴时期的两大繁华的商业中心——威尼斯与热那亚的主宰者们才深深地开始后悔自己当初没有采纳哥伦布的建议，但是已经晚了！给他们带来足够财富和满足感的地中海如今也变成了一片内海，而通往印度和中国的陆路捷径也因为海路的发现变成了一条弯路。意大利昔日的灿烂即将结束，大西洋逐渐变成了新的贸易与文明中心。从那时开始，一直到现在，大西洋一带一直保持着这种优越的地位。

你可以发现，从人类文明最早出现的时候，它的发展方式是多么的奇特啊！早在五千年前，尼罗河谷的土著居民就会用文字记载他们的历史。从尼罗河流域开始，文明移至幼发拉底河与底格里斯河之间的美索布达米亚。后来，克里特文明、希腊文明以及罗马文明兴盛起来了。地中海成为全世界的贸易中心，它沿岸的城市也变成了艺术、科学、哲学和其他知识的文明家园。到了16世纪，文明又一次向西转移了，大西洋沿岸的一些国家变成了世界的霸主。

有人说，世界大战和欧洲国家间的战争已经使大西洋作为文明中心的重要地位大大降低了。他们盼望文明在不久的将来会越过美洲大陆，在太平洋找到立足之地。对这些言论，我保留自己的看法。

随着西线航行的不断发展，船只的体积也在逐渐变大，航海家们掌握的航海知识和视野也在不断地开阔。尼罗河和幼发拉底河的平底船逐渐被腓尼基人、爱琴海人、希腊人、迦太基人以及罗马人发明的老式帆船替代，而这些老式帆船在后来又被葡萄牙和西班牙的横帆帆船取代。再后来，英国人和荷兰人驾驶着新发明的满帆帆船航行在大海上，葡萄牙和西班牙的船只又被取代了。

到了今天，文明的发展已经不必单纯地依赖船只了。飞机已经取代了帆船和蒸汽船的位置。文明中心的发展将依赖飞行器和水力的发展，海洋将会再次成为鱼儿们安宁的家园，正如它们与人类祖先共同生活的那片深海一样。

◆ 第 41 章　东方的佛陀与孔子 ◆

他们的思想照亮了东方，他们的教导和榜样至今依然影响着这个世界上志同道合的人的行为和思想。

经过了葡萄牙人与西班牙人的地理大发现，西欧的基督徒与中国人和印度人民产生了紧密的联系。当然，西方人在很早以前就知道基督教并不是世界上唯一的宗教，他们已经见识过了追随穆罕默德的伊斯兰教教徒和非洲北部崇拜木桩、岩石和树干的民族。但是在中国和印度，基督教的征服者们突然发现，在这个世界上居然还有多数人从来没有听说过耶稣的事迹，他们也从来不相信基督教义，因为他们坚信自己的古老宗教要比西方的信仰好不知道多少倍。因为我讲的内容是与人类有关的故事，所以并不会仅仅局限在欧洲人和我所居住的西半球的片面历史。所以，我想你们必须了解这两个人——佛陀与孔子。众所周知，这两位圣人的谆谆教诲和高大的榜样依然影响着世界上大多数人的行为和思想。

在印度，佛陀被尊称为最伟大的信仰导师。他的一生非常有趣。佛陀出生于公元前 6 世纪，在一片白雪皑皑、高大威猛的喜马拉雅山诞生。四百年前，雅利安民族（这个民族是印欧种族的东部分支对自己的称呼）的第一位领导者查拉斯图特拉（也叫琐罗亚斯德）就是在那里教导着他的属民。他使人民把自己的生命看成凶神阿里曼与神圣的善神奥尔穆兹德间的一场持久战。佛陀出身于名门贵族，他的父亲萨多达那曾经是萨基亚斯部落的最高首领，他的母亲摩诃摩耶是邻国的公主，她还在少女时代就嫁给了萨多达那。可是经历了无数个宁静的春秋，她还没有为丈夫生一个儿子来继承他的王位。最后，在摩诃摩耶五十岁的时候，她终于怀孕了，终于见到了光明。她腆着肚子骄傲地回到家乡，为的就是当自己的儿子降生时，她能生活在自己家乡。

返回到小时候成长的那片土地，还需要经过很漫长的路程。一天晚上，摩诃摩耶在蓝毗尼的一个花园里的树荫下休息，她的儿子就在那时降生了，取名为悉达多，但是我们经常管他叫佛陀，意思是“大彻大悟的人”。慢慢地，悉达多长成了一位英俊潇洒的年轻王子。当他十九岁时，娶了表妹雅苏达拉为妻。结婚后的十年中，他一直平静地生活在高大的宫墙内，对人世间的所有痛苦磨难不曾过问，默默地等待着继承父位登上萨基亚斯国王宝座的日子。

然而，当他三十岁的时候，悉达多的生活一下子发生了些许不一样的变化。一次，他来到宫门口，看见一位年事已高、精神疲惫的老人，他那虚弱的四肢好像无法使自己的身体直立起来，摇摇晃晃地。悉达多指着老人，质问自己的车夫查纳，为什么他这么贫困。查纳回答说：“世界上的穷人太多了，有没有他们都不会对您有大碍，所以您不必在意。”年轻的悉达多面对此情此景心里无比悲痛，但是他什么也没说，回到宫中过他的宁静幸福的生活，努力使自己快乐起来。过了几天，他又一次出宫，在马车上看到一个饱受疾病折磨的病人。悉达多又问查纳，为什么他要遭受这么多的痛苦？查纳回答说，世界上生病的人太多太多了，这种事情是根本无法避免的，所以不必往心里去。听了这番话，年轻的王子更加悲伤了，但他依然回到宫中过自己的生活。

几个星期过去了，有一天傍晚，悉达多要去河边洗澡。突然，他的马在一个仰躺在路边水沟的死人面前停住了脚步，马受惊了，差点冲到马路外面。娇生惯养的王子一生都在父母的精心呵护下生活，从来没见过这么恐怖的情景，心中不禁感慨万分。但查纳对他说，不要理会这种小事情，世界上到处都有死人，这是生命的自然规律，万物都有灭亡的时刻，没有什么东西可以长生不老的，等待我们每个人的只有坟墓。当天晚上，悉达多回到家中，迎接他的是悠扬的曲子。原来，就在他在河边洗澡的时候，他的妻子为他生下了一名男婴。人们兴高采烈，因为他们的国家有了继承人。他们敲锣打鼓，庆祝这个重大的时刻。然而悉达多心中无比悲痛，没有心思分享这份喜悦。死亡的幕布已经展现在他眼前了，他感受到了人类面临的种种灾难与恐惧。死亡与痛苦的景象像噩梦一样围绕在他身边，永远挥之不去。

那天晚上，月亮异常明亮，月光如流水一般洒在大地上。悉达多半夜醒来，开始陷入沉思中。在他为生存的困难找到一个良方以前，不可能再快乐起来了。他决定离开自己的亲人，去寻找答案。于是，他悄悄地走进妻子的卧房，看了一眼在睡梦中的妻儿。随后，他叫醒了忠实的车夫查纳，让他和自己一起离开皇宫。这两个男人携手走进了漫长的黑夜中，一个是为了使生命得到安宁，一个是为了忠心侍奉自己的主人。

当悉达多在社会上流浪的时候，印度正在经历翻天覆地的巨变。印度人的祖先，就是印度的土著居民，他们在很多年前就被勇于战斗的雅利安人轻易地征服了。从那以后，雅利安人成了成百上千万性格温和、身材矮小的棕色皮肤的人民的主宰者。为巩固自己的地位，他们把人民划分成了三六九等，并慢慢地把一套严酷的“种姓”制度强加给这些土著居民。雅利安征服者的后代仍有最高地位的“种姓”，也就是武士和贵族阶层。其次是祭司阶层，下面是农民和商人阶层。而最原始的土著居民则被无情地划为“贱民”，成为遭人鄙视和践踏的奴隶阶层，永远不能翻身。

即使是人们信仰的宗教也存在着等级制度。古老的印欧人在过去几千年的流浪生涯中，有过很多神奇的探险经历，这些事迹被总结成一本书，名字叫为《吠陀经》，书中的语言是梵文，与希腊语、拉丁语、俄语、德语和其他几十种不同语言都有着紧密的联系，当时，只有三个级别高一点的种姓才有权阅读这部圣书，如果最低种姓的贱民们了解了其中内容，就算是犯法了。如果有贵族或是僧侣教贱民阅读圣书，那么他们终将面临最严厉的惩罚。

因此，印度人口中的绝大多数人都过着悲惨至极的生活。由于社会的种种压迫，他们必然会走向寻找幸福生活的途径，要永远脱离苦海，他们当中又会有很多人通过想象来世的欢乐与幸福来抚平心里创伤。

印度神话中讲到，婆罗贺摩是生命的创造者，是主宰生死的最高统治者，他是完美的代名词，因而受到许多印度人的崇拜。因此，模仿婆罗贺摩，放弃对金钱和权势的各种欲望，被人们视为生活中最崇高的目的。他们认为，圣洁的思想比圣洁的行动更加崇高。许多人因此来到了荒凉的大漠，长期以树叶为食，使自己饱受饥饿之苦，通过幻想婆罗贺摩的辉煌、智慧、宽容和仁慈来滋养自己的灵魂。

悉达多观察着身边的孤独流浪者，看着他们远离城市与乡村的繁华与喧嚣，踏上寻找真理的路途，于是他决定以他们为榜样，他拿出随身携带的珠宝，并且写了一封诀别信，放在一起，让他忠实的仆人查纳转交给他的家人。随后，这位王子只身移居到了沙漠。

不久，他那纯洁行为的名声就流传在山区中。有一次，有五个年轻人来到那里拜访他，希望能听到他充满智慧的言论，悉达多以要求这五个年轻人以他为榜样的条件答应做他们的老师。这五个年轻人也欣然同意了，于是，悉达多带领他们来到了自己修行的山区中。他隐居在温迪亚山脉的孤峰间，用了六年的时间把自己的智慧全部讲授给他的学生们。然而，当短暂的修行生活即将结束时，他仍然感觉自己与完美的境界相比还差得多。遥远的世界依然在诱惑他，使他的修行意志动摇不定。于是，悉达多让他的学生离开他，想独自一人坐在菩提树下，禁食整整四十九个昼夜，冥思苦想。后来，他的这段修行终于得到了回报。等到第五十天的夜幕降临之时，婆罗贺摩亲自对这位忠实的仆人显灵，从那一刻起，悉达多被人们尊称为“佛陀”，意思是说在人世间把人们从悲惨的必死结果中解救出来的“大彻大悟者”。

在佛陀生命中的最后四十五个年头里，他一直居住在恒河附近的山谷里，宣讲他那宽容的朴实无华的教训。公元前 488 年，佛陀在完成了自己的心愿后去世了。那时，他的教义已经大规模地流传在印度的土地，他本人也深受人们的热爱。佛陀并不仅仅为某个阶层布道，他的信念对所有人都适用，即使是最低等级的贱民也会说自己是佛陀忠实的信徒。

当然，这些教义会使地位高的贵族、祭司和商人们感到极其不满。他们使出浑身解数摧毁这个承认众生平等并且答应人们终将会有一个生活更美好的来世生命（即他们认为人死后会投胎转世）的宗教。一旦有合适的机会，他们就会鼓励印度人重新信仰婆罗门的古老教义，坚持绝食和折磨自己肮脏肉身的观点。但是，佛教不但没有因他们的阻挠而消失，反而更加流行了。佛陀的信徒们翻越美丽的喜马拉雅山，把佛教传入了中国。他们还渡过黄海，向日本人民宣讲他们的智慧结晶。他们虔诚地遵守导师禁止使用暴力的心愿，从来不会以暴制暴。直到今天，信仰佛教的人比以前任何一个年代都多，人数甚至远远大于基督徒和穆斯林的总和。

中国的古老的智者——孔子，关于他的故事要比佛陀简单一些。孔子生于公元前 550 年，那是一个动荡的年代，但他却度过了安静、恬淡、充满尊严的一生。当时，中国还没有一个强大的中央政府，诸侯国连年征战，互相讨伐。在这种情况下，盗贼四起，他们从一个城市逃窜到另一个城市，不断地劫掠、偷盗。在中国的北方平原和中部地区，人民的生活并不美好。

充满仁爱之心的孔子想要拯救人民于水深火热之中。作为一个天生温顺的人，他不赞成暴力，也不赞成用烦琐的法律约束人们的治理方法。他坚信，唯一能够拯救人们的方法就在于改变人心。于是，孔子投入全部精力开始干这件看起来毫无可能的工作，他努力改变聚居在东亚平原上无数同胞的性格。中国人对宗教一直没有激情，他们像原始人一样相信世界上存在妖魔鬼怪。但是他们没有先知，也不相信“天启真理”的存在。在世界上所有的伟大精神领袖中，孔子可能是唯一没有看见过“幻影”，没有宣称过自己是神派来的使者，也没有声称自己偶尔会听到天堂传来的声音的人。

他仅仅是一个知书达理、怀有仁爱之心的普通人，宁肯一个人孤独地游荡，用自己心爱的笛子吹出优美的曲调。他从不强求别人承认什么，他也从来没有要求过任何人要追随他、崇拜他。提起他，我立刻联想起了古希腊的智者，尤其是斯多葛学派的哲学家们，这些人和孔子一样不求回报，踏踏实实地过自己正直的生活，拥有着正常的思维，他们追求的是崇高的灵魂上的平静与良心的安宁。

孔子是一位宽厚仁慈的人，他曾经主动拜访过另一位伟大的道德领袖——老子。老子就是被人们称为“道教”哲学体系的开创者，他的教义有些像以前中国版的基督教中的“金律”。孔子从来不对任何人产生仇恨之心，他教人们要有温文尔雅的美德。根据孔子的教导，一个有价值的人是绝对不允许对任何事情发怒的，他应当接受命运安排的种种磨难，不要怨天尤人。因为真正充满智慧的哲人都清楚一个道理——无论发生什么事情，最终都会以某种方式受益于人。

开始，孔子只有数量很少的几个学生。慢慢地，希望能够听到他谆谆教诲的人逐渐增加。在他去世以前，公元前 478 年，甚至有几个中国的国王和王子公开宣称他们是孔子的信徒。当基督刚刚在伯利恒的马槽诞生时，孔子的哲学思想早已被大部分中国人采纳，并一直影响到现在。当然，与其他的宗教一样，孔子的思想也并不是以最初的形态和方式影响着人们，大部分宗教都发生了翻天覆地的变化。基督最初教人们要懂得谦卑、温顺，要摒弃世俗的野心和欲望，可当他被钉死在十字架上的十五个世纪以后，基督教会的首脑却在花费大量的金银财宝修建华丽的宫殿。这与最初基督教的思想有着天壤之别！

老子用类似于金律的思想引导人们。然而，在不到三个世纪以后，无知的人们把他塑造成威严可怖的神祇，把他的全部智慧和思想埋藏在迷信的垃圾堆里，让普通的中国人生活在封建迷信的担忧之下。

孔子教导学生们要有孝顺父母的美德。没过多久，他们对孝顺父母的兴趣，远远超过了他们对自己子孙幸福的关注度。他们故意忽视未来，加大对昔日无限黑暗的关注度。这样一来，崇拜祖先就变成一种正规的宗教仪式。为了不打搅埋葬在阳光明媚、土地肥沃的山坡上的祖先，他们宁肯把小麦和水稻种在土壤贫瘠的山坡阴面，即使知道很有可能一无所获，他们也选择这样做。在他们心中，宁可饱受饥荒带来的痛苦也不希望亵渎祖先的墓地。

与此同时，孔子的智慧言论也逐渐地深入到了东亚人民心中。儒教以其深刻的名言和精密的观察，在每个中国人的心灵上涂抹了一层充满哲学常识的色彩，它影响了他们的一生，不管是在乌烟瘴气的地下室工作的洗衣工，还是居住在戒备森严的皇宫中掌控广阔领土的统治者。

16 世纪，西方世界那些狂热而野蛮的基督徒们，第一次见到了东方的古老教义。西班牙人和葡萄牙人的祖先看到安静和平的佛陀塑像和年高德劭的孔子画像时，根本不知道要向这两位伟大的先知表示最基本的尊重，只是会淡淡笑一下。他们还轻而易举地得出谬论，说这些奇怪的神就是魔鬼的化身，是异教分子的代表，不值得基督虔诚的信徒们尊敬。但是，当佛陀或孔子的道德阻碍了他们的香料和丝绸贸易，欧洲人就会采取暴力手段攻击他们。这种思维方式已经结出了有毒的果实。它为我们留下了一份充斥着敌意的遗产，并没有给我们带来任何好处。

◆ 第 42 章　宗教改革 ◆

人类的进步犹如时钟的钟摆，它不断地向左右摆动。文艺复兴时期的人们对文学和艺术的激情以及对宗教的淡漠，在后来发生的宗教改革时期中完全颠倒过来了。

公平地探索历史

我想，你们肯定听说过宗教改革，一听到这个名词，你也肯定会联想到一群数量不多但勇气可嘉的清教徒。他们为能自由信仰宗教漂洋过海，在一片新大陆开创了新天地。随着社会的发展，特别是在像我们一样信奉基督教新教的国家里，宗教改革逐渐变成了“争取思想自由”的近义词。马丁·路德被人们推举为这次改革的领袖。不过，历史并不是由一系列赞美我们祖先的言辞组成的。借用德国历史学家朗克的话，我们要努力探究历史到底发生了什么，带着这种观点，过去那些看起来是真理的历史结论在我们的眼中就会变得大不一样了。

在人类世界中，很少有某样东西可以定论为绝对的好或绝对的坏，世界上的黑白并没有明显的分界线。作为一个值得信任的编年史家，他的任务就是要把每一个历史事件如实地描述出来，但是要想做到这件事的确非常困难，因为任何人都有各自的喜好与憎恶。但是，我们应当竭尽全力，尽量做到公平、理性地判断某一事物，使后人不受自己那份过度偏见的影响。

就比如说我自己，我是在一个充满了新教气氛的新教国家的新教中心长大的。十一岁以前，我从来没有看见过一个天主教徒。所以在我后来和他们打交道时，总会觉得不安。事实上，我是对他们有点惧怕！我对那些无数的新教徒被西班牙的宗教法庭施以绞死、烧死甚至五马分尸的酷刑的故事非常熟悉。那些是阿尔巴大公为严惩信仰路德派和加尔文派的荷兰异教分子采取的酷刑。这些恐怖故事活生生地展现在我们面前，仿佛就发生在前天一样历历在目，并且很有可能再次重演！我脑海中浮现的是另一个圣巴托罗缪之夜（这天晚上，法国的天主教徒对新教徒进行大规模的屠杀），瘦弱孤单的我穿着睡衣就被杀害了，我的尸体也被扔出窗外，就像伟大的柯利尼将军遭遇的一样。

很多年以后，我在天主教国家已经生活了一段时间。我发现那里的人们不仅比我以前的新教同胞更加温和、仁慈，而且在聪明才智方面一点也不逊色。更令我吃惊的是，我开始发现在宗教改革中天主教徒也有正义的一面，并且他们的理由差不多与新教徒一样充分。可是，生活在 16、17 世纪的那些善良的人们，真实生活在宗教改革的大动荡中，没有机会像我们一样冷静地看待事情的发展。他们认为自己永远是正确的，敌人永远是邪恶的。关键的问题是你要么把别人绞死，要么被别人绞死，理所当然，每个人都希望绞死别人。这并不是没有人性，也没有必要为了这些背负罪恶感的痛苦所折磨。

主角出现了

我们一起来回顾公元 1500 年的世界，这是一个很容易让人记住的日期。我们知道，查理五世就是在这一年降生的，当时，中世纪混乱的封建割据状态逐渐被几个高度中央集权的国家取代。其中，拥有至高无上权势的君主就是查理大帝，当时的他还只是一个婴孩。查理是西班牙斐迪南和伊莎贝拉的外孙子，同时他也是哈布斯堡王朝的最后一位中世纪骑士马克西米安和他的爱妻玛丽（她是勇敢者查理的女儿）的孙子。勇敢者查理就是勃艮第大公，他野心十足，在成功地击垮法国以后，被瑞士农民杀害。就这样，年幼的查理继承了世界地图上最广阔的一片土地。它们遍布在世界各地（德国、奥地利、荷兰、比利时、意大利及西班牙）的亲戚们给他留下的，另外还有他们在亚洲、非洲、美洲的所有殖民地。也许是被命运捉弄，查理出生在弗兰得斯城堡（位于根特，德国人在入侵比利时时用作监狱的地方），身为德意志和西班牙的皇帝，他本人接受的却是佛拉芒人的教育。

由于他的父亲很早就去世了（传说是被毒死的，但无从考证），母亲也疯了，年幼的查理是在姑妈玛格丽特的严厉管教下长大的。长大后，查理变成了一个地地道道的佛拉芒人，不得不统治着德国、意大利、西班牙以及一百多个奇怪的民族。作为天主教会忠实的儿子，他极力反对宗教的不宽容。无论他小时候还是长大以后，查理一直都非常懒散。可是命运却要惩罚他，让他生活在宗教狂热和喧嚣的世界中，他整日都为这些事烦恼，永远都在急匆匆地往返于各个地方。他喜欢和平安静，可他的一生偏偏充满了战争。在他五十五岁那年，我们看见他带着极深的仇恨和愚昧，抛弃人类。短短的三年之后，他拖着疲惫与绝望的身体，孤单地死去了。

关于查理皇帝的事情就讲这些了。那么当时拥有世界上第二大势力的教会是什么样的呢？在中世纪早期，教会将全部精力放在征服异教徒上，告诉他们虔诚、正直生活会给他们带来的好处。可从那时起，教会发生了巨变。首先，它变成了一个富有的组织，教皇不再仅仅是一群地位卑微的基督徒的牧羊人，他住进了豪华的大宫殿，身边满是艺术家、音乐家和著名的文人。他的所有教堂里挂满了崭新的圣像（其实根本没必要），看起来像是希腊的神祇。他在工作和玩赏艺术品上的时间极不平均。教会事务也许只占用他 10% 的时间，而剩余 90% 的时间都花在欣赏古罗马的雕塑或新发现的古希腊花瓶中，或者是设计新的夏宫，或是出席某场新剧的首演。大主教和红衣主教们纷纷效仿教皇，以他为榜样，而主教们又会效仿大主教。只有生活在乡村地区的教士会严守自己的作风，与世界上的邪恶和异教徒们对美与享乐的热情永远保持着距离，他们谨慎地躲避腐败的修道院。生活在城市的僧侣们好像忘记了恪守淳朴与贫穷的古老誓言，任凭自己大胆地追逐声色带来的欢乐，只是希望不被公众视为丑陋人物就可以了。

最后是普通的老百姓，他们的状况要比过去好很多，可以说是从来没有过的幸福与满足。他们的生活越来越富裕了，住着更加宽敞舒适的房子，他们的孩子也有机会接受更好的教育，他们的城市更加整洁漂亮了，他们手中的武器使他们有能力与对手抗衡，使他们不再任意被人收取繁重的税收了。

关于宗教改革的主演，我就介绍到这儿了。

北方与南方的斗争

现在，我们一起来看看文艺复兴给欧洲带来的影响，然后你就会明白，为什么会在文艺复兴之后出现新一轮的宗教改革了。文艺复兴的浪潮发端于意大利，再漫延到法国，然而它备受西班牙人的冷落，因为历经长达五百年的抗击摩尔人的战争使西班牙人变得心胸狭小并且心中充斥着对宗教无限的狂热。虽然文艺复兴波及的地区越来越广，但是当它越过阿尔卑斯山时，性质就发生了一些变化。

生活在欧洲北部的人们在完全不同的气候中成长，他们对待生活的态度与南方人恰恰相反。意大利人通常喜欢住在户外，享受明媚的阳光和一望无际的天空，他们喜欢尽情地欢笑，把酒欢歌，尽享生活中的乐趣。而德国人、荷兰人、英国人、瑞典人，他们则会把大部分的时间放在室内，静静地聆听雨水拍打在窗户上的声音。他们不喜欢欢声笑语，以严肃态度面对生活中所有的事物。他们会经常想到自己永不消失的灵魂，不喜欢拿他们眼中神圣的事物开玩笑。只能引起他们兴趣的是文艺复兴中关于“人文”的那部分，比如书籍、古代作者的研究、语法、教材。但是文艺复兴运动留给意大利的唯一成果就是使古希腊和古罗马的异教文明重新回归，但这却使他们心中充满了无限的恐惧。

然而教皇和红衣主教团的成员几乎全是由意大利人组成的，这些人改变了教会的气氛，把它变成了一个活跃的俱乐部，在那里优雅地畅谈艺术、音乐和戏剧，很少会提到信仰。从此，在忧郁严肃的北方与高雅文明但是对信仰却熟视无睹的南方之间，产生了一道巨大的裂痕，并且逐渐扩大了。但是，好像没有人察觉到这种精神的分裂会给教会带来的前所未有的巨大威胁。

此外，还有一些充足的理由可以解释，为什么轰轰烈烈的宗教改革运动只发生在德国而不是荷兰与英国。在很早以前，德国人与罗马教会就结下了仇恨，日耳曼皇帝与教皇间喋喋不止的争吵和战争给双方带来了极大的损失。在欧洲的其他国家，国家政权牢牢地掌握在国王的手中，统治者则会保护自己的臣民免受教士的毒害。但是在德国，名义上的皇帝好像掌握着那些不安分的小封建主的权力，在这种政治局面下，善良的自由民就会更容易被主教和教士们迫害。文艺复兴时期的教皇们都有一个嗜好，那就是修建豪华的大教堂。而他手下的那些高僧们为了讨好教皇，就会采取一些方法聚敛大量的钱财，他们敛财的地方大多是在德国，当德国人感觉自己正在被欺骗、掠夺自己的钱财时，心里自然会不舒服。

最后，这里有一个很少被人提起的原因：欧洲印刷术的故乡在德国，在北欧，图书的价格异常便宜，《圣经》也不再是教士专有的神秘手抄本，它变成了人尽皆知的拉丁文本的枕边书。以前，普通人阅读《圣经》是违反教会法律的行为，然而，现在所有人都有权力阅读它了。他们逐渐发觉，那些教士给他们讲述的内容与《圣经》中提到的事物存在着大量不同之处。于是，这开始引起了人们的怀疑。人们开始提出质疑，如果问题出现后，得不到一个合适的答案，就会引发更大的麻烦。

公正地阐明真理

首先，发动战争的是北方的人文主义者，他们先是对僧侣公开发起挑战。其实在他们的内心深处，一直对教皇怀有崇高的敬意，不敢将矛头直接指向这位最具威严的人物。至于那些懒散不求上进的僧侣们，那些舒适地潜伏在极其奢侈的修道院高墙之内的寄生虫们，再也找不到比他们更好戏弄的对象了。

但是有一点很奇怪，发动这场战争的领袖竟然是基督教忠实的儿子。他叫杰拉德·杰拉德佐，但是人们经常称呼他为“伊拉斯谟”。他出生在一个贫困的家庭，生于荷兰的鹿特丹。他在德文特的一所拉丁语学校学习，好兄弟托马斯就是在这所学校毕业的。伊拉斯谟后来做了教士，并且在一座修道院里生活过一段时间。他游遍了欧洲各地，把旅途中的所见所闻写成书。当伊拉斯谟开始他的畅销书作家（今天叫作社论作家）生涯时，全世界的人都被一本叫作《一个无名小辈的来信》的书中诙谐幽默的匿名书信逗乐了。这些书信把生活在中世纪晚期的僧侣中普遍存在的愚蠢与自负的劣行全部暴露出来，书信采用的是一种夹杂着德语和拉丁语的打油诗形式，有些地方与现代的五行打油诗类似。伊拉斯谟是一位知识渊博并且说话严谨的学者，熟练掌握拉丁语和希腊语。他起初修订了《新约圣经》中的希腊原文，再译成拉丁文，于是，我们就可以看到一本可靠的拉丁文版的《新约圣经》。但是，与古罗马的诗人贺拉斯一样，他也坚信无论是什么都不能阻止我们公正地乐观地阐明真理。

公元1500年，伊拉斯谟前往英国拜访托马斯·摩尔爵士，在英国逗留的短短几个星期中，他写了一本非常有趣的书——《愚人颂》。在书中，他攻击了僧侣和他们那群无知的追随者们，并且语言上充分采用世界上最厉害的武器——幽默，这本小册子是16世纪风靡一时的畅销书，并且流传到世界各地，几乎有世界上所有语言的译本。它的成功使得人们越来越关注伊拉斯谟写的其他关于宣传宗教改革的书，他要求教会停止滥用私权，并且呼吁其他人文主义者与他一起并肩作战，共同完成复兴基督信仰的伟大任务。

但是，这些完美的计划并没有结出果实。伊拉斯谟采用的方式非常理性，太过宽容，无法赢得教会敌人的心。他们期待着有一位更强悍、更勇猛的人担当他们的领袖。

伟大的马丁·路德

终于，这位伟大的领袖出现了，他的名字叫作马丁·路德。

路德出生于一个北日耳曼的农民家庭，拥有超凡的智慧和令人佩服的勇气。他曾经在奥古斯丁宗教团做修士，后来变成了宗教团的重要人物。后来，他任职维滕堡神学院的大学教授，为那些不求上进的农家孩子讲述《圣经》中的道理。在此期间，路德利用自己大量的空闲时间研究《旧约圣经》和《新约圣经》的原文。不久之后他发现，教皇和主教们的言论与基督教的训示，有着明显的差别。

1511 年，路德出差来到了罗马。当时，波吉亚家族的亚历山大六世去世了，他是一位曾经为了自己孩子的利益不惜一切代价聚敛大量财富的教皇。继承他的教皇位子的是朱利叶斯二世，这个人的思想品行得到了当时人们的认可，但是他却把大部分的时间和精力用在了战争和兴修土木上。所以他的虔诚并没有给清醒的日耳曼神学家路德留下任何好印象，路德非常失望，于是他返回了维滕堡。但是更糟糕的事情还在后面。

教皇朱利叶斯二世在临终前将宏伟的圣彼得大教堂的完美建筑计划托付给他的继任者。可惜的是，这一工程刚一开工就需要维修了。1513 年继任朱利叶斯二世的新教皇利奥十世刚刚一上台，教廷就濒临破产。于是他不得不恢复了一项传统的做法，以便筹到急需的现金。他开始售卖“赎罪券”。“赎罪券”就是一张可以兑换现金的羊皮纸，答应缩短罪人本应该服刑的时间。根据中世纪晚期的教义的内容，这种做法绝对是合理合法的。既然教会有足够的权力赦免罪人们的罪行，那么他们当然也有足够的权力为人们祈祷，缩短灵魂待在阴暗的炼狱里的时间。但是不幸的是，这些赎罪券只能用现金购买，不过，这确实能为他们提供一条增加收入的简单途径，又有什么不好的呢？再加上，即使是最穷困的人也有机会免费领取赎罪券。

1517 年，萨克森地区的赎罪券销售权全部移交给一个多明我派僧侣的手上，他的名字叫作约翰·特兹尔，约翰兄弟是一位对强买强卖感兴趣的推销员，但是，他聚敛钱财的心情有点急迫，他的商业手段激怒了日耳曼的虔诚信徒们。路德是一个诚实守信的人，在一气之下，他做出了一件鲁莽的事情。1517 年 10 月 31 日，路德造访萨克森宫廷教堂，把自己写好的 95 条宣言（或者被称为论点）张贴在教堂的大门上，用严肃的语气抨击销售赎罪券的恶行，这些宣言是用拉丁文写的，普通的老百姓是读不懂的。路德压根就不是一个革命者，并且无心挑起骚乱，他只是反对赎罪券制度，并且希望同事们能够理解他。这原本是神职人员和教授界人士的内部纠纷，路德并不想使世俗对教会产生任何的偏见。

但是不幸的是，在这种敏感的时刻，全世界开始对宗教事务的兴趣倍增。如果想理性地讨论宗教问题而不引起思想骚动，是根本不可能的。在短短的一个多月的时间里，全欧洲人都在讨论这 95 条宣言，每一个人都要有自己的立场，支持或是反对路德。每一个普通的神学人员都要发表自己的观点。教廷为此感到非常震惊，立刻下令召集这位维滕堡的神学教授来到罗马，解释他的观点和行为。路德灵机一动，想起了胡斯被处以火刑的深刻教训，所以拒绝邀请。后来，罗马教会开除了他的教籍，他便在追随者的面前，焚毁了教皇的敕令。从这一刻开始，路德和教皇间就没有和平可谈了。尽管我不希望看到路德成了反对罗马教会基督徒领袖。当时，有很多像乌利奇·冯·胡顿这样的深爱德国的人前去保护他，维滕堡、厄尔福特以及莱比锡大学的学生们也宣称，如果教皇拘禁路德，他们会奋不顾身地保护他。教皇向那些斗志激昂的青年人保证，只要路德不离开萨克森的领地，他绝对不会使他受到迫害。

这一系列的事件发生在1520年。那时，查理五世刚刚二十岁，身为半个世界的主宰者，他不得不维持与教皇间的良好关系。他下令要在莱茵河畔的沃尔姆斯召开宗教大会，同时让路德也出席会议，并且为自己的异常行为做出合理的解释。路德在当时已经成了日耳曼的民族英雄，他慨然赴会。会议上，路德拒绝收回曾经说过和写过的任何一句话，他的良心只服从上帝，无论是死是活，他都小心谨慎地凭良心行事。

经过人们深入的讨论，沃尔姆斯会议宣布路德是一个罪人，他违反了上帝和人民的意愿，并且禁止任何一个德国人收留他，为他提供生存条件，还禁止人们阅读他写的一切异端书籍，一个字都不能读。但是，路德并没有因为这个结果而被击垮，相反，他很安全，因为，在大部分德国北方人民的眼中，沃尔姆斯的敕令是一个非常不公正的、并且足以激起民愤的文件，应该被世人唾弃。为了更好地保护路德，他被藏在维滕堡的一座城堡里。在那里，他更加藐视教廷的权威了，并且把《旧约圣经》和《新约圣经》翻译成德语，让更多的人有机会阅读学习上帝的话。

事情发展到这种地步，宗教改革就不可能再是一个简单的关于信仰和宗教的事情了。那些憎恨宏伟的现代大教堂的人趁这个动荡的时期，摧毁了那些教堂建筑，理由很简单，是他们不能理解。贫困的骑士们为了弥补自己过去的损失，强行霸占原本属于修道院的土地。对社会耿耿于怀的王公贵族趁皇帝不在，扩张自己的势力。饱受饥荒的农民在发神经的煽动家的带领下，趁着混乱的时局，袭击了领主的城堡，以过去十字军的激情，疯狂地劫掠、谋杀、焚毁。

一场浩瀚的骚乱犹如暴风一样席卷了整个帝国。一些王公贵族改革新教，变成了新教徒（就是路德口中的“抗议者”），他们对辖区内的天主教属民进行了严酷的迫害。另一些王公依然是天主教忠实的仆人，努力摧毁新教徒。1526年，斯贝雅会议想要解决人们的宗教信仰问题，会议宣布了一条法令，即“臣民必须信奉领主所属的派别”，这条法令一推出，德国就变成了一盘散沙，无数信仰不同的小公国、小侯国互相排斥，彼此征讨，严重阻碍了德国政治方面的正常发展达数百年之久。

1546 年 2 月，路德去世了。他的遗体被安葬在二十九年前他呼吁反对销售赎罪券的那间教堂里。在不到 30 年的时间里，文艺复兴时期的对宗教的冷漠、追求幽默与和谐的世界，已经完全被宗教改革时期的讨论声、争吵声、谩骂声、辩论声取代了。过去的很多年，一直由教皇统治的精神世界一下子灰飞烟灭了，整个西欧再次变成屠杀和血腥的角斗场。天主教徒和新教徒为了使自己的神学教义发扬光大，在那里展开了大规模的厮杀。但是，在我们现代人眼中，这些神学教义是那么的深奥，简直就像伊特拉斯坎人给我们留下的神秘碑文。

◆第 43 章　宗教战争◆

天主教与新教势均力敌，矛盾持续了长达两个世纪。

深奥的教义

16 和 17 世纪，是充满了宗教争论的时代。

今天，如果你细心观察，就会发现身边的每一个人都在讨论“生意经”，比如工资的高低、工时的长短、罢工等这类的话题。因为这些话题与我们的生活有着密切的联系，同时，也是我们这个时代的人们关注的焦点。

然而，生活在 1600 年或 1650 年的孩子们却不像我们那么走运，他们唯一能够听到的就是“宗教”，生活带给我们的无限知识和欢乐，他们却很少享受到。无论他们属于天主教还是新教，在他们的天真脑袋里充斥着的只有“宿命论”“化体论”“自由意志”等类似的深奥字眼，讲着自己都不明白的“真正信仰”的话。他们按照父母的意愿，分别成为天主教徒、路德派教徒、茨温利派教徒、加尔文派教徒或是再洗礼派教徒，他们有的学习路德的“奥古斯堡教理问答”，有的背诵加尔文的“基督教规”，有的默念英国出版的《公众祈祷书》中的“信仰三十九条”，并且全都说只有自己才是“真正的信仰”。

他们非常清楚亨利八世的故事，他结了很多次婚，身为英格兰君主，他把原本属于教会的财产全部占为己有，并且自封为英国教会最高首脑，篡夺了教皇任命主教和教士的权力。如果有人提起恐怖的宗教法庭、牢房以及许多折磨人的刑具，那么听众晚上肯定会做噩梦。那些使他们难以安然入睡的恐怖故事会接连不断。比如，愤怒的荷兰新教徒暴民是怎么捉住十几个徒手的老教士，仅仅为了杀死不同信仰者能给他们带来快感，就把老教士们全部吊死之类的故事。但是，对峙的天主教徒与新教徒势均力敌，要不然，冲突就会以其中一方的胜利而告终。可它偏偏漫延了整整两个世纪，牺牲了大约八代人的生命和精力。由于引发冲突的内容太烦琐，我只能讲一些重要的细节，如果你想更多地了解宗教冲突，可以随便翻阅一些这方面的历史书。

异端邪说与宽容品质

伴随着新教徒发起的大规模宗教改革运动，天主教会内部出现了彻底的改革。那些业余的人文主义者的教皇从历史的舞台上慢慢消失了，取代他们的是每天工作二十个小时，认真负责地处理自己职责的威严教皇。

修道院里昔日的愉快生活暂且告一段落了。教士和修女们起得比鸡还早，很早就得起来背诵教义，认真学习并研究天主教规，照顾病人，安慰即将死去的人。宗教法庭虎视眈眈，整日密切监视着周围的动静，防止异教教义的印刷品盛行。说到这儿，人们通常会想起可怜的伽利略，他是一个不谨慎的人，居然想只靠手中的小望远镜来解释宇宙的奥秘，而且还小声念叨一些违背教会观念的行星运动规律，因此，伽利略被打入了牢房。但是，出于对教皇、主教以及宗教法庭的公平态度，我必须说明，新教徒也会对科学和医学产生敌意。新教徒视那些自发观察事物寻找规律的人为人类最恐怖的敌人，他们的无知与狭隘毫不逊色于天主教徒。

比如加尔文，他是一位伟大的法国宗教改革者，同时也是日内瓦一带政治和精神方面的独裁者。当法国当局想要绞死迈克尔·塞维图斯（他是西班牙著名的神学家与外科医生，由于是第一位解剖学家贝塞留斯的得力助手而成名）的时候，加尔文不仅不为他提供帮助，而且还在塞维图斯逃出法国监狱躲到日内瓦避难的计划中，亲自把他关进了监狱。经过漫长的审讯，加尔文竟然以异教邪说的罪名把塞维图斯活活地烧死在火刑柱上，完全不顾塞维图斯身为著名科学家的事实。

就这样，宗教之争越来越激烈。我们很少掌握这方面的真实数据和资料，但是总体来说，新教徒要比天主教徒更早厌倦这场毫无意义的争论。绝大多数因为宗教信仰问题被残害的男男女女，都是诚实善良的普通人，但是却不幸沦为了罗马教会的牺牲品。

由于“宽容”是很晚才出现的一种高尚品德，甚至我们“现代人”，也仅仅是对一些不感兴趣的事物表现出宽容的态度。比如，他们可以对非洲土著居民展示自己的宽容，根本不在乎他们归属于佛教还是伊斯兰教。可是，一旦他们听说身边的原共和党人支持高额保护性关税政策的某个邻居，现在居然转而加入美国社会党（于 1901 年成立），并且还支持废除所有的关税法律时，他们的宽容就会消失。于是，他们开始像 17 世纪的人一样共同谴责这位邻居，这就像一个善良的天主教徒或新教徒当得知自己的好朋友不幸沦为某种异端邪说的牺牲品时，也会用类似的语言斥责他们。

直到前段时间，“异端邪说”还被人们视为一种可怕的疾病。如今，当我们发现有谁不关注个人和环境的卫生，使自己和孩子面临染上伤寒或是别的本来可以预防的疾病的威胁时，我们就会向卫生部门投诉，卫生局的负责人就会叫上警察，一起把这个人拘禁起来或是流放，因为这个人的存在对整个社会构成了安全方面的威胁。在 16 和 17 世纪，一个异端分子（就是敢于公开质疑自己教派人们的人），他通常会被视为比伤寒病更恐怖的威胁。伤寒只是对人的肉体产生威胁，但是异端邪说摧毁的却是人们的灵魂。因此对于所有善良而又充满理性的人们来说，提醒警察留心异端分子，就成了他们义不容辞的使命。那些无视异端邪说并且没有及时向警察报告的人全是有罪的，就像一个现代人发现租住自己房子的人得了霍乱或天花之类的传染病，却没有打电话通知医生一样。

随着人类慢慢地成长，你会听说许多关于预防疾病药物的事情。所谓预防性药物，顾名思义，就是医生们在人们健健康康的情况下，采取有效的手段，预防疾病的发生，他们会告诉他们健康的身体情况应该是什么样的、健康的饮食起居的环境是什么样的，人们该吃什么和不该吃什么，应避免养成不良习惯。同时，还会教导人们保持个人卫生的各种方法，从而彻底消除可能诱发疾病的所有不利因素。医生们甚至还会走进学校，教孩子们正确使用牙刷的姿势以及防止感冒的小常识等。

在 16 世纪的人们的眼中，与肉体上的疾病比起来，威胁灵魂的心理疾病更加恐怖。因此他们组建起一套预防精神疾病的严格体系。一旦当孩子们有能力读书识字时，他们就会被迫接受唯一的真正信仰的种种原则。事实证明，这种做法大大地推动了欧洲人素质的普遍提高，这是一件好事。新教国家很快就建立了许多学校，虽然这些学校只是把大量的宝贵时间浪费在对“教理问答”反复解释的层面，但是他们有时也会讲授除了神学以外的其他知识。学校鼓励人们读书，与此同时，印刷业也蓬勃发展起来。

耶稣会的成立

在新教不断庞大的同时，天主教徒也不甘落后。他们同样把时间和精力全部倾注在教育方面，在这方面，天主教会找到了有极高价值的朋友，教会与刚刚成立不久的耶稣会结成同盟。创建耶稣会的是一位西班牙士兵，他在历经一段漫长的冒险生涯和肮脏的生活之后，成了天主教徒。许多受救世主感化的罪人，在意识到自己犯下的各种罪孽时，把自己的余生全部奉献给帮助和安慰比自己更不幸的人们的伟大事业上，与这些人一样，这位西班牙士兵也越来越发觉自己有义务为教会服务。

这位西班牙人叫伊格纳提斯·德·洛约拉，他生于1491年（即发现美洲大陆的前一年）。他在一次战争中不幸受伤，一生跛足。他在医院接受治疗的时候，看见圣母和圣子在向自己显灵，命令他抛弃过去的一切罪恶生活并且改过自新。于是，洛约拉决心前往圣地，完成十字军的神圣使命。然而，他的耶路撒冷之行证明了他仅凭眼前的势力是根本不可能完成这一艰巨的任务的。于是他返回欧洲，加入反对路德派的斗争中。1534年，洛约拉在巴黎大学索邦神学院读书，他与另外七名学生成立了兄弟会。八个年轻人立下誓言，要永远过最圣洁的生活，绝不贪恋荣华富贵，要坚持正义，并且把自己的肉体和灵魂全部奉献给教会。几年以后，这个小型的兄弟会逐渐成为一个正规的组织，并且被教皇保罗三世正式授予"耶稣会"的称号。

洛约拉曾经是一名军人，因此他知道严格的纪律和对上级绝对服从的重要性。事实上，这两点就是耶稣会取得成功的关键因素。耶稣会最擅长的就是教育，耶稣会的教师在有权力单独与学生进行交谈之前，事先会接受一系列完善的培训。老师和学生们共同吃住，一起做各种游戏活动，精心守护着他们的思想和灵魂，这种教育方法果然效果显著。耶稣会培养出一批尽忠于天主教信仰的教徒，使他们像生活在中世纪早期的人一样，严肃地看待自己的信仰与职责。

但是，精明的耶稣会不是把所有的精力和时间都花在对穷人的教育上，他们还进入皇宫中，为未来的皇帝和国王们授课，做他们的私人教师。当我讲述三十年战争时，你们就能理解耶稣会这一举动的目的了。但是，在恐怖的宗教狂热最后一次爆发之前，还发生了许多其他的重要的事情。

荷兰人的反抗

自从查理五世去世后，德国和奥地利就落入了他的兄弟斐迪南手中，他其余的领地，包括西班牙、荷兰、印度群岛以及美洲全部由他的儿子菲利普统治。菲利普是查理五世和亲表妹（一位葡萄牙公主）生下的儿子，这种由近亲生下的孩子大多数会行动古怪，有精神不正常的表现。菲利普的儿子唐卡洛斯就是一个地地道道的疯子，后来被菲利普杀死。菲利普并不是疯子，但是他对教会的热情近似狂热，他认为自己是上帝派到人间解救人类的一名救世主。因此，如果有人胆敢不像他一样对上帝充满绝对的热情，那么这个人就会被视为人类的敌人，并且会从肉体上铲除他，以免他的行为腐蚀周围虔诚信徒们的灵魂。

众所周知，那个时候的西班牙非常富有，在新世界发现的所有金银财宝源源不断地涌入卡斯蒂尔和阿拉贡的国库中。但是，西班牙同时也患有一种有损于国家力量的经济病。西班牙的农民们非常勤劳，妇女们比农民还要勤劳，但是西班牙的上层阶级却对所有劳动产生鄙视，只希望自己能够加入到陆海军或是担任政府的公职。摩尔人一直都是兢兢业业、辛勤工作的手艺人，但在很早以前他们就被全部驱逐出了西班牙。这种经济病带来的结果就是，作为世界宝库的西班牙实际上非常贫穷，因为他们把所有的钱都用来换取小麦和其他的生活必需品（因为西班牙大多数人不愿意从事生产）。

菲利普是16世纪最强大国家的主宰者，他的财源全部来自于征集商业中心荷兰的税收。然而，那些忘恩负义的佛拉芒人与荷兰人原本是路德与加尔文教义虔诚的追随者，他们不仅铲除了当地教堂里的全部偶像和圣像画，还对教皇宣称，自己不再是他们的牧羊人了。从那以后，他们只能凭借新译的《圣经》训条和自己的良心做事。面对这种情形，菲利普陷入了进退两难的地步。一方面，他绝对不会容忍荷兰臣民的所有异端举动，另一方面，他又确实需要他们在金钱方面的支持。如果他同意荷兰人转向新教并且不采取任何措施拯救他们的灵魂，就是没有完成上帝交给他的任务；如果他对荷兰实施镇压，把反抗的臣民全部烧死在火刑柱上，那他又会失去大部分财源。

菲利普的性格变幻莫测，遇事小心谨慎，不会很快就下结论，在如何解决荷兰人的争端上，他犹豫了很长时间。他时而宽容时而严厉，一会儿放任一会儿反对，所有的手段都试过了，然而荷兰人依然坚持自己的行为。于是，菲利普一怒之下派阿尔巴公爵（他手下一个强硬的、手段极其残酷的人）前往荷兰，奉劝固执的荷兰人及时忏悔，改过自新。阿尔巴先是砍下了部分宗教领袖的头。这些人非常愚蠢，竟然没有在他到达此地之前逃走。后来，在 1572 年，也就是法国的新教领袖在圣巴托罗缪之夜被全部屠杀的那一年，阿尔巴对荷兰数座城市展开了大面积地袭击，把城市里的居民杀光，以此作为对其他城市的警告。第二年，他又率领军队围困了荷兰的莱顿城（荷兰的制造业中心）。

与此同时，北尼德兰的七个小省份携起手来组建了一个防御联盟，也就是乌德勒支同盟。他们共同推举曾经担任过查理五世皇帝私人秘书的德国王子和奥兰治的威廉担任军事领袖兼任以“海上的乞丐”闻名的那群海盗的总指挥。为了拯救莱顿城，被称为“沉默者”的威廉挖通了防海大堤使海水倒灌，在城市的周围形成了内海，然后，他率领着一支由敞口驳船和平底货船组成的古怪海军队伍，一边划一边推一边拉，终于穿过了泥沼，到达莱顿城下。就这样，他以奇怪的方式击败了西班牙人。

西班牙国王的无敌军队从来没有遭受过这么大的耻辱，整个世界为之一惊，就像日俄战争中的日军击败俄国军队一样，让我们这代人瞠目结舌。莱顿城的胜利使新教徒重新鼓舞了士气，他们个个信心十足地要赢得对抗西班牙国王的战争。在这种被动的局势下，菲利普又策划了另一个阴谋来征服反叛的荷兰人。他雇用了一个精神不正常的宗教狂徒暗杀威廉。但是，军事领袖之死并没有消磨北尼德兰七省人们的斗争意志，反而使他们更加愤怒。1581 年，他们在海牙召开了由七省代表共同参加的大议会，会议上庄严地废黜了

“邪恶的国王”菲利普，并自己承担统治大权。这次会议是人民在争取政治自由斗争史上的一个有重大意义的事件，它要比英国贵族发起的宫廷政变威胁国王签署《大宪章》意义还要深远。在这些善良的自由民眼中，国王与臣民之间的关系建立在一种默契的基础上，双方都应履行各自的义务、遵守自己的职责，如果有其中的一方违背了和约，另外一方就有权终止和约。英王乔治三世在北美洲的属民于1776年也得出了这种结论，但是他们和统治者间，隔着3000英里的大洋。可是七省联盟议会宣布的这一庄严的决定（这个决定意味着如果战争失败，他们就会全部面临死亡），是在近得能够听见西班牙军队的枪声中并且怀揣着对西班牙无敌舰队的恐惧心理中做出的，他们的勇气令世人敬佩。

西班牙的衰落

关于一支实力雄厚的西班牙舰队征服荷兰和英国的故事很早就开始流传了，等到新教徒的女王伊丽莎白继承天主教，并成为英国国王时，它就已经变成了旧话。当年，码头的水手都在恐惧中谈论着这个故事，猜测故事是否会成为现实。直到16世纪80年代，这个谣言终于变成了事实。据曾经去过里斯本的水手说，在所有的西班牙和葡萄牙船坞里，都在兴造战船，在尼德兰的南部（即今比利时境内），帕尔马公爵正在组建一支庞大的远征军，等到西班牙的舰队一到，就把这支远征军运送到伦敦和阿姆斯特丹。

1586年，空前强大的西班牙无敌舰队终于出发了，步步地逼近北方。但是，佛拉芒海岸的港口全被荷兰舰队死死地封锁住了，英吉利海峡在不列颠舰队的层层严密监视下。西班牙人虽然对南方平静的海水非常熟悉，却不了解该如何在北方恶劣的气候条件下作战。关于无敌舰队是怎样先遭到敌舰的攻击，紧接着又遭遇风暴袭击的详细过程，不用我讲述了。总之，战争的结果是：只有几艘绕到爱尔兰的战舰有幸逃回，为西班牙人讲述了恐怖的战事，其他的大部分战船沉在了北海冰冷的浪潮中。

战局从那时起发生了质变，英国和荷兰的新教徒在敌人的国土上点燃了战火。在 16 世纪末，霍特曼在林斯柯顿（一个曾经在葡萄牙舰队中服役的荷兰人）的一本书的帮助下，最终发现了通向印度以及印度群岛的航线。后来，他成立了一家著名的荷兰东印度公司，一场争夺西班牙与葡萄牙的亚非殖民地的战争就这样大规模地展开了。

在抢夺海外殖民地的早期，荷兰法庭接到一桩有趣的诉讼案。17 世纪初，一位叫范・希姆斯克尔克的荷兰船长于马六甲海峡捕获了一只葡萄牙人的船。希姆斯克尔克曾经担任探险队的领导，想要找到一条通往印度群岛的东北向航线，但是却被新泽勃拉岛附近结了厚冰的海水围困了长达一个冬天。他本人也因此闻名于世。可是，这次他的这一举动却给他带来了麻烦。你应该还记得，教皇曾经把世界一分为二，一半分给西班牙人，另一半分给了葡萄牙人。因此，葡萄牙人把围绕着他们的印度群岛殖民地的水域作为自己的财产。由于当时的葡萄牙还没有向尼德兰七省联盟宣战，因此他们说，希姆斯克尔克身为一家贸易公司的船长，没有权利擅自闯入葡萄牙所属海域并且偷盗葡萄牙的船只，这在当时是严重的违法行为！因此，他们向荷兰法院提起诉讼。荷兰东印度公司的经理们为了胜诉，聘请了一名叫德・格鲁特（或者被称为格鲁西斯）的年轻优秀律师作为他们的辩护律师。在法庭争辩中，格鲁西斯提出了“所有人都有权自由出入海洋”的一个惊天理论。他指出，凡是越出陆地大炮的射程以外的地方都是公用的，因此按照格鲁西斯的理论，海洋就理所当然地成了所有国家都可以自由航行的公海。这个听起来似乎有道理的理论还是第一次在法庭上公开提出，立刻遭到了所有航海人士的反对。为了有效地反击格鲁西斯著名的“公海言论”（或者称为“开放海洋说”），英国人约翰・塞尔登写了一篇著名的关于“领海”（或者称为“封闭海洋”）的论文，阐明环绕国家的海洋就应该归属于这个国家，并且应该是这个国家领土和主权的自然组成部分的道理。我提到这个争论，是因为与之有关的问题还没有被完全解决，而且还在上一次世界大战中引发了许多复杂的情形。

我们再回到西班牙与荷兰、英国的战争中。在短短的不到二十年的时间里，西班牙人的大部分有价值的殖民地，如印度群岛、好望角、锡兰、中国沿岸地区的某些岛屿甚至还包括日本，全部落入了新教徒的口袋中。1621 年，西印度公司成立后，立刻征服了巴西，还在北美哈德逊河口一带建立了一个叫新阿姆斯特丹（即今纽约）的重要基地。这条河是亨利·哈德逊于 1609 年发现，并以他的名字命名的。

著名的三十年战争

自 1618 年起，三十年战争爆发了，战争最终以 1648 年签署著名的《威斯特伐利亚条约》作为终点。经过了一个世纪，宗教迅速积累了仇恨，战争就这样不可避免地发生了。正如我在前面讲过的一样，这是一场充满了恐怖和血腥的战争。每个人都卷入了战争，相互厮杀，直到双方彻底疲惫，再也没有力气斗争为止。

在短短的不到一代人的时间里，战争把中欧的大部分地方变成了满地白骨的荒野。饱受饥饿之苦的农民为了争夺一匹肥马的尸体充饥，不得不与比他们更饥饿的野狼互相厮杀。在德国，几乎全部城镇和村庄都在战火中被摧毁。位于西德的帕拉丁奈特被不断地纵火劫掠了二十八次。战前的德国拥有 1800 万的庞大人口，战后却剩下了区区 400 万人。

宗教间的仇恨是从哈布斯堡王朝的斐迪南二世被选为德意志皇帝以后迅速爆发的。斐迪南是耶稣会精心培养的臣民，他是一个最虔诚、最顺服的天主教教会的追随者。当他还年轻时，就立下了誓言，要把属于自己领土范围内的所有异端分子和教派全部铲除。当他掌权以后，斐迪南竭尽全力信守诺言。在他被选举为皇帝两天以前，他强大的主要竞争对手腓特烈、位于帕拉丁奈特地区的新教徒选帝侯以及英王詹姆斯一世的女婿，担任了波西米亚国王一职。这些直接违背了斐迪南的誓言。

过了一段时间，哈布斯堡王朝的军队挺进了波西米亚。面对如此强大的敌人，年轻的腓特烈国王明知不会有结果，但也无可奈何地向英国与荷兰发出求助信号。荷兰共和国非常愿意帮助他，可他们当时正在为与西班牙的另一支哈布斯堡王族作战而忙碌着，自己还忙不过来呢，所以对波西米亚人只能是爱莫能助了。而英国的斯图亚特王朝只会关心如何能够提高自己的绝对权力，所以他们并不愿意把金钱和士兵浪费在波西米亚的一场注定失败的战争上。在苦苦支撑了几个月以后，帕拉丁奈特选帝侯被驱逐出了波西米亚，他的领地也被巴伐利亚信奉天主教的王族占领。而这些，只不过是三十年战争的开端而已。

紧接着，在蒂利和沃伦斯坦将军的指挥下，哈布斯堡的军队横扫了德国新教徒的聚居区，趁着胜利，他们一直攻击到波罗地沿岸。对于丹麦新教徒的国王来说，拥有一个强大的天主教邻居对自己的威胁有多么严重，因此，克里斯廷二世想要在敌人还没有站住脚时，先发制人。可是，丹麦军队开进德国，没过多久就失败了，于是，沃伦斯坦再次乘胜追击，丹麦只能被迫求和。最后，波罗的海地区只剩下施特拉尔松一个城市还没有被抢走，依然在新教徒的手中。

1630年初夏，瓦萨王朝的古斯塔夫·阿道尔丰斯（瑞典国王）在新教徒统治的最后一个关口施特拉尔松登陆。古斯塔夫在一次带领国人赢取抗击俄国入侵的战争中一举成名，他是一位充满了野心的新教徒君主，一直幻想把瑞典变成庞大的北方帝国中心。欧洲新教徒的王公们对古斯塔夫极为爱戴，并且视他为路德事业的拯救大使。战争刚一开始，古斯塔夫就取得了胜利，先是击败了屠杀了马格德堡新教徒的蒂利，随后，他又率领大军穿过德国的中心地带，企图攻击意大利所属的哈布斯堡王朝领地。由于他当时还遭到了天主教军队的严重威胁，古斯塔夫立刻改变战略，把矛头突然转向了哈布斯堡的主力军。但不幸的是，这位战功累累的瑞典国王在脱离自己的军队时丧失了性命，但是哈布斯堡的势力已经遭到了重创。

斐迪南生性多猜疑，每当战争形势不好时，他就会怀疑自己的手下。在他的暗中部署下，他军队的总司令沃伦斯坦被暗杀了。当得知这一消息后，一直与哈布斯堡王朝有仇恨的法国波旁王朝，尽管也同样信奉天主教，但此时却和新教徒的瑞典结成同盟。法国路易十三的军队入侵德国东部，瑞典大将巴纳和威尔玛率领的军队以及法国的大将图伦和康代率领的军队联合起来，大肆屠杀、劫掠、烧毁哈布斯堡王族的财产。瑞典人不仅因此声名鹊起，而且也发了横财。见此情景，他们的近邻丹麦人开始产生嫉妒，于是，同为新教的丹麦向瑞典宣战了。宣战的理由是：瑞典人居然和天主教的法国并肩合作，而法国的政治领袖——红衣主教黎塞留，就在前不久，刚刚剥夺了胡格诺教徒（即法国新教徒）在 1598 年的南特敕令中赢得的公开礼拜权。

战争接二连三地不断发生，好像养成了一种惯性。1648 年，参战的各国签署了结束战争的《威斯特伐利亚条约》，但是，战前遗留下的所有问题还都没有得到解决。原本是天主教的国家依然信奉着天主教，新教国家也依然忠实于马丁·路德、加尔文和茨温利等人的新教义。瑞士与荷兰的新教徒共同建立起一个独立的共和国，并得到欧洲其他国家的认可。法国保留了梅茨、图尔以及凡尔登等城市和阿尔萨斯的部分领土。神圣的罗马帝国虽然仍是一个统一的国家，但那也只是徒有虚名，缺少人力财力，因此也丧失了勇气和希望。

三十年的战争带给欧洲各国一个反面的教训，使天主教和新教再也不想继续战争了，这也是这场战争带给他们的唯一的好处。既然势均力敌，那么只能和平相处，做好自己的事情。但是，这并不代表宗教的狂热与不同信仰间的怨恨就完全消失了。天主教与新教间的争吵刚刚结束，新教内部的不同派别又开始了剪不断理还乱的纷争。在荷兰，关于“宿命论”的真正实质（这是一个令人难以理解的模糊神学观念，然而在当时人们的眼里，却是一定要弄明白的重要问题）问题上出现了巨大的分歧。两大派别之间的争吵愈演愈烈，最终以奥登巴维尔特的约翰丧失生命为终点。约翰是一个著名的政治家，在荷兰刚刚独立的二十年中，他曾经为共和国的成功做了巨大的贡献，并且在推动东印度公司的快速发展上也表现出非凡组织能力。在英国，争吵变成了一场内战。

在我讲述这场使历史上第一任欧洲君主在一次法律程序中被不幸处死的冲突之前，我还要告诉你一些英国以前的历史。在这本书中，我描述的大部分内容，只是一些让我们能够更清楚地理解世界现状的重大历史事件。如果有些国家我没有提到，并不是出于我个人的喜好。我很愿意讲讲挪威、瑞士、塞尔维亚以及中国发生的历史事件，它们一样很精彩，可惜，16、17 世纪，这些国家对欧洲的发展并没有多大的影响。我只能深深地鞠躬表示我的敬意，省略掉这些国家了。然而，英国的情况就完全不同了，生活在这个岛国上的人民在过去的五百年间的一切行为，在相当大的程度上影响了世界历史发展的脚步，其影响遍及世界上的每一个角落。如果没有对英国历史背景的简单了解，你就无法理解现代报纸上刊载的重要事件。你应该知道，当欧洲大陆上的其他国家处于君主专制时代时，英国为什么能独自建立一个议会制政府？

◆ 第 44 章　英国革命 ◆

国王的“君权神授”与更加合理的“议会权力”相互斗争，以国王遭遇的灾难性结局为终点。

丹麦人入侵

恺撒是最早来到西北欧洲的探险者。他于公元前 55 年率领罗马军队渡过了英吉利海峡，并且征服了当时还只是一片荒地的英国。在接下来的四个世纪里，英国一直归属于罗马，是罗马的一个海外行省。直到野蛮的日耳曼人威胁罗马，反复侵犯罗马领地时，驻守在英国的罗马士兵奉命返回罗马保护本土。从那以后，不列颠就变成了无政府无防御的一个海外孤岛。

当日耳曼北部饱受饥寒的野蛮撒克逊部落知道这一消息后，他们立刻跨越北海，纷纷涌入这个气候宜人、土地肥沃的岛屿在此安家落户。他们在那里建立起许多独立的盎格鲁-撒克逊王国（因为最初入侵那里的人就是盎格鲁人、撒克逊人、英格利人），但是，这些小国家总是互相争吵，没有一位有足够实力的国王把英格兰统一成一个联合王国。在历经五百多年的漫长时间里，由于没有足够的防御能力，默西亚、威塞克斯、诺森伯里、肯特、东盎格利亚，以及其他不知名的小地方，接连遭到不同派别的斯堪的那维亚强大海盗的袭击。最后，到 11 世纪，英格兰、挪威以及北日耳曼，全部被克努特大帝的大丹麦帝国吞并了，英格兰独立的最后一丝痕迹就这样消失了。

经过多年的反抗，丹麦人终于被赶走了。英格兰也恢复了原有的自由，可是没过多久，就第四次遭受外敌的征服，新的敌人是斯堪的那维亚人的另一代后人，他们曾经在 10 世纪初期袭击法国，并建立了诺曼底公国。在很早以前，诺曼底的大公威廉就已经对这个一海之隔的富饶岛屿垂涎欲滴了。于是，威廉在 1066 年 10 月率军渡过海峡，同年 10 月 14 日，在黑斯廷战役中，他轻而易举地摧毁了最后一任盎格鲁－撒克逊国王，威塞克斯的哈洛德带领他衰弱的军队，并自封为英格兰首领。然而，无论威廉，还是安如王朝（有时也叫金雀花王朝）的继承人，都没有真正地把这个岛国视为自己的家园。在他们眼里，这片岛屿只不过是他们在大陆继承的一份庞大的遗产的附属部分——一个居住着一支落后民族的野蛮殖民地。因此，他们以主人的地位教给这些岛国居民他们自己的语言和文明。不过，世事变幻莫测，“英格兰殖民地”的发展速度逐渐超越了“诺曼底祖国”，占据了更加重要的地位。

同时，法兰西的国王们正努力把他们的诺曼底——英格兰邻居从自己的领土上彻底赶走。在法国人的心中，诺曼底的王公们仅仅是与法国国王面合心不合的仆人。经过不到一个世纪的激烈战争，法国人民在圣女贞德的带领下，终于把敌人驱逐出了自己的领土。但是贞德在 1430 年的贡比涅战役中不幸沦为俘虏，又被勃艮第转卖给了英国士兵，最终以女巫的罪名烧死在火刑柱上。

都铎王朝

由于英国人丧失了位于欧洲大陆的桥头堡，国王只能在海岛上扎根，开始专心管理自己的不列颠属地。另外，生活在岛上的好面子的封建贵族们由于长期在神奇的世代仇恨中互相纠缠（犹如中世纪的天花病和荨麻疹一样流行），绝大多数历史悠久的封建主在“玫瑰战争”中丢失了性命。因此，国王们也就轻轻松松地巩固了自己的地位，加强了皇室权力。到了 15 世纪末，英格兰已经变成了一个拥有强大实力的中央集权国家，由都铎王朝的亨利七世统治。他设立了一个著名的“星法院”，给国人留下了许多可怕的记忆，它采用最残酷的手段镇压住了部分侥幸存活的老贵族，并且试图恢复政府的影响力。

1509 年，亨利八世继承了父亲亨利七世的王位，担任英格兰国王。他统治下的英国，在历史上具有不可替代的重要性。从此以后，英国便从一个中世纪的岛国不断发展壮大，最终演变成为一个现代国家。

亨利对宗教基本不感兴趣，因为自己曾经多次离婚，和教皇之间难免发生一些不愉快的事情。亨利利用离婚的机会宣布独立，脱离罗马教廷，这使英格兰教会变成了欧洲首个真正的“国教”。而一直担任统治者的国王也非常乐意地成为自己臣民的宗教领袖。这次和平的改革发生于 1534 年，都铎王朝不仅得到了长期遭路德派新教徒攻击的英国神职人员的鼎力支持，而且还通过保留下来的原有财产增强了王室的经济实力。更有利的是，这次改革使亨利在商人和手工艺人中大展才华。

这些富有而又骄傲的岛国居民，被一条水流湍急的宽阔海峡与欧洲大陆隔开了，这使得他们有一种安全感，和一种齐头并进的优越感。他们不但讨厌一切“外国”东西，而且也不愿意让意大利的主教来控制他们善良而又清白的英格兰灵魂。

1547 年，亨利去世了，继承王位的是他年仅十岁的幼子，小国王的监护人非常欣赏路德的教义，因而尽全力赞助新教徒的事业。但是很不幸，小国王还不到 16 岁就夭折了，他的姐姐玛丽继任了王位，玛丽是当时的西班牙国王菲利普二世的爱妻，她上台后的第一项措施就是把新“国教”的所有主教们烧死。除了对自己的天主教职责尽忠以外，她在其他方面也严格遵守丈夫的做事行为，因此被人们称为“血腥玛丽”。

伊丽莎白女王执政时期

一件有利于历史进步的事情发生了，那就是玛丽在1558年去世了，著名的伊丽莎白女王继承了王位。伊丽莎白女王是亨利八世和他的第二个妻子安娜·博林生下的女儿，但是安娜因为失宠被亨利杀害了。在玛丽执政期间，伊丽莎白曾经进过监狱，后来，由于神圣罗马帝国的皇帝亲自替她说情才得以释放。从那以后，伊丽莎白就变成了所有天主教和西班牙的敌人。她与她父亲一样，对宗教表示出冷淡的态度，她继承了父亲识别贤才的惊人判断力。在伊丽莎白担任国王的四十五年间，不仅大大增加了王室的权力，英格兰的经济实力也大大增强了，国力日趋强盛。在这方面，女王当然得到了崇拜她的众多杰出男性的鼎力支持。他们争先恐后地辅佐她，使伊丽莎白时代在英国历史占有至关重要的地位。但是，如果想详细了解这段历史，你必须专门阅读一本关于伊丽莎白时代的书籍。

另一方面，伊丽莎白执政期间也并不是一帆风顺的。她有一个给她带来巨大威胁的对手——斯图亚特王朝的玛丽。玛丽的母亲是法国公爵夫人，父亲是苏格兰的贵族。玛丽嫁给了法国国王弗朗西斯二世，但最终变成了寡妇，她的婆婆是美第奇家族的凯瑟琳，阴险的她曾经一手策划圣巴托罗缪之夜大屠杀。玛丽的儿子后来胜任了英国斯图亚特王朝的首位国君。玛丽是天主教的忠实教徒，喜欢与一切反对伊丽莎白女王的人成为朋友。由于在镇压苏格兰的加尔文教徒时缺乏足够的政治智慧并且采用了极其粗暴的手段，玛丽引起了苏格兰人的暴动，迫使自己不得不逃到英国避难。在她生活在英国的十八年里，她从来没有放弃过陷害伊丽莎白的计划，从不顾及伊丽莎白宽容地收留了她。伊丽莎白最终采纳了忠实的顾问们提出的建议，把玛丽斩首了。

1587年，由于苏格兰女王（玛丽）的被害，引发了英国与西班牙之间的一场战争。然而，正如我在上一章讲过的那样，英国与荷兰的联合军队共同击败了菲利普的“无敌舰队”。最初的目的是为了摧毁这两个新教国家，现在掉头，变成了后者的一项能够赢得利益的冒险事业。

现在，在历经多年的犹豫之后，英国人与荷兰人终于意识到了攻击印度和美洲的西属殖民地不仅仅是他们的正当合理权利，而且还可以看成是对西班牙人曾经迫害过他们新教徒同胞的报复。1496年，一位叫乔万尼·卡波特的威尼斯领航员率领着英国船队，第一次发现并探索了北美大陆。拉布拉多和纽芬兰岛虽然不太可能沦为殖民地，但是纽芬兰周边海域却为英国的渔船提供了充足的渔业资源。次年，也就是 1497 年，卡波特又发现了佛罗里达海岸，这一发现给英国建立海外殖民地提供了无限的可能。

在最初发现这些地方以后，紧接着的就是亨利七世和亨利八世最忙碌的时期。由于许多国内矛盾还没有得到解决，所以，英国当时没有足够的资金进行海外探索活动。不过到了伊丽莎白统治时期，国家处于太平盛世，斯图亚特的国王玛丽也被关进了监狱，水手们才最终得到安心出海远航的机会，而不用担心自己的国家一夜之间被摧毁。当伊丽莎白处于幼年时，英国人威洛比就已经冒险来到了北角。威洛比手下的一名船长里查德·钱塞勒为了找到一条通往印度群岛的航线，进一步向东前进，来到了俄国的港口阿尔汉格尔，与遥远的莫斯科帝国的统治者建立起密切的外交与商业方面的联系。在伊丽莎白执政的第一年中，有许多人沿着这条航线航行。“联合股份公司”商业投机者的辛勤工作，为后几个世纪拥有足够庞大的殖民地的贸易公司打下了最初的坚实基础。身兼外交家和海盗的人，愿意把全部身家押在一次不知输赢的航行上，拿自己的运气当作赌注；走私者把所有能装在船上的东西全部装上船，以满足他们对金钱的贪欲；商人们用不屑一切的心情贩运着商品和人口，眼睛里只有利润，其他的任何东西他们都不会放在心上；伊丽莎白手下的水手们把英格兰的国旗和她的威名，散播到世界上的每一个角落。在国内，伟大的莎士比亚不停地在写出新剧目来取悦女王。英格兰最睿智的头脑和最高明的智慧都与女王坚持不懈的努力密切相关，把亨利八世遗留下的封建财产变成了一个现代民族国家。

英格兰人眼中的“外国人”

1603 年，伊丽莎白在七十岁高龄的时候去世了，詹姆斯继任了英国国王，他是亨利七世的曾孙，伊丽莎白的贤侄，同时也是苏格兰女王玛丽的儿子。非常幸运，詹姆斯发现自己是唯一逃脱了欧洲大陆战乱的统治者。当欧洲天主教徒和新教徒们正在拼命互相残杀，企图摧毁宗教竞争对手的强大势力并建立自己教义的绝对统治地位时，英格兰却心平气和地展开了一场“宗教改革”运动，而且并没有走上路德教徒或是洛约拉追随者的极端道路。这一举动使英国不仅在未来掠夺殖民地的斗争中占据极为有利的地位，而且在处理国际事务中也占有绝对领导地位，这种地位一直到第一次世界大战结束后才终止。即使是斯图亚特王朝的那场灾难性的冒险，也没有阻止这种对英国有利的历史发展趋势。

对于英格兰人来说，继承都铎王朝的斯图亚特王朝是“外国人”，他们不欣赏，他们不明白也不想弄清楚这一事实。都铎王朝的王室成员可以明目张胆地盗走一匹马，而斯图亚特王朝的成员却连偷偷地看一眼马缰绳，都会引起激烈的非议。年迈的女王随心所欲地管理自己的子民，备受人们的爱戴。但总体说来，她一直执行一项使英国商人能够大发其财的政策，因此，人们也会知恩图报地一心侍奉她。有时，女王会夺走国会的一些小权力、小职能，而这些不道德的行为都被人们欣然地忽视了。因为在女王实施的有利而成功的对外政策中，人们会获得更大的利益。

如果单从表面上看，詹姆斯国王与伊丽莎白女王实行的是一样的政策。而事实上，他最缺乏的就是女王特有的个人激情。海外贸易依然得到鼓励和支持，天主教徒也没有因为新国王的上台得到新自由。然而，当西班牙对英国露出奉承的笑容，要重修旧好，詹姆斯也表示非常愿意时。大部分英国人不希望有这样的结果，但毕竟詹姆斯是他们的国王，所以他们也保留了自己的意见。

“君权神授”的胜利

没过多久，人民和国王之间再次发生了矛盾。1625 年继承詹姆斯王位的查理一世和詹姆斯一样，都坚信自己掌握的“君权”是上帝恩许的，他们可以根据自己的想法任意地治理国家而不用征求臣民的建议，其实，这种观念很常见，教皇们作为罗马帝国皇帝的继承人(或者是把整个世界的已知领域纳入罗马帝国的观点的继承者)，他们总是希望把自己看成“基督代理人”，并且也得到了大众的普遍认可。上帝有足够的权力凭借自己认为正确的方式统治世界，没有人会质疑这点。作为正常人的想法，很少有人会怀疑“基督的副手”们掌握的神圣职权。教皇有权命令人们顺从他，这是因为他是上帝绝对统治世界在人间的直接代表，他只需对上帝负责。

随着路德宗教改革运动不断地深入人心，教皇们以前拥有的特权，现在逐渐被许多新教徒的欧洲统治者接管。身为国教的领袖，他们坚信自己就是自己领土范围内的“基督代理人”。国王的权力从此前进了一大步，可是人们依然没有一丝质疑。他们只是默默地接受它，就像我们现代人，从不质疑议会制政府，并且认为它是最合理、最正常的政府模式一样。如果我们就这样得出结论：路德教派或是加尔文教派明目张胆地对詹姆斯国王鼓吹的“君权神授”观念表示不满，表示这是错误的，那么诚实善良的英格兰人否认国王神圣的君权，必然是有原因的。

历史上，人民第一次听到否定“君权神授”的声音，是在 1581 年的荷兰海牙。当时北尼德兰召开的七省联盟国民议会废黜了他们国家的合法君主——西班牙的菲利普二世。他们宣称：“国王违反了他的协议，因此他也就与其他不忠的公仆一样，被人民罢免了。”

从那时起，有关国王对其子民应承担特殊责任的观念，就在北海沿岸国家的居民中开始盛行。因为他们处于极其有利的地位，变得富有了。生活在中欧地区的穷苦老百姓长期被统治者的卫队监视，绝对不敢公开讨论随时都有可能把他们关进监狱的可怕问题。然而，对于荷兰和英国的那些富有的商人们来说，他们拥有维持陆军和海军的足够资本，并且熟练操纵“银行信用”这个威力武器，所以他们没有必要为这种事情担忧。他们希望用自己的钱财掌握的“君权神授”，对付任何哈布斯堡王朝、波旁王朝或是斯图亚特王朝的“君权神授”，他们深知，自己的金钱足以击败国王拥有的唯一武器，那就是软弱无能的封建军队。荷兰和英国的富商们积极地按照自己的意愿行动，其他人面对这种情况时不是默默面对困难就是冒着死亡的风险，但是他们却不会遭遇这两种情况。

当斯图亚特王朝激怒了英格兰人民，宣称自己有足够的权力按照自己的意愿行事而不需要承担任何责任时，英国的中产阶级们就立刻以国会为自己的第一道防线，反抗王室滥用职权。国王不但没有让步，反而故意解散了国会。在十一年的漫长岁月里，查理一世一个人统治着自己的国家。他强行征收绝大多数英国人认为不合理的税收，并且任凭自己的意志管理着不列颠，把国家视为自己的私人乡村庄园。他身边有许多得力助手，并且他在坚持自己的理念上也展示出了巨大的勇气。

但是，非常遗憾的是，查理一世的努力并没有使他得到苏格兰臣民的大力支持，反而不幸卷入了一场与苏格兰长老会教派的公开争论中。他不得不为取得应付战争急需的现金而再次召集国会，1640 年 4 月，国会召开了，议员们愤愤不满，纷纷发出抨击性的言论，最终乱成了一团。几周以后，这个乱成一锅粥的国会最终被詹姆斯解散了。同年的 11 月，一个新的国会建成了，可是这个新国会比之前的国会更不听话。议员们当时已经明白了一个道理，必须解决的问题是“君权神授的政府”还是“国会的政府”。他们抓住所有机会攻击国王的首席顾问，并且处死了顾问中的六个人。他们不顾一切地宣布了一项法令，那就是没有得到他们的同意，国王就无权解散国会。最后，在1641年12月1日，国会递交了一份“大抗议书”给国王，抗议书中详细地列举出人民在统治者严厉的管理下所遭受的种种困难与痛苦。

1642年1月，查理偷偷地离开伦敦，企图到乡村寻找自己的支持者。双方各自组织了一支强大的军队，想要在君主的绝对权力与国会的绝对权力之间一决胜负。在这场激烈的斗争中，英格兰的一个势力最强大的宗教派别，也就是清教徒们（他们属于国教圣公会，宣扬的是最大限度地净化自己的理念与行为），迅速站在战斗的第一线上。清教徒组成的“虔诚兵团”由伟大的奥利佛·克伦威尔将军指挥，纲纪如山的他们凭借对完成神圣目标的坚决态度，很快被反对派阵营当成了榜样。查理的军队连续两次遭到沉重的打击，在1645年的纳斯比战役惨败后，查理狼狈地逃到了苏格兰，可是没过多长时间，苏格兰人就把他出卖给了英国。

接下来，苏格兰的长老会与英国的清教徒间的矛盾被激化了，双方展开了一场极其复杂的战争。1648年8月，双方在普雷斯顿盆地激烈地交战了三个昼夜以后，以克伦威尔的胜利结束了英国的第二场内战，并且占领了苏格兰的首都爱丁堡。在那时，克伦威尔的士兵们早已对国会连绵不绝的空谈和长期的宗教争论产生了厌倦的心理，于是他们决定按照自己最初的想法行事，他们冲进了国会，赶走了所有反对清教徒教义的议员，由剩余的老议员们召开的“尾闾”议会正式提出国王的叛国罪名。上议院不同意担任审判员，于是委任了一个特别的审判团，判处国王死刑。1649年1月30日，全欧洲人都在关注这天。查理一世冷静地从白厅的一扇窗户中走出来，走向了断头台。就在那一天，君主国家的人民通过自己的代表，处死了这位没有正确理解自己的地位的国王。这在历史上可是第一次，但绝对不是最后一次。

人们通常把查理死后的时代称作克伦威尔时代。起初，克伦威尔只是英格兰的一个不被认可的独裁者。1653 年，他被人们正式推举为护国主。在他统治的五年中，继续推行伊丽莎白女王时代广受人民欢迎的政策。西班牙再次把英格兰看成自己最危险的敌人，因此，向西班牙人开战就成了一个全国性的话题。

能获得巨大利润的海外贸易与英国商人们的财富就变成了第一考虑的事物，宗教则实行了严格的新教教义，一点商量的余地都没有。在维持英格兰原有的国际地位方面，克伦威尔取得了巨大的成功。然而在社会改革方面，他却是一个地地道道的失败者。毕竟，世界上有许多性格不同的人，他们的思想和行为也全不相同。但是，从长远的角度来看，这好像也是一个明智的原则。一个只为全社会的部分成员谋利、由这些成员统治的政府是绝对不可能长期胜利的。在反对国王滥用私权方面，清教徒确实是一支代表着进步的强大队伍，可是，作为英格兰的绝对主宰者，他们苛刻的信仰原则也确实令人无法忍受。

复辟时代

1658 年，克伦威尔去世后，他那严厉的统治使得斯图亚特王朝的再次复出变成了一件极其简单快乐的事情。事实上，被迫流亡的王室被人们视为“救世主”，并且受到了极高的欢迎。英国人在当时发现了，清教徒们忠诚的枷锁与查理一世的暴政同样令人无法呼吸。只要斯图亚特王室的接班人们愿意不计前嫌，忘记他们的父亲再三坚持的“君权神授”，承认国会在治理国家方面的优先地位，英国人就会非常愿意再次成为对国王尽忠的好公民。

为了完成回归的计划，他们已经耗费了整整两辈人的精力。但是，斯图亚特王室显然没有在老国王的悲惨命运中汲取足够的教训，依然没有改掉他们酷爱权力的老毛病。1660 年，查理二世回国后继承了王位。他是一个性格温和却又没有任何作为的人，他凭借天生懒惰、遇难而退、贪图便宜和不拘小节的气质，对所有人撒谎的能力，暂时避免了与臣民的公开矛盾。他凭借1662年颁布的“统一法案”，罢免了所有不信仰国教的官员，并且把他们从各自的教区赶出去，从而重重地打击了清教徒的势力。1664年，查理二世又通过了一项“秘密宗教集会法令”，以流放到西印度群岛为惩罚，想要阻止那些不信奉国教的人参加秘密宗教集会。这看起来似乎有点像“君权神授”的做法。人民开始流露出以前的那种不耐烦现象，同时，国会也在为国王提供资金方面遇到了极大的困难。

由于没有办法从对他表示不满的国会那里得到钱，查理二世就偷偷地向他的表兄（同时也是他的近邻）——法国的路易国王那里借款。他以每年20万英镑的巨额代价出卖了自己的新教盟友，还在背地里洋洋自得地嘲笑国会的那群白痴。

查理国王由于经济上取得了独立，一下子充满了自信。他曾经在天主教亲戚中度过一段漫长的流亡生活，并且对亲戚们的宗教信仰偷偷地产生了好感，也许，他能使处于迷茫的英格兰重新回到罗马教会的身边。查理颁布了“赦罪宣言”，并且取消了压迫天主教徒与不信奉国教者的旧法律，这一举动正好发生在世间传言查理的弟弟詹姆斯已经成为天主教徒的时候。世人难免用猜疑的眼神紧张地关注着事态的发展。他们开始对教皇策划的又一个巨大阴谋产生了恐惧，一股骚动在岛上悄悄地漫延开来。但是，大多人还是希望避免再次爆发内战。对于他们来说，他们宁可受王室的压迫，甚至接受一位信奉天主教的国王，即使君权神授再次上演，他们更不希望看见新的同种族间互相残杀的事情！可是，另一群人不像他们这么宽厚，他们是一群经常感到恐惧的反对国教者，然而在自己的信仰方面却体现了极大的勇气。由几个睿智的伟大贵族领导着这群人，他们不愿意再次回到君权神授的旧日子中。

在不到十年的时间中，两大阵营相互对峙。其中一个派别叫作“辉格”党，代表了广大中产阶级的利益。他们之所以叫这样一个可笑的名字，是由于在1640年，苏格兰的长老会会员率领一大群辉格莫人（也叫作马车夫）进军爱丁堡，向国王发出抗议的呼声。另一个派别叫“托利”党，“托利”的原义是对爱尔兰反王室人士的称呼，现在却用于国王的支持者身上，有相当浓厚的讽刺意味。虽然辉格党与托利党争执不休，都不肯做出退让，但是双方都不想制造危机。他们耐心地等待查理二世能够平静地死去，并且也以极大的宽容接受了信奉天主教的詹姆斯二世在1685年继任他哥哥的位置当上了英国国王。然而，詹姆斯首先建立了一支“常备军”（这支军队是由信奉天主教的法国人来指挥的），把国家置于严重地遭到外国干预的危险之下；又于1688年颁布了第二个“赦罪宣言”，强行使所有国教教堂宣读。他的权力绝对超出了合理的界限，而这条界限是只有那些最受人们爱戴的统治者在极其特殊的情况下才有资格超越的，可是，詹姆斯既不受人们的爱戴，也不是形势所迫。人们便明显地表示出自己的不满。有七位主教拒绝宣读赦罪宣言，随后就被指控犯有“煽动性诽谤罪”，受到了法庭的严格审判。当陪审团大声地宣布七位被控者“无罪”时，迎来的是公众激烈的掌声与喝彩。

正好在这时，詹姆斯（在他的第二次婚姻中，与信奉天主教的摩德纳伊斯特家族的玛丽亚结为夫妻）得到了一个儿子。这就意味着，继承詹姆斯王位的是个天主教的孩子，而不是他的新教徒姐姐玛丽或是安娜。人们心中的疑问再次萌生。摩德纳伊斯特家族的玛丽亚年纪已经很大了，应该不可能还会生育！这肯定是一个巨大的阴谋！肯定是某个居心不良的耶稣会教士把这个来路不明的婴儿偷偷地带进了皇宫，想让英国以后有一位信奉天主教的君主。流言四起，越传越离谱。就在这时，辉格党、托利党的七位著名的人士联合起来，给詹姆斯的女儿玛丽的丈夫（即荷兰共和国的首脑威廉三世）写了一封信，邀请他前往英格兰，接替不受人们爱戴的詹姆斯二世，当英国国王。

责任内阁的胜利

1688 年 11 月 5 日，威廉三世在图尔比登陆了，由于他不想看到自己的岳父成为一个殉难者，于是帮助他安全地逃往法国。1689 年 1 月 22 日，威廉召开了一次国会会议。同年的 2 月 13 日，威廉三世正式宣布自己和妻子玛丽共同担任英国国王，最终挽救了英国的新教事业。

那时的国会已经不再简单地是国王的咨询机构，它正好在这个有利的时机获得了更大的权力。国会首先把 1628 年旧版的《权利请愿书》从档案室里某个被人们遗忘的角落里找了出来，紧接着又通过了第二个更加严格的《权利法案》。法案中要求英格兰的君主必须信奉国教，这还不算完，该法案还宣称，国王没有足够的权力暂停或取消法律，也没有足够的权力同意某个特权阶层不按某项法律行事。它还强调说，“未经国会的许可，国王不能擅自征税，也不能擅自组建军队”。就这样，1689 年，英格兰获得了比其他任何一个欧洲国家都广泛的自由。

然而，并不仅仅是因为这些自由开明的政策，才使威廉的统治时期被英国人深深地记住。在他生前的时间里，第一次采用“责任”内阁的政府体制。当然，没有任何一位国王能够一人治理国家，即使是能力超群的君主也需要一些资深的顾问。都铎王朝就有着自己的“大顾问团”，是由贵族和神职人员组成的。但是，这个团体在发展中越来越庞大，后来就采用小型的“枢密院”来取代。随着时光慢慢流逝，枢密院的官员经常会到宫殿的一间内室与国王见面，共同商讨治国方法，后来，这种做法变成了一种习惯，因此，他们就被叫作“内阁成员”。没过多久，“内阁”这个名词就广泛地被世界使用了。

与之前的大多数英国君主一样，威廉三世也在各党派中精心挑选自己的顾问。但是，国会的势力日趋强大，当威廉三世发现辉格党的人在国会中占据大多数时，想在托利党的帮助下实施自己的政策是根本不可能的。于是，托利党被赶出国会，内阁全部由辉格党人组成。过了几年，当辉格党人在国会处于劣势地位时，国王为了自己的方便，不得不再次向托利党的领袖们征求帮助。直到威廉三世于 1702 年去世的时候，一直忙着与法国的路易交战，没有时间来管理国内的朝政。事实上，国内所有的重要事务都是由内阁办理的。1702 年威廉的小姨子安娜继承王位以后，国家依然是这种情形。1714 年安娜死后（她所有的孩子都死在她前面），英国国王的王位就由詹姆斯一世的重孙子——汉诺威家族的乔治一世继承了。

乔治是一个不学无术的庸俗君主，从来没有学过英语。英国的这个繁杂的政治制度就像一个迷宫一样，使他不知所措。他把所有应该自己处理的事情全部交给了自己的内阁，远离阁员们的会议。由于他听不懂他们在说些什么，所以出席这种会议对于他来说绝对是一种折磨。这样，内阁就形成了不通过国王而自行治理英格兰与苏格兰的情形（苏格兰的国会于 1707 年与英国国会合并了）。同时，乔治把自己的大部分时间都放在欧洲大陆上那悠闲自得的生活上了。

在乔治一世和二世执政期间，一大批优秀的辉格党人组成了内阁，其中，罗伯特·沃波尔爵士在内阁任职长达二十一年之久。辉格党的领袖们被公认为责任内阁首脑和掌握国会大权的多数党。乔治三世继承王位以后，试图重新夺回应有的权力，从内阁手中夺回处理政府内务的权力，但他的努力失败了，并且给他带来了灾难。这就使后来的继任者们再也不敢做这样的试验。就这样，从 18 世纪初期开始，英国就拥有了一个代议制政府，由责任内阁成员处理全部国家事务。

其实，这个政府并没有代表所有阶层的利益。英国拥有选举权的人口还不到总人口的十二分之一。但是，它为现代议会制政府打下了坚实的基础。借助当时一种安全而又有计划的方式，国会慢慢地剥夺了国王的大权，并且交给了一个人数不断增长的深受爱戴的人民代表团。此举虽然不能算是创造了一个太平盛世，但是它确实使英国没有遭到激烈的革命之苦。众所周知，在 18 和 19 世纪的欧洲，革命即使完全摧毁了专制王权，但同时也给社会带来了灾难性的后果。

◆ 第 45 章　欧洲的权力均衡 ◆

路易十四时期，法国的“君权神授”占据统治地位，当“权力均衡”原则出现时，欧洲才得以平静。

这章，我将为你们讲述与上一章相同的历史时期，在英国人民为争取自由的岁月里，欧洲大陆的法国发生了哪些事情。在历史上，合适的时间、合适的国家以及合适的人选的最佳组合是极为罕见的。可是在法国，路易十四的出现正是这个理想状态的完美展示。然而，对于欧洲其他的地区和人民来说，如果没有他，人们的生活会轻松许多。

当时的法国，是个人口众多、国力繁盛的国家。在路易十四登上王位的时候，马萨林与黎塞留（他们是两个著名的红衣主教）刚刚把旧的法兰西王国治理成17世纪强大的中央集权国家。而路易十四也是一个优秀的、智慧超群的人才。就拿20世纪的人们来说，我们的生活一直被太阳王那个时代的辉煌记忆所包围。在路易十四的宫廷中创造出来的完美的礼仪和高雅的言行，现在依旧被我们称为社交活动的基础和最高标准。在外交活动中，法语也依然是国际会议的官方语言，并且没有丝毫衰退迹象。这是因为，早在两个世纪以前，法语在优美的语句和巧妙的表达方面，就已经到达了语言的顶峰。路易十四时期的剧院至今依然是我们现代学习戏剧艺术的优秀典范，在它面前，我们只有自愧不如、才疏学浅。在太阳王统治的年代，法兰西学院（由红衣主教黎塞留创建）开始在国际学术领域占据至高无上的地位，其他国家纷纷效仿它，以表示崇高的敬意。我们现代人的菜单用的全部是法语，这并不是偶然的，优美的法式烹饪艺术一直是人类文明的最高表现形式，它最初登台只是为了满足这位伟大的君主的馋虫。总之，路易十四时代是人类历史上一个极其豪华高雅的时代，直到今天我们依然能在那里学到很多东西。

一件事情总有好的一面和坏的一面，在这个灿烂辉煌的美景后面，也有一个令人悲伤的阴暗面。通常，在国际舞台上的大显光芒的背后隐藏的是国内的灾难与痛苦，路易十四时期的法国当然也不例外。1643 年，路易十四继承他父亲的王位，当了法国国王，在 1715 年去世。这段看似普通的历史事实，使法国政府在七十二年漫长岁月里由他一人独揽大权，跨越了整整两代人。

我们要清楚“一人在上”这个概念。在历史上，有许多国家使用的是“开明专制统治”的有力独裁制度，而路易十四就是这个特殊制度的开创者。在历史的舞台上，他扮演的不只是君主，而是视国家事务为郊游的不负责任的主宰者。其实，开明时代的君主们能够精心治理国家，辛勤地忙于工作，远远比任何臣民都忠实。他们日理万机，夜以继日，在牢牢地运用他们所拥有的“君权神授”的权力的同时，也同样会竭尽全力完成与之相对应的“神圣的职责”。

当然，国王不可能事事都由自己一个人处理，他应该组织起一批优秀的助手和顾问辅佐自己，比如几个将军、几个外交专家、几个擅长精打细算的会计和经济学家。但是，这些高级顾问只有向国王提出建议的权力，最终还是按照国王的想法处理，他们不能实施自己的想法。对于广大的老百姓来说，神圣的君主代表整个国家与政府，祖国的荣誉就是某个王朝的荣誉，这点是与美国的民主观念对立的。事实上，法兰西已经变为了由波旁王朝治理的、为波旁王朝享用的波旁王朝国家。

这种由君主专制带来的弊端是非常明显的。国王代表一切，除了国王，所有人都只是个摆设。那些年事已高并且拥有丰硕战绩的贵族慢慢地退出了政治舞台，不得不放弃外省管理权。如今，一个文绉绉的皇室小官僚，坐在巴黎以外的某个政府建筑中，风景优美的窗后，执行着古老的由各地封建主担任的职责。而那些被迫下岗的封建主们则迁居至巴黎，在路易十四那高雅舒适的宫廷中尽享美景、陶冶自己的才艺，过着悠闲的生活。没过多久，他们的庄园就得了一种可怕的经济病，那就是众所周知的“不在地主所有制”。在短短的不到一代人的时间里，辛勤的封建主阶层消失了，取代他们的是一个生活在凡尔赛周围的彬彬有礼却无事可做的悠闲阶级。

在签订《威斯特伐利亚条约》的那年，路易十四十岁。这个条约结束了三十年战争，同时也结束了欧洲大陆上的哈布斯堡王朝的统治地位。因此，一个像路易一样有才华的雄心壮志的青年必然会抓住这个有利的时机，使自己的王朝取代哈布斯堡王朝，最终变成欧洲的新霸主，这是我们能够预见的。1660 年，路易娶了西班牙国王的女儿——玛丽亚·泰里莎为妻。当他那疯疯癫癫的岳父——哈布斯堡王室中西班牙分支的菲利普四世刚一去世，路易就立刻宣布西班牙所属荷兰地区（即今比利时）作为他妻子的陪嫁，归法国人民所有。这种无理的要求必然会给欧洲带来严重的灾难，因为它严重地威胁了新教国家的安全。在荷兰七省联盟的外交部部长扬·德维特的率领下，历史上的第一个国家联盟——荷兰、英国、瑞典三国同盟在 1664 年成立了。但是，这个国家联盟持续的时间并不长。路易十四用金钱和承诺收买了英国查理国王和瑞典的议会，让他们不插手任何事物，因此，被盟友们出卖了的荷兰只能独自面临灾难。1672 年，法国军队入侵荷兰，所向披靡，挺进了荷兰的腹地。于是，荷兰的堤防再次打开，法兰西的太阳王就像过去的西班牙人一样，深深地陷入了荷兰的沼泽地中。1678 年签署的《尼姆威根合约》不但没有解决任何问题，反而引发了另一场灾难性的战争。

第二次侵略荷兰的战争发生在 1689 至 1697 年间，以《里斯维克合约》作为终点。但是，合约并没有使路易十四圆了拥有统治欧洲地位的梦。虽然路易的死敌扬·德·维特被荷兰的暴民处死，可是他的继任者威廉三世（先是在荷兰执政，后来成为英国的国王）从未停止脚步，不断挫败路易十四试图当上欧洲霸主的所有努力。

1701 年，西班牙的哈布斯堡王族最后一任国王查理二世刚一去世，一场抢夺西班牙王位的大规模战争就爆发了。1713 年，签订的《乌得勒支合约》仍然没有解决任何问题，这场战争带给路易十四的却是面临破产的灾难。在陆地战争中，法国军队虽赢得了胜利，可是英国与荷兰的海上联军最终把法国赢得胜利的美丽泡影扎破了。此外，通过这次长时间的较量，诞生了一个新的国际政治基本原则，也就是从今以后，不可能再由一个单独的国家统治整个欧洲和世界，任何年代都是不可能的。

这就是“权力均衡”原则，它并不是一纸成文的法律，然而却像自然法则一样，在以后的三个世纪里，被各个国家严格遵守。提出这个原则的人认为，欧洲的所有国家在其领土内不断壮大成长的阶段，只有当整个大陆的所有矛盾和利益冲突处于平衡的最佳状态时，才能继续生存。绝对不允许某个单独的势力或王朝统治欧洲的其他国家。在三十年战争中，哈布斯堡王朝就是这一法则的必然牺牲品。铺天盖地的宗教辩论淹没了潜伏在矛盾下面的真正含义，导致人们根本不可能把握好这场战争的实质。但是，从那以后，我们便看到了，对于经济利益的严格控制和精密的计算是如何在所有的国际事务中占据首要地位的。我们发现社会上诞生了一种新型的政治家，他们是些精明务实、善于计算的会计师型政治家。扬·德维特就是这个新型政治家的第一个成功导师，威廉三世就是他的第一个优秀毕业生。路易十四即使拥有着崇高的名望和辉煌的成就，却成为第一个意识到失败的牺牲品。在路易十四时代以后，依然有很多人重蹈他的覆辙。

第 46 章　从莫斯科公国到俄罗斯帝国

神秘的莫斯科帝国崛起，震惊了整个欧洲。

斯拉夫人的崛起与皈依

众所周知，哥伦布是在 1492 年发现美洲大陆。就在同年，比哥伦布早一段时间，一位叫作舒纳普斯的提洛尔人手持几张高度赞扬他本人的介绍函，为提洛尔地区的大主教带领着一支科学远征队，要去野蛮荒凉的东方进行考察。他起初想去到人们经常提起的神秘的莫斯科城，但是没有取得成功。当他们跋山涉水，终于来到似乎是莫斯科帝国的边境时，他们被当地人毫不留情地抵挡在了门外。外国人不允许进入国内，这在当时是那个神秘帝国的规矩。舒纳普斯不得不离开，前往君士坦丁堡，他粗略地考察了一下，为的是回去以后能给主教大人递交一份满意的探险报告。

又过了六十一年，英国的一个叫理查德·钱塞勒的船长想要开辟一条通往印度的东北航线，但是，他的船只被一阵狂风刮到了北海地区，正好吹到了德维内河的入海口处。他在霍尔莫戈里发现了一处村落，离在 1584 年建立的阿尔汉格尔城只有几小时的路程。这次，这些外国来访者被盛情地邀请到了莫斯科，觐见了主宰着莫斯科帝国的大公陛下。当钱塞勒返回英格兰时，他随身携带了一张俄罗斯与西方世界签订的第一次通商条约。很快，其他国家纷纷前往那里，覆盖在这片神奇土地上的面纱就这样被人们揭开了。从地理的角度上说，俄国是一个漫长无边的辽阔大平原。横贯俄国的是乌拉尔山脉低矮的平原，根本不可能成为防御外敌入侵的屏障。流淌在这片平原上的大河宽阔而清澈，那里是游牧民族理想的放牧场所。

当罗马帝国正处于反复兴盛与衰亡之际，早已远离中亚家乡的斯拉夫部落正在位于德涅斯特河与第聂伯河之间的辽阔森林与草场中自由地游荡着，寻找着理想的放牧场所。希腊人偶尔会遇见斯拉夫人，公元 3、4 世纪的旅行者们也好像提起过他们。否则，他们的踪迹就会和公元 1800 年内华达地区的印第安人一样，让所有人都找不到。

这条方便的商路贯通了整个莫斯科帝国，却结束了这些原始居民和平宁静的游牧生活。这条商路是一条连接着北欧与君士坦丁堡的重要道路。它沿着波罗的海一直到涅瓦河口，穿过拉多加湖，顺着沃尔霍夫河向南，再横渡伊尔门湖，逆着拉瓦特河向上走，再通过一小段陆地来到第聂伯河，最后沿着第聂伯河直接到达黑海。

是斯堪的纳维亚人第一次发现这条路线的。公元 9 世纪，他们在俄罗斯的北部定居下来，与其他的北欧人为独立的法国与德国立下的最早根基一样。然而，在公元 862 年，有个叫北欧人三兄弟的小组织渡过了波罗的海，在俄罗斯平原上创建了三个小国家。三个人中，一个名叫鲁里克的人活得时间最长，他一举吞并了其他两位兄弟的领土，在北欧人第一次来到这里的二十年后，建立起了第一个斯拉夫王国，首都就定在基辅。

由于基辅与黑海的距离很近，所以没过多长时间，斯拉夫国家成立的消息就流传到君士坦丁堡了。这就意味着，充满了激情和渴望的基督传教士们又找到了一片传播耶稣福音的新地点。他们开始着手进行自己的使命，拜占庭的僧侣们沿着第聂伯河逆流而上，迅速抵达了俄罗斯腹地。他们惊奇地发现，生活在这里的人民竟然还崇拜着森林、河流以及山洞里的稀奇古怪的神祇。于是，僧侣们就耐心地为他们讲解耶稣的故事，奉劝他们皈依基督教。这里的确是基督传教的好地方，因为当时罗马教会正忙着教化野蛮粗鲁的条顿人信仰基督，顾不过来俄罗斯内部的斯拉夫部落，拜占庭传教士们就这样在没有竞争对手的条件下轻而易举地收编了他们。如此一来，俄罗斯人就也顺其自然地追随了拜占庭的信仰，接受了拜占庭的文字，并且从拜占庭那里学到了有关艺术和建筑的基本知识。由于拜占庭帝国（即东罗马帝国的遗迹）已经演变为地地道道的东方化文化，丧失了原有的许多欧洲特点，俄罗斯在这样的影响下，也就有了许多东方的痕迹。

野蛮的蒙古人

从政治角度看，那些位于广阔的俄罗斯平原的国家命运变幻莫测，经历了重重困难与煎熬。按照北欧的习俗，父亲的遗产是由他所有儿子平分的，等父亲一死，一个面积狭小的国家就会被分为七八份，而他的儿子们又会按照惯例把自己的财产分给下一代。在这种情形下，这些小国经常会因为竞争而陷入喋喋不休的争吵与内讧中，因此，“混乱”就是当时社会的唯一秩序。当火光照亮了东方的地平线，人们得知有一支亚洲的蛮族将要入侵的消息时，早已是无法挽回的局面了。这些小国的实力实在是太弱了，而且相当分散，面对如此强大的敌人，根本没有办法组织一支足够强大的防御力量或反攻力量。

1224 年，鞑靼人发动的第一次大规模入侵战争爆发了。著名的成吉思汗在成功地征服了中国、布拉哈、塔什干之后，首次率领强大的蒙古骑兵向西方入侵。斯拉夫的军队在卡拉卡河一带被彻底击垮，俄国的命运就掌握在了蒙古人的手中。然而，不知为什么，他们突然消失了。又过了十三年，也就是 1237 年，蒙古人重新返回俄罗斯。在短暂的不到五年的时间里，他们征服了俄罗斯平原上的所有角落，变成了这片土地的统治者。到了 1380 年，莫斯科大公——

德米特里·顿斯科夫，在库利科夫平原将蒙古骑兵击败，俄罗斯人重新获得了独立。

掐指一算，俄罗斯人用了长达两个世纪的漫长岁月，才使自己从蒙古人的牢笼里得到解放。他们在那个时代的生活是多么沉重，多么难以忍受！那时，斯拉夫农民成了悲惨的奴隶，如果想活下去，俄罗斯人只能顺从主人的意思，乖乖地趴在肮脏的蒙古主人的脚下。而这些黄种人就舒服地在俄罗斯南部的辽阔草原上的帐篷中，向他们的奴隶吐着口水，尽享主人的崇高地位。这副无形的枷锁把俄罗斯人原有的荣誉感和尊严彻底摧毁了，于是饥饿、折磨、虐待以及肉体的惩罚就变成了俄罗斯人的家常便饭。每一位俄罗斯人，无论以前是贫穷的农民还是富有的贵族，由于经常会受到体罚，都惶惶如丧家之犬，他们吓得连讨好主人都不敢了。

对于俄罗斯人来说，逃跑是绝对不可能的，蒙古可汗的骑兵非常强大并且绝不会心慈手软。广阔无边的大草原使他们没有一丝希望逃往附近安全的地区。当你还没有跑多远，就会清晰地听到身后步步逼近的蒙古追兵恐怖的马蹄声。所以他们只能默默地忍受黄种主人给他们带来的种种折磨，否则只能走上死亡的道路。当然，欧洲应该向可怜的斯拉夫人提供援助，可是不幸的是，当时欧洲正在忙于自己的家事，比如，教皇和皇帝想要发动战争、镇压各种教派的异端分子等，根本没有多余的精力顾及处于水深火热的斯拉夫人。他们任凭斯拉夫人自生自灭，他们不得不寻找自救的生路。

最终，拯救俄罗斯的大“救星”是以前北欧人建立的一个小国，这个小公国位于大平原的心脏地带，首都莫斯科就建立在莫斯科河畔的一个陡峭的山岩上面。这个小公国会不时地讨好鞑靼人，有时也会在安全的范围内轻轻地反抗他们，最终，在14世纪中期确立了自己民族的领袖地位。我们要知道，鞑靼人缺乏建设性的优秀政治才能，他们只不过是“毁坏专家”。他们不停地征服新土地，为的就是能够得到源源不断的岁贡。由于必须采用征税的形式，他们不得不使旧的政治组织中的一些残余势力继续发挥作用，因此，俄罗斯的许多小城市就在成吉思汗的隆恩下存活了下来，成为征税人，为了使鞑靼可汗的国库充实起来而抢夺周边地区。

沙皇

莫斯科公国被迫牺牲他的邻居们的利益，使自己的实力不断地壮大起来。最后，他终于积累了足够强大的能力，可以公然反叛鞑靼主人了，他也成功地做到了这一点。莫斯科公国的建立俄罗斯独立王国的领袖声誉，迅速在没落的斯拉夫部落中广泛传播。他们视莫斯科为自己民族的圣城和中心，将其推举到了至高无上的地位。1453 年，君士坦丁堡被土耳其人攻陷。十年以后，在伊凡三世的统治下，莫斯科向遥远的西方发出了一个明确的声明，说斯拉夫民族享有对拜占庭帝国及以君士坦丁堡为首都的罗马帝国在世俗与精神方面的双重继承权。经过了一代人以后，在伊凡雷帝执政时期，莫斯科公国的大公们已经足够强大了，甚至敢于立于恺撒的名号之上，自称为沙皇，并且要求西方所有国家的承认。

1598 年，伴随着费奥特尔一世的死，北欧人鲁里克的后代们统治的老莫斯科王朝就结束了。在后面的七年中，身兼鞑靼血统和斯拉夫血统的鲍里斯·哥特诺夫继承了沙皇的位子。他的时代决定了全体俄罗斯人民未来的命运。俄罗斯虽然疆域广阔、土地富饶，但是整个国家非常贫穷，那里既没有商业贸易也没有制造工厂。如果按照欧洲的标准衡量，俄罗斯的那几个小城市只不过是些肮脏的村落。俄罗斯是个由强大的中央集权政府和众多文盲农民构成的国家，其政府深受斯拉夫、斯堪的纳维亚、拜占庭和鞑靼的影响，是一个稀奇的政治混合体。俄罗斯的眼里除了国家利益以外，其他的什么都没有。为了保卫国家，政府需要一支强大的军队。为了征集足够税金供养军队，为士兵发粮饷，它又需要为国家办事的公务员。为了支付公务员的薪水，它又需要土地。幸福的是，在东部和西部的大片宽广的荒原上，土地是数量最多的廉价商品，然而，如果没有充足的人力在这里耕种、饲养牲畜，土地根本没有任何价值。因此，以前的游牧部落的权力被不断地一项又一项剥夺了，直到17世纪初期，他们正式变成了土地的附属品。从那以后，俄罗斯农民不再是自由民，而被迫沦为农奴。直到1861年，他们的命运已经到了最悲惨的地步，由于忍受不了痛苦，纷纷死去的时候，才引起国家统治者的重视。

17世纪，这个新兴的国家正处于不断地扩张中，向东迅速扩展到了西伯利亚。随着实力不断地增长，俄罗斯终于变成被其他欧洲国家重视的一支强大力量。1613年，鲍里斯·哥特诺夫去世了，俄罗斯贵族在他们自己的阶层中推选出了一位新沙皇，这个人是费奥特尔的儿子——罗曼诺夫家族的米歇尔，他一直生活在克里姆林宫外的一座小房子里。

1672年，米歇尔的曾孙子彼得出生了。当彼得长到十岁的时候，他同父异母的姐姐索菲亚继承了沙皇的王位。于是，小彼得就被送到了首都的郊区（是外国人聚居的地方）去生活。生活在那些苏格兰酒吧主、荷兰商人、瑞士医生、意大利理发师、法国的舞蹈老师和德国小学老师中。小彼得心中产生了一种无法消除的第一印象。他心中模糊地感觉到，在遥远而又充满了神秘感的欧洲，一定是一个与俄罗斯大不相同的世界。

当彼得长到十七岁时，他突然造反，把姐姐索菲亚赶下了王位，成为俄罗斯的新统治者。仅仅成为野蛮而又东方化民族的沙皇，并不能满足彼得的雄心。他立志要当一个文明国家的君主。然而，想要将现在的拜占庭与鞑靼混合起来的俄罗斯改造成一个有强大实力的欧洲帝国，绝不是短时间能够完成的。这需要坚硬的手腕和一个聪明绝顶的头脑，而彼得正好拥有这两个条件。1698年，俄罗斯开始了大规模的改革运动，朝着现代欧洲的方向发展。最终，俄罗斯依然矗立在世界上。但是，在过去五年发生的事情中（在这段时间，沙皇俄国彻底地崩溃了），我们清晰地认识到，俄罗斯一直没有在改革的动荡中完全恢复。

◆ 第 47 章　俄国与瑞典 ◆

为了争夺东北欧的霸主地位，俄国与瑞典发生了多次战争。

1698 年，沙皇彼得开始了前往欧洲的旅程，这是他的第一次西欧行。他经过柏林，抵达了当时工商业最繁荣的荷兰和英格兰。当彼得年幼时，在自家池塘里曾经用一艘自制的小船划水游玩，差点被水淹死，所以他的余生一直对水充满了激情。在现实中，这种激情使他执着地为俄罗斯开辟出了一条通向宽阔海洋的大道。

彼得是个极其苛刻而又得不到人民爱戴的青年统治者，一大群聚集在莫斯科的守旧者们趁他在海外考察，秘密地谋划瓦解他的改革的方法。皇室的卫队斯特莱尔茨骑兵团突然发起一场叛乱，彼得不得不迅速回国，他充当最高行政官，把斯特莱尔茨处以绞刑，然后又五马分尸了，并且将全部团员处死。这场叛乱的首犯就是彼得的姐姐索菲亚，她被关进了修道院。就这样，彼得凭借着坚决的暴力手段大大地稳固了自己的统治地位。1716 年，当彼得再次前往西欧时，同样的事情又发生了，这次，带头反叛的是他精神有问题的儿子阿利克西斯，彼得不得不再次迅速回国。阿利克西斯被活活地打死在了牢房里，其余的人则被流放到遥远的西伯利亚的一座铅矿，在那里自生自灭。从那以后，俄罗斯再也没有针对他发生过叛乱。直到他死去，他都可以放手推行自己的改革。

如果按照编年顺序罗列出一张沙皇推行改革的清单，对于我们来说是一件非常困难的事情。他动作敏捷，所向披靡，从来不按章法行事。如果只记录他在很短的时间内颁布的各种法令，都是一件非常困难的事。彼得似乎意识到了，这之前发生的所有事情都是错误的，所以，必须要在最短的时间里彻底纠正整个俄国的错误。他也取得了明显的效果。到彼得去世的时候，他为俄罗斯留下的是一支拥有二十万人的军纪严明的有着强大实力的陆军和一支由 50 只战舰组成的海军。旧的政府体制就这样一下子被铲除掉了。国家杜马（老的贵族议会）被解散了，取代它的是参议院，一个由沙皇亲信的国家官员组建的咨询委员会。

俄罗斯被划分成八个大的行政区域，也叫行省。全国各地都在兴修土木，修建道路，建设城镇。工厂全部设立在能够使国王高兴的地方，而不考虑是否与原材料的产地接近。多条运河在同时得到开挖治理，东部山脉的丰富矿藏也被开发了。在这片无知和愚昧的土地上，中小学大规模地建立起来了，高等教育机构、各种类型的职业培训学校、大学以及医院如雨后春笋般建立起来了，为新俄罗斯的人力资源培养了一大批急需的专业技术人才。同时，俄罗斯吸引了荷兰的造船工程师，以及来自世界各地的商人和工匠，他们来到这里定居。印刷厂也逐渐建立起来，但是，出版的所有书籍都要先通过皇家官员的严格审查。一部新法典诞生了，法典对社会的各个阶级所需承担的责任进行了详尽的规定和说明。民法与刑法的庞大体系也建立起来了，并须印刷成丛书出版。旧式俄罗斯服装被取缔了，帝国的警察手里拿着剪刀，值守在每一个乡村路口，一下子，那些长发披肩、满脸胡子的俄罗斯山民摇身变成了面容整洁、亮丽一新的文明西欧人。

在对待宗教事务上，沙皇绝对不允许旁人插手治理。在欧洲发生的教皇与皇帝对峙的情形，在彼得执政时期的俄罗斯是根本不可能发生的。1721 年，彼得自封俄罗斯教会首脑，莫斯科的大主教一职被彻底地废除了，俄罗斯人设立了宗教会议，成为国教的最高权力机构。

但是，俄罗斯的旧传统势力在莫斯科还依然存在，必须除掉这个障碍，改革才称得上是成功的。沙皇把政府移到一个新的首都，新首都定在波罗的海沿岸不适合居住的沼泽地带。1703 年，彼得开始大规模地改造这片荒凉的土地，高达 40 万人之多的农民用多年的时间在那里辛勤地工作，为这座拔地而起的首都打下了坚实的基础。这时，瑞典人开始对俄国发起战争，目的就是为了摧毁这座还没有修建好的城市。由于生活条件极其恶劣，再加上疾病不断扩张，数以万计修建城市的农民就这样死去了，但浩瀚工程依旧顽强地维持着。经历了很多年，一座全部由人工修建和按照个人意志创造出来的城市终于在波罗的海沿岸诞生了。1712 年，它正式成为帝国的首都。十几年以后，新首都拥有七万五千名居民。每年，泛滥的涅瓦河水都会两次把这个城市淹没在泥浆中，但是彼得凭借坚韧不拔的意志战胜了大自然。修建起的堤坝和运河使城市免遭洪水的危害。当彼得在 1725 年去世的时候，圣彼得堡已经是北欧最大、最灿烂、最著名的城市了。

这么一个强大的对手在一夜之间崛起，周围的邻居们必然会感到极其恐惧和不安，也会产生相当大的压力。从彼得的角度来说，他也长期关注瑞典王国的一切动向。1654 年，瑞典国王古斯塔夫·阿道尔丰斯（他是三十年战争的一个英雄）唯一的女儿克里斯蒂娜（瓦萨王朝的末代女王）宣布放弃自己的王位，一心想要去罗马侍奉天主，继承王位的是古斯塔夫的一个新教徒侄子（名叫查理十世）。在查理十世和查理十一世的精心统治下，新的王朝使瑞典王国达到了太平盛世的巅峰。1697 年，查理十一世因病猝死，继承王位的是只有 15 岁的小男孩——查理十二世。

对于北欧各国来说，这绝对是一个盼望已久的大好时机。在 17 世纪爆发的宗教战争中，瑞典凭借牺牲邻居的利益独自发展壮大起来。现在到了邻邦们报复的时候了。大战一下子就爆发了，一方是由俄罗斯、波兰、丹麦以及萨克森组成的联盟，另一方是孤军奋战的瑞典。1700 年 11 月，著名的纳尔瓦战役爆发了。彼得手下那批缺乏训练的新军受到了瑞典军队灾难性的打击。查理是当时瑞典一位著名的军事天才。在成功地击败彼得后，他立刻把矛头指向了其他敌人，不给敌人一丝喘息的余地。在未来的九年里，他向各地发起反攻，一路拼命地烧杀，摧毁了波兰、萨克森、丹麦和波罗的海各行省的大部分城镇村庄。与此同时，彼得在遥远的俄罗斯养精蓄锐，加紧训练士兵。

在 1709 年的波尔塔瓦战役中，俄国人一举将疲惫不堪的瑞典军队彻底击垮了。面对惨败，查理并不服输，他依然在历史的大舞台上扮演着一个拥有完美形象的角色，一个充满了浪漫主义色彩的传奇英雄。然而，他又徒劳地进行着复仇行动，把自己奄奄一息的国家慢慢地带上了灭亡的道路。1718 年，查理由于一场意外事故（或是被刺伤，具体的情况不确定）身亡了。1721 年参战各国签署了《尼斯特兹城和约》，和约规定瑞典除了保留芬兰以外，要退还以前在波罗的海的所有领土。就这样，彼得精心造就的新俄罗斯帝国终于毫不逊色地变成了北欧的第一强国。但是，正在这时，有一个新的对手正在悄悄地崛起，那就是位于德意志一带的普鲁士帝国。

◆ 第48章　普鲁士 ◆

在日耳曼北部那个荒凉僻静的地带，一个叫作普鲁士的国家一夜之间崛起了。

普鲁士的历史，可以看成是欧洲边境地区的变迁史。早在公元9世纪时，查理曼大帝就将大部分精力放到把文明中心从地中海转向欧洲东北部那片荒凉偏僻地带这件事上。他率领的法兰克士兵凭借粗暴的武力，使欧洲的边界逐步向东方推移，他们在异教的斯拉夫人和立陶宛人那里抢夺了大量土地，这些土地大部分都在波罗的海与喀尔巴阡山之间的平原。法兰克人对这些边远地区不太在意，也没好好地管理，就像美国在还没有立国之前对待自己的中西部领土一样。

位于边境地带的勃兰登堡省是查理曼一手建立的，主要目的是预防撒克逊部落攻击东部领地。生活在这里的斯拉夫人的一个分支——文德人，在10世纪就被法兰克人征服了。文德人旧有的集市勃兰纳博后来演变成了勃兰登堡省的中心地带。

在11到14世纪的时间里，众多贵族家族担任着帝国的总督，共同管理着这个边境地区。在15世纪时，霍亨索伦家族一下子在众贵族中崛起，成了勃兰登堡的选帝侯。他们努力经营这个贫瘠荒凉的边境地区，最终把那里改造成了现代世界最强悍、管理最有效的帝国之一。

霍亨索伦家族（在第一次世界大战中德国惨败，霍亨索伦家族的德意志皇帝被迫退位）原本是一支来自德国南部的地位极其低微的一个家族。12世纪，霍亨索伦家族的腓特烈通过一场给他带来好运的婚姻，成功地担任勃兰登堡城守将一职，事业上迈出了辉煌的第一步。从那以后，他的子孙们就开始运用身边的一切机会扩大自己的权势范围。经过了长达几个世纪的努力任职与巧取豪夺，霍亨索伦家族竟然当上了勃兰登堡的选帝侯。选帝侯的名号只会授予那些有资格当选旧日耳曼帝国皇帝的王公贵族们。在宗教改革时期，这些人站在新教徒一边。直到17世纪早期，霍亨索伦家族就已经变成了北日耳曼有极高权势的王侯之一。

在惨痛的三十年战争中，新教徒和天主教徒以同样的激情反复劫掠勃兰登堡与普鲁士。但是，由于选帝侯腓特烈·威廉将全部精力用在统治国家上，这就使普鲁士不但快速治愈了战争带来的创伤，而且还精明地运用了国内一切经济能力与智慧的结晶，迅速地重新建立起了一个所有人和事物都能各显本领的新国家。

现代的每一个普鲁士人都把自己的理想与愿望与社会的整体利益紧密地融为一体。这要归功于腓特烈大帝的父亲——腓特烈·威廉一世。他是一个对工作认真负责、生活上勤俭节约的普鲁士军士，对世俗的酒吧故事和刺鼻的荷兰烟草极为钟爱，对所有的华丽衣装和充满女人味的花边羽毛（特别是法国的华丽服饰）心怀敌意。他心中只有一个信念，那就是恪守职责。他严格地对待自己，也绝对不会容忍属下的软弱无能，不管这个人是将军还是士兵。他和儿子腓特烈的关系不是很融洽，但也谈不上水火不容，性格粗鲁的父亲与感情细腻、温柔高雅的儿子显得极不搭配。儿子喜欢法国高雅的礼仪，酷爱文学、哲学以及音乐，而这些在他父亲的眼中就是充满女人味的表现，并且会严厉地斥责他。最终，两种截然不同的性格引发了一场严重的冲突。腓特烈在逃往英国的途中被劫持回来，并且被军事法庭严格的审判。最残忍的是，法庭迫使腓特烈目睹那些协助他逃跑的好友被处死的全部过程。随后，作为惩罚，法庭把这位年轻的王子送到外省的某个小地方，让他在那里学习当一个国王应该掌握的各种治国方法。对于他来说，这可谓是因祸得福。1740年，当腓特烈登上王位，他对自己治理国家已胸有成竹。从一个普通孩子的出生证明，到极其复杂的国家年度预算的细节，他都了如指掌。

身为一个作者，特别是在他的著作《反马基雅维利》里，腓特烈深刻地表达了对这位古佛罗伦萨的历史学家抱有的政治观点的反对与藐视。马基雅维利曾经教育他的王侯学生们：为了国家的利益，我们可以在必要的时候运用撒谎或是欺诈的卑鄙手段。然而，在腓特烈心中，理想的君主就应该是人民忠实的公仆，他支持路易十四的开明君主专制，但是，在现实生活中，腓特烈虽然不辞辛苦、每天为人民利益工作二十个小时之久，但他不允许身边有一个顾问。他的大臣们只不过担任着高级书记员的职责。普鲁士就是他的私有财产，完全凭借他自己的意愿进行管理，并且绝不允许任何事情影响到国家的利益。

1740年，奥地利的皇帝查理六世去世了。这位老皇帝在生前曾经在一张羊皮纸上白纸黑字地写下了一项庄严的条约，目的是保护他唯一的女儿玛利亚·泰利莎的合法王位。但是，他被埋进哈布斯堡王族的祖坟，没过多长时间，腓特烈的普鲁士军队就大规模地前往奥地利边境，攻占了西里西亚地区。普鲁士在那里宣称，根据一项古老的权力，他们绝对有权占领西里西亚地区（甚至包括整个欧洲中部），这些权力是在很早以前确立的并且非常令人怀疑。经过了多次激烈的斗争，腓特烈完全占领了西里西亚。曾经有好几次，腓特烈差点到了失败的边缘，然而他在新获得的土地上顽强地坚持了下来，击退了奥地利军队的反击。

全欧洲人都被这个新兴的强国一夜之间的崛起震惊了。18世纪，日耳曼原本是宗教战争中的牺牲品，不被人重视的弱小民族。腓特烈凭借着自己像彼得大帝一样的顽强意志与精力，使普鲁士赫然矗立在人们眼前，以往的藐视一下子变为了深深的畏惧。普鲁士的国内事务被处理得井然有序，臣民们也没有一丝抱怨。过去负债累累的国库现在也逐年充实起来了。旧的残酷刑罚被废除了，司法体系也在不断地完善。优良的交通、学校和工厂，再加上认真公开的精心管理，人们认为为国家付出的一切努力都是绝对值得的。他们的钱全部用在了刀刃上，他们的回报是真实可见的。

经历几个世纪的风雨，一直被法国、奥地利、瑞典、丹麦以及波兰各国视为争霸场的德国，在普鲁士的辉煌的感召下，终于找回了自信。而这一切成就都归功于这个身材矮小、长着一个鹰钩鼻，整天穿着制服的小老头儿。他的面容充满了信心与蔑视，对他的邻居们说了很多滑稽却又令人难受的话语。18 世纪，他在外交领域大显身手，竭尽诽谤虚假之能，全然不顾最基本的事实。他想得到的只是谎言带给他的一点点利益。他虽然写了《反马基雅维利》一书，可是书中的理念却与他的行动完全相反。1786 年，他终于离开了人世。朋友们相继离开他，他也没有一儿半女，只能一个人孤单地死去，身边仅有的是一个仆人和几条狗。他酷爱这些狗，甚于远远超出了爱人类，用他的话说，狗永远知恩图报，并且绝对对它们的朋友忠实。

◆ 第 49 章　欧洲的重商主义 ◆

新兴的一些小国家和王朝在这一理论下逐渐使自己富裕起来，充实了国库。

我们已经目睹了 16、17 世纪中，我们至今生活在那里的现代国家是怎么形成和发展起来的。这些国家在各方面的起源都是完全不同的，有的是国王通过努力取得的成果，有的则是出于偶然，还有一些则是由于占据着有利的地理位置建立起来的。然而，国家一旦建立起来，都会毫不犹豫地全力增强自己的内部管理能力，并且试图使自己在国际事务中展示出最大限度的影响力，当然，这些都是需要花费巨额金钱的。中世纪的国家最缺乏的就是一个强有力的中央集权，又没有充足的国库支撑这些国家的生存。国王在其领地上得到税收，行政机构的工作人员不需国王供养。在现代中央集权国家里，情况要比以前复杂得多。古老的并且不计较酬劳的崇高骑士精神不见了，取代的是国家雇用的一些政府官员。如果想要维持陆军、海军以及庞大的行政管理体系，花销往往是不计其数的。伴随这些情况出现的问题就是如何得到这笔巨额钱财。

对于中世纪来说，黄金和白银是稀有的珍贵商品。正如我之前提到过的，生活在中世纪的绝大多数普通人一生都没有看见过金币是什么样子，只有大城市的居民才有机会见到银币。美洲大陆的发现和秘鲁银矿的对外开放改变了这种现象。繁忙的贸易中心从地中海转移到了大西洋沿岸。意大利古老的“商业城市”，像热那亚、威尼斯等，也相继失去了经济上的重要性。一个崭新的“商业国家”兴起了，黄金和白银不再是普通人心中的神秘宝物。

珍贵的金属通过西班牙、葡萄牙、英国以及荷兰慢慢流入欧洲。在16世纪，世界上出现了一大批政治经济学研究者，就是他们提出的叫作“国富”的理论。他们认为这个理论不仅是绝对的真理，而且对各自的国家都有着丰厚的利益。在他们心中，只有黄金和白银是真正的财富。因此，国库和银行里拥有最多金银和现金的国家才是最富有的国家。当时，钱可以用来武装或者购买军队，因此最富有的国家也一定是最强大的国家，有实力统治世界。

我们称这种理论为“重商主义”。这一理论在当时的欧洲各个国家都心甘情愿地接受，就像以前天主教徒接受奇迹或是现代美国人相信关税拥有魔力一样。在现实社会，重商主义是按照以下流程进行操作的：为能够得到最多的贵金属储备，一个国家就必须在其出口贸易方面取得尽可能多的盈余。如果你的对外出口份额超出邻邦对你的出口份额，对方就会欠你钱，只能用黄金抵偿债务。因此，你就会获利而他就会受损。坚持着这种理念，17世纪时差不多所有的国家都采取下面的经济政策：

1. 争取最大限度地赚取贵重金属（金、银）。

2. 在发展国内贸易的基础上，大力支持对外贸易。

3. 大力支持可以把原材料加工做成出口商品的制造工厂。

4. 鼓励生育，增加工厂所需的劳动力，农业社会不能提供充足的劳动力。

5. 国家要严格监督贸易与生产的全过程，在有必要的时候，随时予以干涉。

16世纪，查理五世也同样接受了重商主义理论（尽管这在当时还是一种全新的理念），并且把这一理论引入到了他管辖范围内的所有欧洲地区。英国女王伊丽莎白也模仿他的做法。法国波旁王朝，特别是路易十四也是这个理论的忠实拥护者，而他的财政大臣柯尔伯特就是这一理论的“先知”与启明灯，全欧洲的人都怀着崇敬的心情希望得到他的指点。

克伦威尔在位时，国家的对外政策就是对重商主义原则的绝对执行。这一政策事实上是针对英国的那个富有的敌人荷兰制定的。因为运载大部分欧洲的日常用品的荷兰船主们有极大的自由贸易的倾向，所以他们必须全力摧毁。

显而易见，这种体系给欧洲的海外殖民地带来的是巨大的灾难性影响。被重商主义包围的殖民地只不过是黄金、白银、香料的富饶产地，只能为着他们主人的利益而发展。亚洲、美洲、非洲的贵金属和原材料，正好全部被统治它们的欧洲国家垄断。外人没有权力进入这个地盘，也绝不允许当地人和挂有外国国旗的商船在这里有贸易往来。

我们能得出这样一个结论，重商主义政策大大地刺激了一些以前从来没有过制造业的国家在工业方面的发展。在这一理论的带动下，这些国家修建道路，开挖运河，为顺畅的运输创造极其有利的条件。工人不得不掌握更加熟练的技巧，商人们得到了更高的社会地位，与此同时，贵族地主的势力也被大大地削减了。

但是，从另一角度看，这一理论也给人们带来了巨大的灾难。生活在殖民地的人们变成了野蛮和剥削的牺牲品。宗主国的普通人的生活也落入了恐怖的环境中。这一理论像一双无形的手在推动世界走向一个充满了火药味的大军营，地球被分割成了小块的领土和属地，每一块土地的主人的眼里都只有自己的直接利益，想尽一切办法摧毁邻居的势力，掠夺走他们全部的金银。在一个理论的驱使下，拥有大量的财富就变成了最重要的事情，普通人视“有钱”为至高无上、终身追求的品德。经济制度也像女人的时装一样随着世态的发展不断变迁。到了 19 世纪，重商主义终于结束了，人们开始在一个具有开放性和竞争性的自由经济体系中生存。至少我知道的事情是这样的。

◆ 第50章　美国独立战争 ◆

十八世纪末，欧洲大陆听到有关荒凉的北美大陆的奇怪报道。那些因查尔斯国王坚持“君权神授”而惩罚他的人的后代们，正在为争取自治的斗争谱写新的历史篇章。

后来者居上

为了能更好地讲述这段历史，我们必须回到几个世纪之前，重温欧洲各国为了争夺殖民地而发起战争的那段历史。

三十年战争期间和战争结束后的那段时间，许多的欧洲国家都是在民族或王朝利益的基础上重新建立起来的。这就意味着，在本国的商人和商船贸易公司的巨额资本支撑下的统治者们，必须为商人的利益继续战争，在亚洲、非洲和美洲掠夺更广阔的殖民地。

最早，是西班牙人和葡萄牙人探索的印度洋和太平洋。又过了一百多年，英国人和荷兰人才开始觉醒，不顾一切地投入到这个能给他们带来巨大利润的战场。大量事实证明，后来者有着极大的优势，最开始的开拓工作不仅艰难危险，而且还需要花费巨大的资金，还好这些工作都已经有人做完了。对后来者更加有利的是，以前的那批航海探险家们经常使用暴力手段，因此他们的臭名已经在亚洲、美洲、非洲的土著居民中传播开来，怪不得比他们晚到的英国人和荷兰人会像救世主一样得到当地人的热烈欢迎。但我要说，这两个后来的国家确实比先到者高尚得多。然而，他们是商人，他们从来不允许传教工作干涉到他们正常的生意。总体上说，所有欧洲人通常都会在第一次与比自己弱小的民族交往时，表现出极其野蛮的态度。英国人和荷兰人的高明表现在他们会掌握“度”上。只要能够不断地得到香喷喷的胡椒、耀眼的金银和足够的税收，他们是不会干扰土著居民自由的生活的。

因此，凭借着这点，他们不费吹灰之力就在世界上资源最丰富的地区站住了脚。但，他们刚刚实现这一目标，双方就开始了一场争夺更多领地的斗争。有一点非常有趣，争夺殖民地的战争绝对不会发生在殖民地本土上，而是发生在距离殖民地三千英里以外的海面上，由双方的海军一决胜负。这是古代战争和现代战争中的一个非常有趣的规律（这一规律在历史上是极少能流传到现在的规律之一），即“只要控制了海洋，就能控制陆地”。直到现在，这条法则依然奏效。也许，飞机的出现能改变这种状况，然而，在 18 世纪，作战的双方都没有飞机，因此英国强大的海军为不列颠帝国赢得最后的胜利，他们得到了广阔的美洲、印度以及非洲的殖民地。

英国与荷兰之间在 17 世纪发生的一系列战争，已经不能吸引我们的眼球了，我不想在这里赘述这段历史了。它像所有实力相差悬殊的战争，毫无疑问地以强者的胜利为终点。然而，英国与法国的战争对我们了解这段历史倒有着重要的意义。在无人能敌的英国皇家海军最终击垮法国的舰队以前，双方就在北美大陆展开过很多次战争。英国人和法国人同时向世界宣布，北美这片广阔土地上的一切东西以及还没有被发现的东西，全部归自己所有。1497 年，英国的卡波特在美洲的北部登陆；又过了二十七年，法国的乔万尼·韦拉扎诺也同样来到这片海岸。卡波特在那里悬挂英国国旗，韦拉扎诺也在那里立下了法国国旗。因此，这两个国家都说自己才是整个北美大陆真正的主人。

争夺殖民地之战

在 17 世纪，英国在缅因和卡罗来纳之间建立了十个小规模的殖民地。当时的殖民者大多数是些不信奉英国国教的特殊派别的难民，比如在 1620 年来到新英格兰的新教徒，1681 年定居在宾夕法尼亚的贵格会教徒。他们建立了许多小型的拓荒者社区，通常位于沿海地带。遭到迫害的人们就会聚集在这里，建立自己的新家园，在脱离了王权的监督与干预的自由世界，他们从此过上了更加幸福的生活。

然而，法国的殖民地一直是在国王严密监控下的皇家属地。法国殖民者严格禁止胡格诺教徒和新教徒进入他们的殖民地，防止他们向印第安人散播危险的新教教义或是妨碍耶稣会传教士完成神圣使命。因此，与邻近的法国殖民地相比，英格兰殖民地无疑是人们理想的地方，因为它有更健康、更坚实的基础。英国殖民地是英国中产阶级蓬勃发展的商业力量的完美体现，而生活在法国的北美殖民地的人们却是一批千里迢迢来到这里受罪的不幸者。他们整日怀念着巴黎那舒适悠闲的夜生活，时时刻刻争取尽快返回法国的机会。

然而，从政治角度看，英国殖民地的情况也是远远不尽人意的。早在 16 世纪，法国人就已经发现了圣劳伦斯河口。以大湖为起点，他们一路向南挺进，终于抵达了密西西比地区，沿着墨西哥湾建立了许多要塞。经过长达一个世纪的探索和建设，一条由六十个要塞组成的防线把大西洋沿岸的英国殖民地与宽广的北美腹地隔离开了。

英国曾经颁发给殖民公司的那个授予他们从东岸到西岸的所有土地的土地许可证，也会变成一纸空文。许可证赋予的土地非常广，然而在现实中，他们的领地最远只能延伸到法兰西的要塞，这个文件的效力也一下子消失了。如果想要突破法国严守的防线，不仅需要花费大量的人力和财力，还会引发一系列残酷的边境战争（后来，战争爆发以后，英法双方都依靠当地印第安部落的武士，进行残酷的屠杀）。

只要斯图亚特王朝统治英格兰，英法之间就不会发生战争。为了建立起君主专制，斯图亚特王朝就需要波旁王朝的大力支持。可是到了 1689 年，最后一位斯图亚特王室成员去世以后，英国国王就换成了路易十四最强大的敌人——荷兰执政者威廉。从那以后，一直到 1763 年签署《巴黎条约》时，英法为争夺印度和北美殖民地的所有权进行长期大规模的激战。

就像我之前提到过的，英国海军在一系列的战争中总是战胜法国海军。法属殖民地被迫与母国失去了联系，全部落到了英国人的手里。到签订巴黎和约时，整个北美大陆都成了英国人的领土。卡蒂兰、尚普林、拉塞里、马奎特等许多法国探险家历经多年的心血就这样全部消失了。

《独立宣言》

在英国人取得的大片北美殖民地上，只有很少的人在那里定居。殖民地是从美国的东海岸北部一直向南，像一条窄窄的带子。北部的马萨诸塞（一批于 1620 年来到这里的清教徒，他们对自己的信仰绝对忠诚，发现英国的国教或是荷兰的加尔文教义，也不能使他们产生幸福感），再往南，是卡罗来纳和弗吉尼亚（那里是能够牟取高额利润的烟草种植区）。不过，我必须说一声，在那片风景怡人、令人着迷的新土地上生活着的大批拓荒者与其国内的同胞的脾气秉性完全不同，在这片孤独凄凉的荒野中，他们掌握了自力更生的本领，他们是那些肯吃苦的、精力旺盛的开拓者们的子孙，骨子里就带有坚强旺盛的生存技能。在那个年代，懒惰的人是不会冒着生命的危险来到这里的。以前，他们生活在自己的祖国，由于受到各种各样的限制、压迫和残害，殖民者们得不到任何自由，他们的生活变得暗淡无光，现在，他们一心想要翻身，按照自己的方式做事。但是，英国的统治阶级好像不能理解人们的处境。统治者对殖民者产生极大的不满，而殖民者也会经常遭到统治者的压迫，就这样，殖民者开始对英国政府产生极大的怨恨。

怨恨产生的结果只是更多的矛盾。这里，我就没有必要详述这些细节了，也没有必要再次感到可惜，如果当时执政的是一位比乔治三世更聪明的国王，或是乔治不放任他的首相——诺思勋爵（他天生懒散，对人冷漠），局面也是有挽回余地的。然而，事实是当北美殖民者发觉无法通过和平谈判达到解决问题的目的时，他们就会拿起武器。因为他们不想当顺民，只能做叛乱者，这需要有足够大的勇气。这是因为如果他们一旦被乔治的德国雇佣兵抓住（当时一个习俗，条顿王公经常会把整团的士兵出租给价钱最多的竞标者），等待他们的就是死刑的残酷惩罚。英格兰和他的北美殖民地之间的战争持续了七年。在这期间，绝大部分的时间中，反叛者是完全没有希望的。生活在那里的大批殖民者，尤其是城市的居民，他们依然对国王尽忠。他们喜欢妥协，并且经常会发出求和的呼声。但是，由于华盛顿的存在和他伟大人格的存在，殖民者的独立事业才能够长期存在。

在为数不多的勇敢者们的全力协助下，华盛顿率领着他装备简单而意志顽强的军队，不断地攻击国王的势力。曾经，他的军队多次濒临被彻底击垮的边缘，然而，他的谋略总是会在最后的紧急关头扭转局势。他的士兵饱受饥饿，没有充足的给养。冬天由于缺乏鞋和大衣，他们不得不蜷缩在阴冷的壕沟里，冻得直发抖。但是，他们对自己的领袖绝对忠诚，毫不动摇地信任着他，一直坚持到最后的胜利。

华盛顿不仅指挥了一系列的精彩战役，还前往欧洲游说法国政府，并且在阿姆斯特丹的银行家本杰明·富兰克林那里取得了外交领域的胜利。在革命初期，发生了一件非常有趣的事情。当时，不同殖民地的代表们聚集在费城，共同商讨革命大计。事情发生在独立战争的第一年，大批战争物资正在从不列颠群岛不断地抵达，当时，北美沿海的大部分重要城镇都还牢牢掌握在英国人的手中。在这个危急时刻，只有坚信会取得成功的人们，才有勇气走到一起，接受1776年6月和7月做出的历史性决定。

在1776年6月，弗吉尼亚的理查德·亨利·李在大陆会议上提议："联合起来的殖民地有权成为自由并且独立的州，可以不对英国的王室尽忠，因此，殖民地与大不列颠帝国的所有政治联系也应该取消。"

马萨诸塞的约翰·亚当斯对这项提案提出附议，7月2日正式实施。1776年7月4日，大陆会议正式颁布了《独立宣言》。这个宣言是由托马斯·杰斐逊亲手写的。他为人谨慎，精通政治，擅长管理，注定在未来会成为美国人永垂不朽的著名总统之一。

《独立宣言》颁布的信息传到欧洲以后，紧接着的是殖民地人民赢得的最终胜利和1787年通过的一部著名宪法（这也是美国第一部成文宪法）。这些事件引起了欧洲人极大的震撼和关注。在欧洲，高度的中央集权王朝制度随着宗教战争的爆发而建立，这时，欧洲已经达到了权力的巅峰。国王的宫殿越建越大，彰显出无与伦比的壮观与豪华，可是，皇帝的城市被迅速蔓延的一些贫民窟重重包围起来。生活在贫民窟里的人们长期生活在绝望与无助中，暴露出了反叛的迹象。而社会的上等阶层——贵族与职业人员，也开始怀疑当时的政治和经济制度。北美殖民者的胜利却恰恰向他们证明了，一些似乎不可能发生的事情，事实上是完全有可能实现的。

按照一位诗人的话说，揭开莱克星顿战争的枪声传到了世界上每一个角落。这当然是夸张的说法。至少在中国、日本和俄罗斯（更不用提遥远的澳大利亚和夏威夷了）没有人听见。然而，枪声确实穿越了大西洋，子弹正好击中欧洲那个不满足于现状的火药筒。这场战役在法国引起了轰动的大爆炸，极大地震撼了从彼得堡到马德里的所有欧洲地区，原有的国家制度和外交政策被深深地埋藏在了民主的砖石下面。

• 第 51 章　法国大革命 •

伟大的法国革命向世界宣示了自由、平等、博爱的原则。

凡尔赛宫的简单生活

当我们提起“革命”这个词时，最好先解释一下“革命”的含义。据一位著名的俄国作家说（俄国人对这个有着高度的发言权），革命就是“在短暂的几年里，迅速而猛烈地推翻以前社会那根深蒂固的旧制度。这些制度曾经是那么合理、那么坚定，即便是最大胆的改革者也不敢轻易攻击它。然而，只要经过一次革命，那些原有的社会、宗教、政治和经济的坚实根基，就会在短时间内消失”。

18 世纪，古老的文明开始走向变质退化的道路，法国就爆发了这种革命。经过国王路易十四在执政的七十二年中的专制统治，法国国王就变成了一切，代表着国家本身。以前，曾经为封建国家尽忠的贵族阶层，现在所有的职责都被消除了，他们没有任何事情可以做，最终演变成了凡尔赛宫廷那奢侈生活的装饰品。

18 世纪的法国凭借巨额的金钱维持日常开销，这笔钱全部来自各种形式的税收。但是，法国国王的权势还没有强大到与贵族和神职人员共同享受税收。这样一来，沉重的税务负担就完全落到了本国的农民身上。当时，法国的农民是住在漏雨的小茅屋，生活极其贫困劳苦。随着与庄园主们密切联系的消失，他们就变成了极其残酷无能的土地代理人手中的牺牲品，生存环境越来越差了。大丰收就意味要缴纳更多的赋税，自己却得不到任何好处。他们对耕种再也没有任何激情了，更不会为了耕种使出全身的力量。因此，他们就开始壮着胆子闹罢工。

这样，法国就会发生以下情景：一位地位显赫的法国君主在一个空荡荡的装饰华丽的皇宫中，穿过一间间宏伟的大厅，身后跟着一群油嘴滑舌的、为自己利益着想的贵族，他们这些人都靠剥削牲口都不如的农民生活。这是个非常令人痛心的画面，一点都没有夸张。我们必须知道，所谓的“王朝旧制度”向来都有自己的阴暗面，这是无法避免的。与贵族阶层有着紧密联系的富有的中产阶级（他们的联姻方法基本上是某位富有的银行家的女儿嫁给一个穷酸男爵的儿子），再加上一个拥有所有法兰西有魅力人物的宫廷，他们共同把优雅精致的生活艺术推向了从来没有达到过的顶峰。风度翩翩的仪态和风趣高雅的社交活动就变成了上层社会的时尚活动。由于法国没有一位优秀的人可以在政治和经济领域施展才华，他们就只能悠闲地浪费每一天，把时间全部浪费在幻想中。很明显，这就是一种资源浪费。

每个人都有自己的思维方式和行为准则，就像时装一样很容易走向极端，同样，那个年代所谓的“社会精英”也会对他们幻想中的“简单生活”产生出极大的兴趣。于是，法国（包括殖民地和属国）的绝对拥有者和主人——法国国王与王后，再加上众多奉承的大臣们，他们穿上农民和小孩的衣服，住在一些滑稽的乡村小屋里，像淳朴的古希腊人一样快乐地嬉戏游玩，充分感受“简单生活”带来的乐趣。在国王和王后的身边，尽是舞蹈和欢乐，宫廷的乐师弹奏出的轻快的小舞曲，宫廷理发师精心设计出的昂贵而又土气的新发型。最后，由于极度空闲和烦闷，凡尔赛宫（是路易十四为了远离喧嚣嘈杂的巴黎，在市郊修筑的一个豪华宫殿大“舞台”）里的人们开始喋喋不休地谈论起那些与他们的生活毫无关系的话题，就像一个饥饿的人只会谈论面包和美食、一个饱食终日的人只会关心哲学一样。

猛烈的“社会批评”

伏尔泰，是一位著名的哲学家、剧作家、历史学家和小说家，他同时也是所有宗教和政治暴君的一个危险的敌人。当他在《风俗论》中猛烈地抨击法兰西现存的社会秩序中的一切事物时，整个法国人民都为之称赞。由于观众数量太多、气氛异常踊跃，伏尔泰的戏剧只能在能出售站票的戏院里上演。让·雅克·卢梭用带着伤感的笔触，描绘出了原始人生活在纯真和快乐中的美妙画面（卢梭对原始社会就像对儿童一样，一点都不了解，然而他却被人们视为自然与儿童方面的教育权威），让所有法国人都非常喜欢卢梭，于是，生活在这片“朕即国家”的土地上的人们，带着同样的激情饱读卢梭的《社会契约论》，并且为他呼吁“重新返回主权在民、国王只是人民公仆的幸福时代”的行为，感动地流下辛酸的眼泪。

孟德斯鸠也出版了一本《波斯人信札》。这本书中，讲述的是两个思维敏捷、有着极强洞察力的波斯旅行者揭露了当代法国社会黑白完全颠倒的实质，并且嘲笑了国王和他的六百个糕点师傅在内的所有事物。这本书很快就在社会上盛行起来了，在短时间内一下子出了四版，为孟德斯鸠的下一本著作《论法的精神》吸引了无数读者。书中虚构出的男爵把一个优秀的英国政治制度与当时法国现行的体制进行了细致的比较，大肆宣扬行政、立法、司法三权分立的进步政治制度，进而取代法国的君主专制。巴黎的出版商布雷东宣布邀请了狄德罗、德·朗贝尔，以及杜尔哥等一系列的优秀作者，让他们合作编写出一本“囊括所有新思想、新科学、新知识”的大百科全书，这在当时受到了公众的强烈支持。过了二十二年，当长达二十八卷本百科全书的最后一卷开始出版发行的时候，警察已经无法抑制公众对这本书的热情了，这本书对整个法国社会重要而又危险的评论，已经深深地印在了人们心中，被广泛地传播开来。

在这里，我想给大家一个小小的提示，当你以后在阅读某个讲述法国大革命的小说或是观看某部相关的戏剧和电影时，你会得到这样一种印象：这次革命完全是出自于一群来自巴黎贫民窟的群众所为，但是，事实并不是这样的。虽然，革命的舞台上站满了那群人的身影，但是他们通常是受中产阶级的专业分子的鼓动，在他们的带领下挑起事端，这些人把充满了渴望的大众当成他们强大的盟军。然而，点燃革命的基本思想最开始是由为数不多的几个有着非凡才智的重要人物提出来的。首先，他们被带到旧贵族那豪华的客厅中，为无聊的女士和先生展示自己智慧与奇思妙想的灿烂火花，作为他们娱乐的对象。这些优美而又潜伏着危险的客人们开始玩弄“社会批评”的火焰，几颗小火星不小心从破旧腐朽的地板裂缝中掉了下去，落到了一个堆满了杂物的地下室，燃起了火苗。这时，周围发出一片救火的求救声，房屋的主人尽管对世界上的所有事物都有极大的兴趣，可是就是没有学会如何管理自己的产业，由于他不知道怎样灭火，火势就这样肆无忌惮地蔓延开了，最终，整座建筑都丧失在熊熊烈火之中。这就是法国大革命。

为了方便讲述这段历史，我们可以把法国大革命分成两个阶段。第一阶段是从 1789 年到 1791 年，人们努力为法国引入君主立宪制度的阶段。最终，这种尝试失败了，一部分原因是国王本人的愚昧和诚信缺失，另一部分原因是社会局势的发展已经到了无法掌控的地步了。第二个阶段是从 1792 年到 1799 年，这一阶段诞生出了一个共和国，人们也是第一次努力尝试建立一个民主专政制度。然而，法国大革命最终以暴力的形式爆发出来，这是经过多年的骚动和艰难的改革尝试全部不奏效的结果。

理论教授、商人和讨巧家相继上台

当法国欠下了 40 亿法郎的巨额债务以后，国库总是空虚的，面临着倒闭的危险，并且再也没有新的税目可以增加国家的收入，就连国王路易（路易是一位心灵手巧的锁匠和杰出的猎手，可是他对政治一窍不通）也有一种感觉，需要做一些事情来挽救国家了。于是，他召见了杜尔哥，亲自任命他为国家首席财政大臣。安尼·罗伯特·雅克·杜尔哥就是人们经常提起的德·奥尔纳男爵。他刚刚过六十岁，是一个正处于衰败的贵族精英阶层的优秀代表人物。身为一名卓有成效的外省总督兼业余政治经济学家，他的确竭尽全力挽救国家危险的局面。但是，他非常不幸，根本无法创造出奇迹来。由于国家再也不可能在穷困潦倒的农民身上得到更多的税收，他不得不让从来没有出过一分钱的贵族和神职人员为国家的财政尽一分应有的义务了。不过，这一举动使得他变成了凡尔赛宫最令人厌恶的人。更加糟糕的是，这位可怜的财政大臣还被皇后玛丽·安东奈特所仇视。这位皇后会对任何一个在她的面前提到“节约”这个耻辱字眼的人，都会露出冷若冰霜的怒容。很快，杜尔哥就被公众赋予了“不切实际的幻想家”“理论教授”等类似的绰号，而他自己的官职也越来越危险了。1776 年，他不得不辞去了财政大臣的职务。

发生在“理论教授”后面的事，是由一个务实的商人上演。这位辛勤工作、任劳任怨的瑞士人叫作内克尔，他是通过做粮食生意和与其他人合伙创办的一家国际银行而发财。在他野心勃勃的妻子的逼迫下，他被迫坐上了没有能力胜任的政府宝座，以便为他的心爱的女儿谋取更高的攀爬之梯。后来，他的女儿如愿以偿地嫁给了瑞士驻巴黎的大使——德·斯特尔男爵，最终成了 19 世纪初期文化领域的代表人物。

内克尔与杜尔哥一样，对工作充满了极高的热情。1781 年，他向政府递交了一份关于法国财政状况近几年的详细分析。可惜路易十六在眼前的这份复杂的报告中什么都看不出来，没有任何收获。他刚刚派遣一支军队前往北美帮助殖民者们反抗他们共同的敌人——英国。事实证明，这次远征花费的巨额钱财要远远超出所有人的想象。国王要求内克尔筹集到这笔急需的资金，可是，他不但没有拿着巨额现金来见陛下，反而呈上的是一份写满大量统计结果和枯燥数字的报告。更气人的是，他居然也效仿杜尔哥，开始使用“必要的节俭”这类令人生厌的字眼了，这意味着他很快就会结束财政大臣的日子。1781 年，由于他没有能力胜任，被国王罢免了。

在“理论教授”和务实的“生意人”纷纷退出舞台以后，登场的是一位聪明伶俐、招人喜欢的懂得投机取巧的人物。他向所有人保证，只要他们绝对信任他的完美政策，就保证付给每个人每个月 100% 的收益。他的名字叫查理·亚历山大·德·卡洛纳，是一个只想飞黄腾达的官员。他依靠自己的工厂和无耻的撒谎欺瞒手段，在当官的路上可以称得上是一帆风顺。当时，他发现国家早已负债累累了，他非常聪明，不想得罪任何人。于是，他发明了一个简单快捷的方法：拆东墙补西墙。这种做法虽然很老旧，但是它带来的后果却是充满灾难性的。在短短的不到三年时间里，国家又增加了 8 亿法郎的债务。可这位杰出的财政大臣好像根本不知道什么叫作“担心”。他待人极有礼貌，尊敬身边的每一个人，总是会在国王和王后的每一项开支申请上欣然地签上自己的名字。我们知道，王后在年轻的时候就在维也纳养成了花钱大手大脚的性格，当时要求她节俭是绝对不可能的。

最后，就连一直对国王忠心耿耿的巴黎议会（是法国的一个高级司法机构，并不是立法机构）也看不下去，他们不想坐以待毙，任凭这种局势发展下去，他们决定做点事情。但是，卡洛纳还想再借一笔 8000 万法郎的外债。当时，年景糟糕透了，粮食歉收，饥饿与痛苦的生活在法国乡村迅速漫延。如果再不采取一些措施，法国就会面临彻底破产。而国王依然洋洋自得，对局势的严重性一点都没有察觉出来。征求广大人民代表的意见不是一个非常奏效的好方法，可是自从 1614 年国会被取消以后，全国性的三级会议就再也没有召开过。但是，以路易十六的典型优柔寡断的性格，他肯定会拒绝这些的。

为了抚平公众的怨气，路易十六于 1787 年召开了由知名人士组成的集会。这只不过是全国的贵族聚集在一起，以不触犯封建地主以及神职人员的免税特权为前提，讨论着他们应该做什么，能做什么。如果奢望这个社会阶层能为另一个社会阶层的悲惨的人们的利益，做出任何政治和经济方面的肯牺牲自己的行为，是绝对不可能的。最后，参加会议的一百二十七名知名人士坚决地拒绝放弃他们原有的任何一项特权。于是，饱受饥饿和痛苦的群众要求重新任命内克尔做国家的财政大臣，这些贵族拒绝了群众的要求，街头的人们开始砸玻璃并且做出种种劣行。这些知名人士吓得逃跑了，卡洛纳后来也被罢免了。

洛梅尼·德·布里昂纳是一名红衣主教成员，他是一个非常平庸的人，被国王任命为新的财政大臣。在饥饿民众发起的暴动的威胁下，路易十六不得不允诺“尽量可行地”立刻召开三级会议。当然，这个模糊的允诺肯定不会让所有人满意。

三级会议的召开

在将近一个世纪的时间里，法国从来没有遭遇过这么饥馑难忍的寒冬。庄稼不是被洪水冲毁，就是全部冻死在地里，普罗旺斯省几乎所有的橄榄树都快死绝了。虽然当时有几个富有的人会救济他们希望尽自己的一点微薄之力，然而面对一千八百万饥寒交迫的难民，这点救济实在是太小了。全国各地都爆发了哄抢粮食的骚乱。在一代人以前，这些骚乱原本是可以靠军队施加武力镇压的。但是，新的哲学思想在当时已经产生了影响，人们开始意识到，靠枪杆子与饥饿抗衡，是绝对不会达到目的的。况且，士兵也是来自群众的，他们是否还能对国王继续忠诚呢？在这个紧急关头，国王必须得出明确的判断，极力挽回民众对国王的信心。然而，路易又陷入了犹豫不决中。

在外省的大部分地区，新思想的支持者纷纷建立起了各自独立的共和国。在忠诚的中产阶级队伍中，也连绵不断地发出“没有代表权就拒不交税”的呼声（这个口号最开始是由北美殖民者喊出来的）。法兰西处于全国大混乱的边缘，为了及时缓和民众的不满情绪，挽回国王的声誉，政府居然取消了异常严格的出版审查制度，这一举动是完全出人意料的。于是，短时间里，大量的印刷品席卷了整个法国。每个人，无论地位的高低，都在批评别人或是被别人批评。两千多种各种各样的小册子一下子流入市场。洛梅尼·德·布里昂纳在一片训斥与辱骂声中悄悄地下台了。内克尔迅速被公众召回，重新担任财政大臣一职，最大限度安抚这场全国范围内的精神骚动。消息传出去以后，巴黎股市狂涨了30%。在人们的乐观的心态下，暂时缓解了对专制王权做出的最后判决。1789年5月，三级会议快要召开了，法兰西所有最优秀的头脑都聚集一堂，必然要迅速解决所有的问题，把古老的法兰西王国重新建成一个幸福健康的乐园。

当时，人们普遍认为，全体人民的智慧结晶是能够解决一切难题的。然而，这种看法不仅不正确，而且通常还会带来灾难性的结局。特别是在最关键的时刻，这种思想不但不能解决问题，反而会束缚个人能力的发挥。内克尔不仅没有把政府的职权牢牢掌握在自己手里，反而顺着局势的发展。此后，在关于什么是改造王国的最佳方案上，再次爆发了一场轰轰烈烈的争论。在法国各地，警察的权力遭到了极大的剥削。生活在巴黎郊区的居民们在煽动家们的率领下，逐渐意识到了自己的力量。他们公然在那个动荡不安的岁月采用野蛮的暴力手段。

为了向农民和中产阶级表示让步，内克尔允许他们在三级会议中拥有双倍名额的代表权。关于这一举动，西厄耶神甫写了一本著名的书，叫作《何为第三等级》。他最终得出了一个结论，第三等级（这是对中产阶级的另一个称呼）应该代表一切。在过去，他们什么也不是，现在则希望获得他们应有的地位。他的这本书充分表达了当时关心国家利益的绝大多数人的情感。

最后，选举就在这种不堪入目的混乱局势下展开了。等到结果一出来，共有三百零八名神职人员代表、两百八十五名贵族代表以及六百二十一名第三等级代表将要来到凡尔赛宫召开三级议会。但是，第三等级还会带着一份被称为“纪要”的长篇报告，内容是关于他们选民的种种抱怨和冤情。舞台终于做好了准备，拯救古老法国的最后一场重头戏即将开演了。

1789年5月5日，在凡尔赛宫召开了三级议会。国王心情低落，经常会发脾气。神职人员和贵族们也公开对外宣布，说他们不会放弃任何一项权力。国王让这三个等级的代表分别在不同的房间里开会，各自讨论自己的冤苦。第三等级的代表们拒绝执行国王的这个命令。1789年6月20日，他们在一个临时搭建的网球场上庄严宣誓。他们坚持要求三个等级——神职人员、贵族以及第三等级代表，应该在同一个房间里开会，并把这个决定告诉国王。国王最终被迫屈服了。

作为一个“国民会议”，三级会议开始严肃地讨论法兰西的国家体制。国王对此非常气愤，可是自己又优柔寡断，迟迟不能做出决定。他对公众宣布誓死也不放弃绝对君权。后来，他就外出打猎去了，把国家大事给他带来的烦恼和忧虑统统抛到脑后。等到他满载而归时，对三级会议做出了让步。按照国王天生的习惯，他总是喜欢在错误的时间使用错误的方法来做正确的事情。当人民在吵闹中提出A要求时，国王就会对他们严加斥责，并且报复他们。紧接着，当陛下的宫殿被一大群呼喊的穷人包围时，国王就会投降，并且答应人民的一切要求。然而那时，人民提出的要求已经是A加上B了。这种事时常发生。当国王正准备向自己热爱的人民屈服，并且同意在A和B要求的文件上签署自己的名字时，人民又觉得不满足了，他们威胁国王说，除非答应所有的A要求和B要求以及C要求，否则就杀死他的全家。就这样，人民的要求一点点地增加，从一个单词逐渐增加到一整页白纸，直到国王在不知不觉中走上了断头台才结束。

雅各宾党与国王的较量

非常不幸，行动迟缓的国王总是会比局势的发展慢半拍，他一直都没意识到这点。直到他把自己高贵的头颅放在断头台上，他还仍然觉得自己是一个遭受迫害和虐待的人。他竭尽全力使用原本就不多的力量，关爱着自己的臣民，然而，他的臣民们给他带来的回报却是天下最不公正、最残酷的对待。他直到死都没有明白自己到底犯了什么错！

我经常提醒大家，对历史追问“假如”，是毫无意义的事情。我们也许轻而易举地说，“假如”路易十六是一个精力旺盛、内心残忍的人，那么法国的君主专制制度也许会生存下去。但是，国王并不只是一个人。“即便”他拥有像拿破仑一样的冷酷无情和超强的军事能力，在那个风雨飘摇的年代，他很有可能由于妻子的行为而断送生命。王后玛丽·安东奈特是奥地利的皇太后玛利亚·特利莎心爱的女儿。在她的身上，集中体现了那个时代在专制宫廷中长大的年轻姑娘身上的所有美德与陋习。她的行动通常会使路易的处境更加艰难。

面对三级会议咄咄逼人的威胁，王后玛丽·安东奈特决定采取主动行为，策划一场反革命的阴谋。内克尔突然被解职了，国王的忠实军队同时收到密令，向巴黎开攻。当消息一传出来，被激怒了的人民开始向巴士底狱发出猛攻。1789 年 7 月 14 日，发起起义的人们摧毁了熟悉又深受憎恨的政治犯监狱。这个监狱曾经是君主专制暴政的象征，但现在只是用于关押小偷和较轻罪犯的城市拘留所。许多贵族感觉他们将面临极大的危险，于是纷纷逃到国外。但是国王就像往常一样若无其事，在巴士底狱被摧毁的那天，他还去皇家森林打猎，晚上，带着几头猎获的母鹿，满心欢喜地回到了凡尔赛宫。

8 月 4 日，国民议会正常运转起来。在巴黎群众的强烈呼声下，国民议会成功地废除了王室、贵族和神职人员的一切古老特权。8 月

27日，议会发表了著名的《人权宣言》，也是法国第一部宪法的序言。直到目前为止，局势仍在国王的掌控之中，但是王室依然没有吸取教训。大多数人民开始怀疑，国王很有可能会再次密谋，试图阻止这些改革措施。10月5日，在巴黎引发了第二次暴动。这次暴动波及了凡尔赛，直到人们把国王带到巴黎的宫殿，暴动才结束。人们不放心路易一个人待在凡尔赛，他们要求能随时对他进行监视，以便控制他与生活在维也纳、马德里和欧洲其他的亲戚们的秘密联系。

在这时，国民会议在领导人米拉波的率领下，开始大规模地整顿混乱的局势。米拉波出身贵族，后来成了第三等级的伟大领袖。不幸的是，他还没有来得及挽救国王的地位，就在1791年4月2日去世了。幸运的是，他的死使路易开始意识到了自己的危险，开始为自己的性命担忧起来。6月21日傍晚，国王企图偷偷地逃跑。但是，国民自卫军凭借硬币上的头像认出了他，在瓦雷内村周围把他拦住了。路易被灰溜溜地遣送回了巴黎。

1791年9月，法国通过了第一部宪法，完成了任务的国民议会成员也相继撤退了。1791年10月1日，召开了立法会议，继续完成国民议会没有完成的工作。在这批新的立法会议代表中，有许多人是狂热的革命党人。其中，胆子最大、最著名的一个派别就是雅各宾党。这个派别是由于他们经常在雅各宾修道院举办政治聚会而得名。这些年轻人（他们大部分是专业人员）喜欢发表情绪激昂、充满暴力色彩的演讲。当报纸把雅客宾党的这些演讲内容传到柏林和维也纳时，普鲁士国王和奥地利皇帝就一心想要采取行动，挽救他们兄弟姐妹们的命运。当时，各国列强正忙着瓜分波兰。不同政治派别互相攻击，自相残杀，整个波兰就变成了一块任何人都可以分享的肥肉。但是，在争夺波兰之余，欧洲的国王和皇帝们还是想方设法派了一支军队入侵法国，想要解救路易十六于危难之中。

于是，法国一下子陷入到了一种恐慌中。历经多年的饥饿与痛苦累积出的深仇大恨，在此时达到了顶峰。巴黎的民众向国王居住的杜伊勒里宫发起了猛攻。对王室尽忠的瑞士卫队竭尽全力保卫着他们的主子，然而，优柔寡断的路易在此时又退缩了。当攻击王宫的人潮正要离开时，国王却发出了一个“停止射击”的命令。民众被灌醉了，借着酒劲，在惊天动地的呼喊声中冲进了王宫，把瑞士卫队的士兵全部杀光。紧接着，他们在会议大厅活捉住了路易，立刻废除了他的王位，把他关在丹普尔老城堡。昔日地位显赫的国王如今却沦为了阶下囚。

奥地利和普鲁士军队还在继续前进。恐慌开始变得歇斯底里，善良的人们全部变成了凶猛的野兽。1792 年 9 月的第一个星期，人民冲进了监狱，杀死了所有被关押的囚犯。政府任凭暴民胡作非为，不予以任何干涉。在丹东领导下的所有雅各宾党人心里都非常清楚，这场危机不是以革命的彻底胜利为终点，就是以国王的死为终点。只有采取最野蛮、最残酷的方式，才能挽救自己于危难之中。1792 年 9 月 21 日，立法会议结束了，又成立起了一个新的国民公会，几乎全部是由激进的革命者组成。公会正式指控路易犯有最高叛国罪，并在国民公会面前接受审判。他的罪名成立了，以 361 票对 360 票的表决结果(这决定路易命运的一票，是他的表兄奥尔良公爵投下的)判处死刑。1793 年 1 月 21 日，路易挺胸抬头，沉着冷静地走上了断头台。直到死，他也没有明白导致流血和骚乱的原因。他太高傲了，从来不会向旁人请教。

紧接着，雅各宾党把矛头转向了国民公会中一个比较随和的派别，那就是吉伦特党人。这个派别因大部分成员由南部的吉伦特地区的人民组成而得名。随着一个特别的革命法庭的成立，吉伦特党人的二十一名领袖全部被处以死刑，其余的成员纷纷被迫自杀。其实，他们是一些诚实勤劳的人，只是太过于理性、过于随和，很难在混乱的恐怖岁月中苟且偷生。

1793 年 10 月，雅各宾党人宣称要“在和平恢复以前”暂时停止宪法的实施。由丹东和罗伯斯庇尔率领的小型“公安委员会”接管所有的权力。基督徒的信仰和公元旧历被废除了。一个“充满了理性的时代”（这是托马斯·潘恩在美国革命时大力宣扬的）带着它的“革命恐怖”精神，终于降临了。在接下来的一年多时间里，那些善良朴实的、狡诈邪恶的以及保持中立的人们遭到了屠杀，死于“革命恐怖”的人数平均每天高达七十多人。

就这样，国王的专制统治被彻底地摧毁了，取代它的是少数人的暴政。他们酷爱民主，以至于不能容忍与他们观点相悖的人。法兰西立刻变成了一座屠宰场，人人自危，互相猜疑。几名老国民议会的成员深知道自己最终会走向断头台，在极度的恐惧的压力下，他们最终联合起来，共同反抗已经把自己绝大多数同伴处死的罗伯斯庇尔。这位在当时唯一的一个真正民主战士想要自杀，可是没有成功。人们简单地处理了一下他下颚的伤口，把他拖上了断头台。1794年7月27日（根据当时的革命新历，这天是第二年的热月九日），恐怖统治终于宣告结束了，全体巴黎市民终于摘下了身上的沉重包袱，手舞足蹈地庆贺起来。

但是，法兰西面临的危险局势迫使政府必须将职能掌控在少数几个强有力的领袖手中，直到众多敌人完全被驱逐出法国的领土为止。当饱受饥饿和贫穷的革命军队在莱茵、意大利、比利时、埃及等地战场拼死抗争，击败每一个凶险的敌人时，一个由五个人组织起来的督政府最终成立了，他们统治了法国将近四年时间，随后，大权落到了一个叫拿破仑·波拿巴的天才大将手里，1799年，他担任了法国“第一执政”。此后的十五年中，古老的欧洲大陆变成了一个进行政治实验的实验室。

◆ 第 52 章　拿破仑皇帝 ◆

充满了野心的拿破仑

拿破仑，生于 1769 年，是著名的卡洛·玛利亚·波拿巴的第三个儿子。老卡洛是科西嘉岛的阿雅克肖市的一名诚实善良的公证员，得到人们的一致好评。他的好妻子叫莱蒂西亚·拉莫莉诺。其实，拿破仑并不是法国的公民，而是一个地地道道的意大利人。他的出生地科西嘉岛曾经是古希腊、迦太基和古罗马帝国在地中海地区的殖民地。多年来，科西嘉人一直在为争取独立顽强地反抗着。开始，他们想尽力摆脱热那亚人的控制，但是，到了 18 世纪中期以后，他们的斗争对象就变成了法国。法国曾经在科西嘉人与热那亚的战争中慷慨地向科西嘉伸出援助之手，后来，他们为了自己的利益又把这个岛占为己有。

在拿破仑 20 岁之前，年轻的他是一位忠于科西嘉的爱国者——可以说是科西嘉的“新芬党”，他一心想要把自己热爱的祖国从法国残酷的枷锁中解救出来。然而，法国大革命竟然满足了科西嘉人的种种诉求，这是绝对出乎他意料之外的，因此，当拿破仑在布里纳军事学院经过良好的军官训练以后，他把自己的全部精力一步步地转移到了这个接纳他的国家，并且为之效劳。虽然他的法语说得不是很好，也没有学会正确地拼写，而且摆脱不掉浓浓的意大利口音，但他还是最终成为一名法国人。直到有一天，他最终变成了法兰西一切优秀品德的最高代表。直到今天，他仍然被人们视为高卢天才的象征。

拿破仑在一夜之间就变成了业绩非凡的伟人，他的所有政治和军事生涯全算起来也不到20年。可是，就是在这短暂的时间里，他指挥的战争、获得的胜利、征战的路程、征服的土地、牺牲的数量以及实施的革命，不仅把欧洲大地弄了个底朝天，而且也大大超越了以前的任何人，就连亚历山大大帝和成吉思汗也无法和他相媲美。

拿破仑的个子不高，年轻时身体状况也不太好，相貌平平，很难给人留下深刻的印象。一直到他登上了事业的巅峰，在被迫出席的一些隆重的社交场合，他的仪态举止仍然是那么笨拙。他没有高贵的亲戚、显赫的家庭背景或是大笔遗产，他白手起家，完全依靠个人的实力向上攀爬。在他还处在青年时代的绝大部分时间里，他的生活都是非常贫穷的，经常挨饿，为得到一些额外的钱财而被弄得焦头烂额。

他在文学方面是个不及格的学生。有一次，他参加了里昂学院举办的作文竞赛，他写的文章排在第十五位，倒数第二名。然而，他凭借着对命运和前途的坚定的信念，他克服了出身、外貌和天分上的种种困难。凭借着野心勃勃的动力，他对自己的坚强信念，对签署在信件上和在他修建的宫殿里的大小装饰物上频频出现的那个大写字母“N”的崇拜，以及想要使“拿破仑”成为仅次于上帝的重要名字的顽强意志，这些强烈的欲望夹杂在一起，把他引领到了历史上前所未有的荣誉顶峰。

冷血天才

当年轻的拿破仑还是一个只能领到半饷的陆军中尉时，他就酷爱古希腊的历史学家普卢塔克写的《名人传》。但是，他从来没有想过要效仿这些古代英雄们身上显示出来的高尚品德。他好像缺乏人类有别于兽类的那些思考和替他人着想的细腻情感。很难断言他心里是否爱过除了自己之外的任何一个人。他对他的母亲倒是毕恭毕敬，但是莱蒂西亚本来天生具有高贵女性的风度，并且像意大利的所有母亲一样，她非常重视管理自己的孩子们，从而赢得孩子们应有的尊重。在拿破仑一生的几年时间中，真心爱过他美丽的妻子约瑟芬。约瑟芬的父亲是马提尼克的法国官员，她的前任丈夫是德·博阿尔纳斯子爵，子爵在一次指挥对抗普鲁士军队的战争失败后，被罗伯斯庇尔处死了，约瑟芬就成了寡妇，后来嫁给了拿破仑。但是，由于约瑟芬不能给已经当上了皇帝的拿破仑生下一个儿子，拿破仑就决定和她离婚，又娶了奥地利皇帝的一位年轻秀美的女儿。在他的眼里，这次婚姻只不过是一桩有利的政治交易。

在一次围攻土伦的著名战役中，身为炮兵连指挥官的拿破仑一举成名。战争之余，拿破仑还专心学习了马基雅维利的著作。很明显，他采纳了这位佛罗伦萨政治家在书中提出的建议。在以后的政治生涯中，如果不信守承诺能给他带来利益，他就会毫不犹豫地食言。在他的字典里，根本没有“感恩图报”这个词。但是很公平的是他也从来不奢望别人会对他感恩。他一向无视人类的所有痛苦。在1798年爆发的埃及战役中，他原本答应给战俘们留一条生路，但又立刻食言把他们全部处死。在叙利亚，他发现不可能把所有的伤员们运上船只，于是派手下人偷偷地用氯仿（一种有毒物质，是三氯甲烷的俗名）把他们毒死。他命令一个带有偏见色彩的军事法庭判处昂西恩死刑，在完全没有法律依据的情况下把他击毙了，唯一可以解释的理由就是必须要给波旁王朝一个严重的警告。他还下令把那些为祖国的独立而浴血奋战的俘获来的德国军官就地枪决，毫不珍惜他们反抗的高尚目的。当蒂罗尔著名的英雄安德烈斯·霍费尔在经过顽强抵抗后，最终被法军捕获时，拿破仑居然把他看成普通的叛徒处死了。

综上所述，当我们精心研究拿破仑的人物性格时，我们就能明白为什么英国母亲会在哄孩子们入睡时说，“如果你再不听话，专门把小孩当早餐的波拿巴就会来捉你！”无论说多少对暴君拿破仑令人气愤的坏话，好像都说不完。比如，他可以对监管军队的所有部门进行严格的监察，而无视医疗服务机构；又比如，由于他无法忍受士兵身上散发出来的汗臭味，他就会往身上喷洒大量的科隆香水，以至于自己的制服都被烧毁了，等等。这种坏事可以永远说下去，但是说完以后，我不得不承认自己的心怀着一种怀疑的态度。

现在的我，正舒适地坐在堆满了书本的写字台旁边，一边盯着打字机，一边照顾我的爱猫利科丽丝——它正在和复写纸玩儿。就在这时，我笔下正在写着拿破仑皇帝是一个多么令人生厌的卑鄙人物。但是，这时我恰好看到窗外的第七大道上，街上的车水马龙场面骤然停止，随之而来的是一阵威武震撼的鼓声，一个身材矮小穿着破旧绿色军装，骑着一匹白马的人走在纽约的大道上。那么，我也不知道接下来会发生什么事情！可是我觉得我很有可能会不顾一切地抛下我的书本、我的爱猫、我的房子以及我的一切东西，去追随他，一直跟着他到任何地方都可以。我的祖父就是这样做的，只有上帝才知道他并不是生来就是英雄。数以万计的祖父们也同样跟着这个他走了，他们得不到任何回报，他们也不奢求得到任何回报。他们满心欢喜、激情澎湃地追随着这位科西嘉人，为他浴血奋战，身负重伤，即便是丢掉自己的性命也毫无怨言。他把这些人带到了离家数千英里以外的地方，让他们冒着俄国、英国、西班牙、意大利和奥地利的炮火拼死作战，在面临死亡时他们那痛苦挣扎的目光依然能平静地凝视着天空。

假如你们非要我对此做出解释，我确实没有什么很好的理由。我只能猜想出一个理由——拿破仑是一位最著名、最伟大的演员，整个欧洲大陆就是他施展才艺的舞台。无论任何时候、任何情形，他总是能完美地做出最能感染观众的姿态，他总是能说出最触动听众心弦的台词。无论是在埃及荒漠中站在金字塔和狮身人面像前，还是在水草丰美的意大利草原上对士兵们的演讲，他的姿态、言语都充满了感染力。无论在什么样的困境中，他都是局面的绝对控制者。即使到了生命的尽头，沦落为大西洋中一个荒岛上的流放者以及一个任凭可恶的英国总督摆布的垂死挣扎中的病人，拿破仑依然控制着世界大舞台的中心。

滑铁卢战役失败之后，除了仅有的几个可靠的朋友以外，再没人见到过他。所有欧洲人都知道他被流放到了圣赫勒拿岛，有一支英国警卫部队正在夜以继日地严密监守着他。他们还知道另一支英国舰队正在密切监视着朗伍德农场看守着皇帝的警卫部队。然而，无论是拿破仑的朋友还是敌人，都无法忘记他的形象。当疾病的痛苦和对生命的绝望夺走他的生命时，他的双眼仍然在平静地注视着整个世界。直到今天，他在法国人的生活中，依然是一股强大的力量，毫不逊色于一百年前。当时，人们哪怕是只看一眼这个面色发黄的小个子，就会产生极强的兴奋感或是恐惧感，然后昏过去。他在克里姆林宫，对教皇和世界上最有权势的大人物们都会颐指气使，心高气傲，就像对待自己的仆人。

俄国反法战争的胜利

如果只是简单地描述一下他的生涯，那么需要写下几卷书。如果想详细讲解他对法国做出的巨大政治变革，他颁布的后来被大多数欧洲国家采用的新法典以及他在大庭广众下做出的无数积极行动，几千页纸都写不够。但是，我可以用几句话来解释清楚，为什么在他的前半生中能够取得许多成功而在最后的十年中却一败涂地。1789 至 1804 年，拿破仑无疑是法国革命的伟大领导者。他之所以能够战胜奥地利、意大利、英国以及俄国，原因就是他和他的士兵们，在当时都是“自由、平等、博爱”这些民主信仰的热情布道者，他们是王室贵族的敌人，是人民的朋友。

然而，1804 年，拿破仑自封法兰西的世袭皇帝，派人邀请教皇庇护七世（意大利人，原名巴尔纳巴·基亚拉蒙蒂）为他加冕，正如法兰克的查理曼大帝于800年邀请利奥三世为他加冕，当上了日耳曼皇帝一样，这个场景一直在诱惑着拿破仑，使他对重演旧戏充满了渴望。

当拿破仑一坐上王位，革命首领的形象一下子变成了哈布斯堡君主拙劣的效仿者。拿破仑忘记了他的精神领袖——雅各宾政治俱乐部。他不但不再扮演被压迫人民的保护者，反而成了所有压迫者和暴君的首领角色。他的行刑队伍时刻做好了准备，随时都会枪杀胆敢违反皇帝意志的人们。当神圣的罗马帝国悲惨的遗迹于1806年被全部丢进历史的垃圾桶时，当古罗马辉煌的最后一丝残余被一个意大利农民的孙子彻底击溃时，没有任何人为罗马落下同情的泪水。可是，当拿破仑的军队向西班牙入侵，强迫西班牙人民承认一个令他们反感的国王，并且屠杀了大部分仍然效忠旧主的马德里市民时，公众舆论反而开始反对这个过去在马伦戈、奥斯特利茨以及其他无数战役中的伟大英雄了。这时，拿破仑从革命的英雄一下子变成了旧制度下所有邪恶的化身，英国得到了播种迅速膨胀的仇恨种子的机会，所有诚实公正的人民都变成了法兰西的这位新皇帝的敌人。

当人们看到英国的报纸上开始报道法国大革命中一些阴险恐怖的细节时，英国人就对他们产生了极深的反感。在一个世纪前，查理一世统治时期，他们也曾经发起自己认为的“光荣”革命。然而，与法国革命的大动荡相比，英国的革命只不过是一次像郊游一样轻松的事件。在英国的普通老百姓眼中，雅各宾党人就是杀人不眨眼的魔鬼，拿破仑就是这群魔鬼的首领，遭到人们的唾弃。从1798年开始，英国的舰队就牢牢地封锁住法国港口，破坏了拿破仑经过埃及向印度进攻的计划。他在尼罗河沿岸争得一系列胜利之后，被迫忍受屈辱进行撤退。到了1805年，英国人终于盼到了战胜拿破仑的最佳时机。

在位于西班牙西南海岸，特拉法尔角附近，内尔森大将军把拿破仑的舰队彻底摧毁了，法国海军从此萎靡不振，拿破仑也被困在了陆地。即使到了这种地步，如果拿破仑能抓住时机，委曲求全，接受欧洲列强提出的令他难堪的和平条件，他依然可以悠闲地坐稳欧洲霸主的位子。可惜，拿破仑被以前取得的荣誉冲昏了头脑，心中容不下一个对手，也绝不允许任何人和他平起平坐。于是，他把仇恨的矛头指向了俄罗斯，那片遍布炮灰的神秘国土。

只要俄罗斯还处在保罗一世（女皇凯瑟琳半疯癫的儿子）执政时期，拿破仑就非常清楚该如何攻击俄国，然而，保罗的脾气似乎比以前更加难以捉摸了，以至于被他激怒的臣民们不得不暗地里将他杀害，以免所有人遭受流放到西伯利亚铅矿之苦。继任王位的是保罗的儿子亚历山大沙皇。亚历山大与他的父亲不一样，他对法国的这位篡位者没有什么好感，反而把他视为人类的公敌与和平的摧毁者。他对上帝忠诚，并且坚信自己就是上帝精挑细选出来的解放者，肩负着引领世界走出邪恶的科西嘉诅咒的历史使命。他坚决地加入了由普鲁士、英格兰和奥地利组成的反拿破仑联盟组织，但是没有取得胜利。他先后尝试了五次，可是五次都失败了。1812 年，他再次对拿破仑进行人格上的侮辱和咒骂，把拿破仑气得两眼发黑，发誓一定要攻打到莫斯科，签署城下之盟。于是，西班牙、德国、荷兰以及意大利等大片的欧洲地区，大部分部队被迫向遥远的北方进攻，为这位伟大皇帝那遭到重创的尊严进行大规模的报复行动。

随后发生的事情大家都知道。经过了长达两个月艰难的进军，拿破仑终于来到了俄罗斯的首都，并且在克里姆林宫建立起了他的司令部，然而，他攻占的只不过是一座空城。1812 年 9 月 15 日深夜，莫斯科燃起了熊熊烈火，大火一直持续了四个昼夜，等到第五天傍晚的时候，拿破仑被迫撤退。两周以后，天空下起了大雪，厚厚的积雪覆盖了整个森林和原野。法国的军队在积雪和泥泞的道路中艰难地行进，直到 11 月 26 日才到达别列齐纳河。这时，俄军已经开始了猛烈的反攻。哥萨克骑兵团把法国的军队层层包围住，大肆屠杀。法军损失相当惨重，直到 12 月中旬，才有第一拨衣衫褴褛、模样狼狈的幸存者逃到德国东部城市。

紧接着，即将发生反叛动乱的谣言迅速传播开来。“到时候了，”欧洲人说，“我们脱离残忍的法兰西枷锁的好日子已经到了！”他们纷纷拿出在法国间谍严格监视下精心藏好的滑膛枪，做好了反击的准备。可是，当他们还没有弄清楚到底发生了什么事，拿破仑就率领着一支生力军重新返回了。原来，拿破仑在离开了被击败的军队后，乘坐一副雪橇，秘密逃回了巴黎。他发出征集军队的命令，以防神圣的法兰西领土遭受外敌的入侵。

拿破仑新征召的军队，是由一大群十六七岁的孩子组成的，这支军队跟着他前往东边迎击反法联军。1813年的10月16、18、19日，大规模的莱比锡战役爆发了。历经整整三天的时间，身穿绿色军装和蓝色军装的两大群男孩进行着殊死搏斗，直到鲜血把埃尔斯特河水全部染红。10月17日下午，大批俄国后备部队不断前往战场，突破了法国军队的防线，拿破仑抛开部队仓皇逃跑了。

他再次返回巴黎，想让他的儿子继承王位。但是反法联军坚持让路易十八（已经去世的路易十六的弟弟）继承王位。在哥萨克骑兵和普鲁士枪骑兵的不断呼吁和追捧下，目光呆滞的波旁王子成功地进入了巴黎。

拿破仑，成了地中海厄尔巴岛上的君主。在那里，他把他手下的马童们组建成一支小型军队，在自己的范围内排练了无数次大大小小的战役。

走向失败

当拿破仑离开法国的时候，法国人民就开始怀念过去的生活了，他们意识到他们已经失去了非常宝贵的东西。在过去的二十年中，尽管他们付出的是高昂的代价，可那毕竟是一个充满荣誉和梦想的年代。那个时候，巴黎是世界之都，是辉煌灿烂的中心，但是，一旦失去了拿破仑，法国和巴黎就成了一个平庸的俗地。肥硕的波旁国王在流放期间不学无术，没有任何进步，没过多久，巴黎人就开始对他的懒散和庸俗产生反感了。

1815 年 3 月 1 日，反法联盟的代表们正准备整理大革命后混乱的欧洲版图，拿破仑就在这时突然出现在了戛纳。在短短的不到一周的时间里，法国军队抛弃了波旁国王，纷纷前往南方向拿破仑效忠。拿破仑直接返回巴黎，3 月 21 日安全抵达。这次，他变得更加谨慎，向反法联盟发出求和信号，可是盟军坚持用战争来解决问题。整个欧洲共同反对这个背信弃义的科西嘉人。皇帝立刻率领大军一路向北，企图在敌人们联合起来之前把他们各个击破。但是，如今的拿破仑已经不像过去那样健壮了。他经常生病，动不动就会感觉疲惫。当他原本应该保持十二分的精神，指挥他的部队发动进攻时，他却躺下呼呼大睡起来。此外，他还失去了许多对他尽忠的老将军，这些人都死在了他前面。

6 月初，拿破仑的军队来到比利时。6 月 16 日，他成功地击败了布吕歇尔的普鲁士军队。但是，他手下的一名将军并没有遵照他的命令，把正在撤退的普鲁士部队全部摧毁。

两天后，拿破仑在滑铁卢与惠灵顿的军队相遇了。到下午 2 点的时候，法军表面上似乎快要赢得战争的胜利。到了 3 点钟，一股浓浓的烟尘出现在了东方的地平线上。拿破仑认为是自己的骑兵部队前来接应他（他认为此时他们肯定是击败了英国军队），到下午 4 点的时候，他才弄清楚真正的情形。原来是布吕歇尔发出的咆哮，他们率领一批筋疲力尽的士兵投入到战争中。一下子就使拿破仑卫队乱了阵脚，他再也没有多余的预备部队可以指挥了。他吩咐部下要竭尽全力保住性命，自己又一次抛弃自己的部队逃跑了。

他第二次让位给他的儿子。当他逃离厄尔巴岛正好一百天的时候，他再次离岸而去，想要前往美国。1803 年，仅仅为了一首歌，他就把法国的一个当时正被英国占领的处境艰难的殖民地圣路易斯安那卖给了势力薄弱的美利坚合众国。所以他经常说：“所有美国人都会感激我，他们会给我一小块土地和一个可以栖身的房子，让我平静地过完余生。”然而，强大的英国舰队密切监视着法国的所有港口，处在盟国的陆军和英国的海军之间的拿破仑进退两难，没有任何选择的机会。普鲁士人想要枪毙他，可是从表面看来，英国人可能会宽容一点。拿破仑在罗什福特焦急地盼望着，希望局势能得到好转。最终，在滑铁卢战役结束一个月以后，拿破仑接到了法国新政府下达的命令，限他二十四小时之内离开法国领地。无奈之下，这位悲惨的英雄只能给英国的摄政王（国王乔治三世由于精神失常被关在精神病院）写信，告诉国王他准备将自己交给敌人，希望在他们的欢迎下得到一个温暖的避风港……

6 月 15 日，拿破仑登上一艘名为“贝勒罗丰”号的英国战舰，把自己的佩剑交给了霍瑟姆海军上将。在普利茅斯港，他又被转送到了“诺森伯兰”号战舰上，开往他最终的流放地——圣赫勒拿岛。在这里，他悠闲地度过了生命中的最后七年。他试着写一本回忆录，他和看守人员不停地争吵，他经常沉浸在对过去的回忆中。奇怪的是，他在回忆中回到他出发的地方，他回忆起自己过去为了革命艰苦奋战的岁月，他试着使自己相信，他一直是“自由、平等、博爱”这些原则的真正朋友，它们由那些穷困的国民议会的士兵们传到了世界的各个角落，但他很少会提到帝国。他只喜欢讲述身为总司令和首席执政的那段时光。有时，他还会想起他的儿子——赖希施坦特公爵，还有他喜欢的小鹰。现在，他的儿子就住在维也纳，被他那些哈布斯堡表兄们视为一个不值钱的穷亲戚接待。想当初，这些表兄的父辈们一听到拿破仑的名字，就会吓得浑身发抖。当他临死的时候，他正回想着带领他的军队正在走向胜利，他发出了一生中的最后一道命令：让米歇尔·内率领的卫队出击。随后，他永远地停止了呼吸。

读到这里，如果你想为他传奇的一生得到更好的解释，如果你真心想弄清楚为什么一个人能够仅凭超强的意志力就能统治这么多的人，那么请你一定不要阅读他的传记，因为这些书的作者不是对他满怀怨恨，就是热爱他的虔诚追随者。也许，你能从这些书中得到很多事实，然而，与僵硬的历史事实比起来，有时你更需要感觉历史。在你听到那首叫作《两个掷弹兵》的歌曲前，千万不要去阅读各种各样的书籍。这首歌的歌词是生活在拿破仑时代的一位著名德国诗人海涅所创作出来的，曲作者是音乐家舒曼。当拿破仑前往维也纳拜见他的奥地利岳父时，舒曼曾经近距离地目睹过这位德国的对手。这回你明白了，这首歌是由两位极其憎恨他的艺术家创造出来的。

听一下这首歌吧！听完后闭上眼睛稍微回味一下，你很可能会体会到一千本历史书都不会告诉你的东西。

◆ 第 53 章　神圣同盟 ◆

当拿破仑被流放到圣赫勒拿岛时，曾经输给他的欧洲统治者们齐聚维也纳，想要试图消除法国大革命给他们带来的影响。

华尔兹带来的同盟

欧洲所有的国王、公爵、大臣和普通的大使总督主教们，还有他们身后尾随的大群秘书、仆人和听差，他们以前曾经因为恐怖的科西嘉人的突然重返（如今，他不得不天天待在圣赫勒拿岛，虚度最后的光阴了）而被残忍地迫害。现在，他们全部恢复了自己的工作岗位。为了庆祝胜利，他们举办了各种晚宴、花园酒会和舞会。在舞会上，追求时尚的人跳起了令人震惊的新式“华尔兹”舞，于是引起了那些仍然怀念小步舞时代的人们暗地里的议论。

在长达整整一代人的时间里，他们整日处于惶恐不安的状态。当他们终于脱离了危险，一谈到革命期间遭受的种种折磨与痛苦，他们开始不停地倾吐满腹的苦水。他们希望捞回损失在雅各宾党人那里的每一分钱。这些没什么名声的野蛮革命者竟然想处死上帝授位的国王，还自作主张废除了戴假发，想用巴黎贫民窟的破烂长马裤取代凡尔赛宫廷风格的优雅短裤。

你们一定会觉得很可笑吧，因为我居然会提到这种琐碎无聊的小事。但是，维也纳会议就是由这一长串荒谬滑稽的议程组成的。关于“短裤与长裤”的问题成了与会代表们长时间的兴趣，相比之下，萨克森的下一步安排和西班牙问题的解决方案反而成了最无关紧要的小问题。普鲁士国王走得最远，他特意定制了一条小短裤，向公众展示国王对一切革命事物的极度藐视。

另一位德国君主在体现他对革命的藐视上也不甘落后。他庄严地颁布了一条敕令：凡是给拿破仑缴纳过税款的属民，必须重新向自己合法的统治者缴纳税款。因为当他们在被科西嘉人任意摆布时，他们的国王正在一个遥远的角落里默默地为他们祈祷。就这样，维也纳会议上发生了一连串的荒唐事件。直到有人气得再也无法忍受的时候，他们疾呼道："上帝啊，百姓为什么不抗议呢？"是啊，为什么不抗议呢？那是因为人民已经被连年的战争和革命弄得筋疲力尽，他们完全处于绝望的地步，不会在乎以后会发生什么，或者由谁在哪里并且如何统治他们了。只要能够生活在和平年代，就感激不尽了。战争、革命、改革这些折磨人的事情已经耗尽了他们全部的精力，他们感到极度疲惫和厌倦。

上个世纪 80 年代，每个人都在为自由生活欢天喜地。王公们会热情地拥抱他们的仆人，公爵夫人也会拉着仆役一同跳卡马尼奥拉舞（这是在法国革命期间盛行的舞蹈）。他们坚信，一个充满了自由、平等以及博爱的新纪元降临到了这个原本邪恶的世界，一切都重新开始了。然而，随着新纪元而来的，是造访的革命委员，以及他身后的一群穷困的、饱受饥饿的士兵。他们抢占了客厅的沙发，在主人的餐桌前尽情畅饮，填满他们饥肠辘辘的肚子。等造访结束，革命委员返回巴黎，向政府递交报告，描述了"获得解放的国家"的人民接受法国人民带给他们自由宪法时的热情，他们还顺手偷走了主人祖传的银制餐具。

当他们得知有一个叫"波拿巴"（或"邦拿巴"）的年轻军官把枪口指向暴民，镇压了巴黎的最后一次革命骚乱，他们一下子松了口气。为了得到安宁的生活，牺牲一部分自由、平等和博爱也是可以接受的。但是没过多久，这位"波拿巴"就成了法兰西共和国三个执政官之一，后来又成了唯一的执政官，最终成为法兰西的皇帝。由于他比以前的任何一个统治者都更加强大、更有效率，所以他的势力范围也是最大的，管辖的领域也非常宽，他没有一丝同情，残忍地压迫着可怜的属民们。他强行征召男孩子参军，把他们漂亮的女儿强行嫁给手下的大将军，他还强行夺走了他们的油画古董，当成私人珍藏。他把欧洲变成一个大军营，牺牲了整整一代青年人的生命。

现在，他终于被关在了大西洋的圣赫勒拿岛上。人们（不包括为数不多的职业军人）只剩下了一个愿望：让他们过上安静的日子，不受任何人打扰。以前，他们得到了自治权，自己选举市长、市议员和法官，可是这套体制却在实践中失败了。新的统治者不但没有经验，而且口出狂言，在旧伤还没有被抚平时，又添了许多新伤口。由于陷入了完全的绝望中，人们转向了旧制度的代理人。他们说："你们像以前一样统治我们吧，我们欠你多少钱，一定会全部付清。其他人请高抬贵手，我们正在忙着修复自由时期带来的伤口。"

那些操纵着维也纳会议的领军人物们，必然会尽全力满足人们对和平与安宁的渴望。维也纳会议取得的主要成果就是神圣同盟的缔结，会议使警察机构成为处理国家事务的主要力量。对那些敢于对国家政策提出质疑和否定的人士，实施最严厉的惩罚。

欧洲终于得到的和平与自由，只不过是笼罩在墓地上没有一丝生机的和平与自由。

维也纳会议的三大巨头

维也纳会议的三位领军人物分别是俄国的沙皇亚历山大、代表了奥地利哈布斯堡家族的首相梅特涅以及前奥顿地区的主教塔列朗。在法国政府多次陷入危机四伏的动荡中，塔列朗依靠自己的诡计多端，奇迹般地活了下来。如今，他代表法国前往奥地利首都，想要尽最大的可能拯救被拿破仑糟蹋得不堪入目的法国。就像一首打油诗里描写的一个快乐的青年完全没有感觉到旁人的白眼一样，塔列朗这位不速之客闯入了宴会，还兴奋地吃喝说笑，好像他真的是被盛情邀请的上宾一样。而事实是，他非常成功。没过多长时间，他就风风光光地登上了主位，他为嘉宾们讲述精彩的小故事以助兴，以自己的人格魅力赢得了大家的好感。

在塔列朗抵达维也纳的前一天，他就已经知道了盟国分裂成了两个敌对的派别。一方是想要吞并波兰的俄国和企图占领萨克森的普鲁士；另一方是想阻止兼并的奥地利和英国。但是，无论是让普鲁士还是俄国获得欧洲的霸主地位，都会对英国和奥地利产生不利的影响。塔列朗凭借自己高超的外交手法和骑墙法，尽情地游刃于两大派别之间。通过他的努力，法国人民才得以免遭像其他欧洲人在王室的手下经受长达十年的压迫。他在会议上争论道，法国人民的这种做法其实是出于无奈，是拿破仑强迫他们按照自己的意愿行事的。现在这位篡位者已经彻底离开，路易十八继承了王位。塔列朗便为他求情，“就给他一次机会吧！”而盟国当时正希望看到一位合法的君主坐在一个革命国家的王位上，所以他们慷慨地做出了让步。就这样，波旁王朝终于得到这个大好的机会，却做得太过头，导致在十五年后被再次赶下台。

维也纳三大巨头中的另一位是奥地利的首相梅特涅，全名为文策尔·洛塔尔·梅特涅——温斯堡亲王。他同时也是哈布斯堡外交政策的制定者。正如他的名字，他是一位大庄园主，风度优雅的绅士，家财万贯并且有着超强的能力。然而，他是一个与城市和农庄里辛勤工作的平民大众相距甚远的那个封闭社会的产儿。青年时代的梅特涅曾经在斯特拉斯堡大学学习，当时正是法国大革命时期。斯特拉斯堡是《马赛曲》的出生地，也是雅各宾党人的活动中心。在梅特涅的那段悲伤的记忆中，青年时代本应该愉快的生活节奏被无情地打断了，一大批庸俗的市民被突然召集去做他们无法完成的工作，暴民们整日欢庆以杀害无辜的生命换来的新自由曙光。然而，梅特涅没能看到人民的热情，他没有看到当妇女和儿童为贫穷的国民自卫军捐赠物品，目送着他们离开了城市，到战争前线为祖国法兰西光荣献身时，眼睛里闪烁着希望和神采。

大革命的所有事物给梅特涅留下的只有反感。革命实在是太野蛮、太不文明了。如果非得发生一场斗争，那也应该由身穿漂亮制服的年轻人，骑着配有精致马鞍的威猛无比的大马，冲出田野进行体面的搏斗。可是，把整个国家变成一个发散着恶臭味的大军营，让流浪汉一夜之间变成大将军，这绝对是愚蠢和邪恶的行为。他经常会对在奥地利公爵们轮流举办的小型晚宴上遇到的法国外交官说："看啊，你们那些睿智的想法带来的是什么？你们整天喊着自由、平等、博爱，可是最终等来的却是拿破仑。如果你们没有胡思乱想，珍惜现行国家制度，你们的现状不知会比现在好多少倍啊！"紧接着，他就会阐述自己发明的一套关于"维持稳定"的政治见解。他竭尽全力宣扬重新返回大革命前的旧制度，那个时代，每个人都过着幸福的生活，也没人会编出一些"天赋人权或是人人生而平等"的话。他凭借真诚的态度、坚强的意志、非凡的才华和能力，尽力说服别人，因此他也被一切革命思想视为最危险的敌人。梅特涅直到 1859 年才去世，他目睹了 1848 年的那场欧洲革命把自己苦心经营的政策全部扫进了历史垃圾堆里，彻底失败了。他一下子就变成了全欧洲人民最憎恨的家伙，曾经好几次都面临被愤怒的市民私自处以死刑的危险。然而，直到生命结束的时候，他还依然认为自己的做法是完全正确的，对社会绝对有益。

他一直坚信，与危险的自由相比，人民更希望得到的是和平，他竭尽所能把人民最希望得到的东西赐给他们。公平地讲，我们不得不承认他全力构建的世界和平取得了极大的成功。列强们有长达四十年的时间没有自相残杀。直到 1854 年，俄、英、法、意大利以及土耳其为了争夺克里米亚而爆发的战争，和平的局面才被打破。这么长的和平时期至少在当时的欧洲大陆上是最长的。

维也纳会议上的第三位英雄就是沙皇亚历山大。他是在他的祖母——著名的凯瑟琳女皇的宫廷中长大的。除了这位聪明的老妇人引导他把俄罗斯的荣誉视为生命中最重要的事情以外，他还有一位私人的瑞士籍教师，他是伏尔泰和卢梭的疯狂崇拜者。这位教师极力向他幼小的心灵灌输要热爱全人类的思想。这样，当亚历山大长大以后，他的身上神奇地混合了自私的暴君与忧伤的革命者两种截然不同的气质，这使他深深地陷入了自我矛盾的折磨之中。当他那疯癫的父亲保罗一世执政期间，亚历山大遭到了极大的屈辱。他被迫观看拿破仑战场上的大屠杀，俄军的惨败。后来他交上了好运，他手下的军队为盟国获得了胜利。俄罗斯从荒凉的即将崩溃的边境之国摇身变成了欧洲的救世主，沙皇也被尊奉为神明。人们全都指望他来医治世界的所有创伤。

不幸的是，亚历山大本人有点愚笨。他与塔列朗和梅特涅不一样，他没有那样深谙人性，在外交方面也不精明。但是，亚历山大像所有人一样爱慕虚荣，喜欢听到群众的掌声与欢呼。很快，他就成了维也纳会议中的焦点和吸引力的源泉，而梅特涅、塔列朗和卡斯雷尔这些精明能干的英国代表只不过是个配角，一边惬意地品尝着匈牙利的甜酒，一边决定应该做一些实事，他们需要俄国，因此对亚历山大绝对恭敬。而且亚历山大越是很少参与一些实质性的工作，他们就越是高兴。他们甚至非常赞同亚历山大提出的组建“神圣同盟”的伟大计划，以便让他全身心地投入到这项工作中，自己就可以着手处理那些紧急的事情了。

亚历山大喜欢与人交往，经常出席各种类型的晚会，会见各阶层大大小小的人物。在这些场合中，沙皇的心情既轻松又快乐。但是，他还有另一种截然不同的性格。他努力忘掉某些令他难以忘记的事情。1801 年 3 月 23 日夜里，他焦急地端坐在一间彼得堡圣米歇尔宫的房间里，静静地等待着父亲退位的信息。可是，保罗拒绝签署那些喝得烂醉的官员们强塞给他的文件。官员们一怒之下，用围巾死死地缠住了他的脖子，把他活活地勒死了。紧接着，他们就到楼下去告诉亚历山大，他已经变成了俄罗斯的皇帝。

亚历山大天生就很敏感，这个恐怖的夜晚给他带来的记忆一直浮现在他的脑海里，怎么也忘不掉。他曾经受过法国哲学家们的伟大思想的熏陶，这些人不相信上帝，只相信人类的理性。但是，单纯的理性并不能使沙皇完全摆脱心灵的困境。他开始出现幻觉，感觉到无数各种各样的事物和声音从他身边飘过。他试图找到一种方法，使自己不安的良心慢慢地平静下来。他变得越来越虔诚了，对神秘主义产生了极大的兴趣。神秘主义就是对神秘而又未知的世界的极度崇拜和热爱，它的渊源和底比斯、巴比伦的神庙一样，都很长远。

女先知的魅力

大革命期间产生的过分膨胀和焦虑情感以一种古怪的方式深深地影响着人们的性格。经历了长达二十年的恐惧和焦虑折磨的人们，都有点神经质。每次一听到门铃响，他们就会吓得惊跳起来，因为这声音很有可能意味着他们唯一的儿子战死沙场了。大革命期间大力宣传的“兄弟情”或“自由”等观念，在饱受折磨的农民耳朵里，只不过是一些没有内涵的空洞口号。他们希望能够抓住任何能帮助他们脱离苦海的稻草，使他们重新找回面对生活的勇气。在痛苦和悲伤中，他们不知不觉地就被一大帮骗子骗昏了。这些骗子伪装成先知，到处传播他们从《启示录》中某些晦涩内容里挖掘出来的奇特教义。

1814 年，曾经多次占卜的亚历山大听说了一个女先知的事情。据说她预言到了世界末日，正在教化人们要尽早悔悟过来。这个人就是冯 • 克吕德纳男爵的夫人。这个俄国女人的丈夫是保罗执政时的一名外交官。人们议论着她的年龄和名誉，但是都不确定。据说，她把丈夫的所有钱财都挥霍了，还因为各种桃色事件使他颜面扫地。她过着轻浮和放荡的生活，最终导致身心崩溃，陷入了精神失常的状态。后来，由于目睹了一位朋友的突然死亡，她信仰了宗教，从此对生活中的一切快乐产生反感。她向一位鞋匠虔诚地忏悔自己的罪恶，这位鞋匠是忠实于摩拉维亚兄弟会成员的人，同时也是当年被康斯坦斯宗教会议处以残酷火刑的宗教改革家胡斯的忠实信徒。

在接下来的十年中，克吕德纳就住在德国，全部精力都用于劝说王公贵族们信仰宗教，并成为其中的一员。要使能感动整个欧洲的救世主——亚历山大皇帝，让他意识到自己犯下的错误，是这位男爵夫人最大的心愿。而当时亚历山大正处于深深的忧伤中，任何能给他带来一丝安慰的人，他都愿意接见。两个人的会面很快就被安排好了。1815 年 6 月 4 日，这天的傍晚，男爵夫人被人领进了沙皇的营帐。她第一眼看到这位地位显赫的大人物时，亚历山大正在阅读随身携带的《圣经》。我们也不知道男爵夫人到底对亚历山大说了什么。只是当他们会面了三个小时以后，男爵夫人离开时，亚历山大痛哭流涕，发誓说“他的灵魂终于可以安宁了”。从那天起，男爵夫人就成了亚历山大忠实的伙伴和灵魂导师。她跟着沙皇来到了巴黎，随后又到了维也纳。当亚历山大不参加舞会的时候，他就会去参加克吕德纳夫人举办的祈祷会。

读到这里，你也许会问，“你为什么要这么详细地讲述这个神秘的故事？难道 19 世纪发生的种种社会变革不比这个精神失常的女人的生涯更有重要性吗？难道忘记这个女人不是更好吗？”当然，答案是肯定的。只是这个世界上已经有太多的历史书了，它们足够为你讲述那些精确又详尽的历史大事。而我在这里是希望你们能从历史中了解到一些比一连串的历史事实更多的东西。我希望你们能够怀着公平的并且没有任何偏见的心灵去接近历史、感受历史，千万不要仅仅满足于什么时间什么地点发生了什么事这种简单乏味的陈述。逐渐挖掘隐藏在每个行为背后的动机，然后你就会对世界的了解更深一层，你也会得到更多的机会去帮助别人。归根结底，只有这样才是唯一的真正使人得到满足的生活方式。

两个不幸的男女共同创造出来的作品

在这里，我不认为“神圣同盟”仅仅是1815年签署，至今勉强保存在国家档案馆中的早已被废弃和遗忘的一张废纸。它也许早已被人们遗忘了，但并不是对我们今天的生活没有任何影响。神圣同盟直接造就了门罗主义，而门罗主义又与普通的美国人生活有着密切的联系。所以，我希望你们能够了解到这个文件是如何碰巧出现的，以及深藏在这个重申基督教对责任和义务的奉献宣言背后的真实目的。

一个是受到了极度恐怖的精神打击，试图抚平内心躁动的不幸男子，另一个是虚度了半生年华，颜面尽失，只能凭借自己创造的奇特教义的先知角色满足自己无限虚荣心和欲望的女人，这两个人用各自的稀奇古怪结合在一起，造就了一个“神圣同盟”，这是两个不幸的男女共同创造出来的作品。这些细节其实并不是什么机密，至今我才敢泄露出来的。像卡斯雷尔、梅特涅、塔列朗等这些聪明理智的大人物，必然知道这位女先知的能力是有限的，所以梅特涅可以轻轻松松地把她遣回德国，给掌握着大权的帝国警察局首脑写一张便条就可以解决问题了。

然而，法国、英国以及奥地利，他们正好需要俄罗斯的善意，所以不敢激怒亚历山大。他们以极大的忍耐力容忍这位无知的老女人，他们不得不压制着自己的脾气。即使他们都认为神圣同盟是一派胡言，甚至不值得为它浪费时间，可是当沙皇向他们诵读在《圣经》的基础上创作出的《人类皆兄弟》的初稿时，他们只能强忍着耐心去听。这就是创建神圣同盟的动机，要求签字国必须申明“在管理各国的内部事务，以及外交政策时，首先要以神圣宗教的戒条，即基督教的公正、仁慈、和平为唯一指导原则。这不仅对个人适用，而且还要对各国的议会直接产生影响，并且作为改善人类制度，改正人类缺陷的唯一方法，体现在政府行动的所有步骤中。”紧接着，他们就会互相承诺，要保持联合，以一种真正可靠的兄弟关系，视彼此为同胞对待，在任何情况下、任何地点都要互相帮助等。

最后，虽然一个字都没听懂，可奥地利的皇帝还是在“神圣同盟”的誓约上签下了自己的名字。法国的波旁王室也同样签了字，因为他非常需要这份拿破仑敌人的友谊。普鲁士国王也参与到了其中，因为他迫切希望亚历山大能够支持他筹划的“大普鲁士”计划。当然，那些在俄国任意摆布下的所有欧洲小国也都签了字，因为这些小国没有别的选择。只有英国拒绝在誓约上签字，因为卡斯雷尔认为这个条约就是一些废话。教皇没有签字，因为他对希腊的东正教徒和新教徒插手自己国家的内部事务极其反感。土耳其的苏丹也没有签字，因为他不知道盟约上到底说的是什么东西。

但是，没过多长时间，欧洲的老百姓就不得不承认这个条约的存在。隐藏在这个神圣同盟条约背后的，是梅特涅组织的五国盟军。这些军队可不是摆设，他们的设立就是在警告世人，欧洲的和平是绝对不允许别人打扰的。而这个别人就是乔装打扮后的雅各宾党，他们唯一的动机就是使欧洲重返大革命的混乱时期。欧洲人对 1812 年到 1815 年发生的著名解放战争的激情开始慢慢地流失了，取而代之的是对幸福生活的真诚祈祷。在战争最前线的士兵们也希望得到和平，他们就成了和平的宣传者。

但是，人们需要的并不是神圣同盟和列强们赐给他们的那种和平。人们感叹道自己被欺骗了，被出卖了。可他们非常谨慎，以免自己的言论传到便衣警察的耳朵里。对革命的反攻胜利了，策划这次反攻的人坚信自己的行为会有益于人类的幸福。虽然动机是美好的，可是结局一样令人难以忍受。它不仅给人们带来了许多不必要的痛苦，而且大大阻碍了改革的正常进度。

◆ 第 54 章　强大的反动势力 ◆

反动势力在压制新思想的基础上勉强维持着一个不受外界干扰的和平世界，秘密警察变成了当时拥有最大权势的国家机构，没过多长时间，监狱就已经没有空位了。最终，那些统治者们得到了报应。

铲除清扫法兰西残余

彻底清除拿破仑洪流带来的祸水简直是一项不可能完成的任务。各国原有的防线已经被摧毁了，经历了几十个朝代的宫殿也被毁到了无法居住的地步，有些王宫在牺牲了邻居的基础上，大肆扩张自己的地盘，为的是把革命时期损失掉的东西补回来。革命的浪潮退去了，留下的是许多各种各样、稀奇古怪的革命教义残余，如果强行清除它们，必然会给整个社会带来巨大的危险。但是，维也纳会议的政治家们把自己的力量发挥到了极限，下面就是他们取得的各项“成就”。

多年以来，法国一直都在威胁世界的和平，人们不免会对这个国家产生恐惧感。虽然波旁王朝通过塔列朗，答应以后会好好治理国家，但是“百日政变”却告诉欧洲国家，如果拿破仑第二次脱逃会产生什么样的恐怖结果。于是，他们开始为战争做准备，防患于未然。荷兰共和国改成王国，比利时成了新尼德兰王国的一部分（因为比利时没有参与 16 世纪荷兰人发起的独立战争，他一直归属于哈布斯堡王朝，开始是由西班牙统治，后来又归属了奥地利）。新教徒统治下的北方和天主教徒主宰的南方，没有人需要这样的结合，但是也没有人反对。似乎这种结合有利于欧洲和平事业的发展，如果这样，那就勉强接受吧，这就是当时考虑的主要因素！

波兰人对未来充满了信心，因为他们的王子——亚当·查多伊斯基，不仅是亚历山大的密友，而且在整个反拿破仑战争中和维也纳会议期间一直担任着沙皇的顾问，他们有足够的理由盼望。但是，波兰被划分为俄国的半独立领地，由亚历山大担任国王，这种意料之外的解决办法引起了波兰人民的极大的愤怒，因此导致了后来的三次革命。

丹麦人一直追随着拿破仑，也是他最忠实的盟友，所以受到了最严厉的惩罚。七年前，一支英国舰队开到了卡特加特附近的一片海域，在没有发出任何宣战书和警告的情况下，轰炸了哥本哈根，并且夺走丹麦的所有军舰，以免被拿破仑利用。维也纳会议采取了更加严厉的惩罚，把挪威从丹麦划分出来（1397 年签署了《卡尔马条约》以后，挪威一直与丹麦联合），并且交给了瑞典的查尔斯十四世，作为他反叛拿破仑的奖励。想当初，查尔斯还是在拿破仑的帮助下才登上王位的呢。非常奇怪的是，这位瑞典国王曾经是一名法国将军，原名叫贝纳道特。他以拿破仑副官长的职位来到了瑞典，当霍伦斯坦一戈多普王朝的最后一任统治者去世后，他没有留下一个儿子，热情的瑞典人就邀请贝纳道特登上王位。从 1815 到 1844 年，他忠诚地统治着这个收养了他的国家（即使他一直都没有学会瑞典语）。他非常聪明，治国有方，赢得了瑞典人和挪威人的共同尊重。可他却不能把这两种有着截然不同的历史和天性的国家混合在一起，这两个斯堪的纳维亚国家组成的联合体是一个无可救药的失败。1905 年，挪威人以一种最平稳有序的方式建立起了一个独立的国家，而瑞典也欣然祝贺挪威一帆风顺，明智地让他走自己的路。

文艺复兴以后，意大利人一直不断被入侵者骚扰，他们把全部希望寄托在波拿巴将军身上。然而拿破仑皇帝却令他们大失所望。

不但没有使意大利以一个新的统一的形象出现在人民雪亮的眼前，反而被划分成了一系列小公国、公爵领地、小型共和国和教皇国。教皇国在意大利半岛上（除了那不勒斯）是管理得最糟糕的，人们的生活也异常悲惨。维也纳会议废除了一些拿破仑创建的小共和国，恢复了旧时期的公国建制，分别奖励给哈布斯堡家族的几个卓有成效的人。

西班牙人曾经发动过反抗拿破仑的民族起义，为了表示对国王的忠诚，牺牲了自己宝贵的生命。然而，当维也纳会议允许国王返回各自的领地时，西班牙人盼到的却是残酷的惩罚。斐迪南七世是个险恶的暴君，他流亡生活的最后四个年头是在拿破仑设立的监狱中度过的。为打发无聊的牢狱生活，他为自己心爱的守护圣像织了很多外套。而他庆贺自己回归的方式就是恢复那些残忍的宗教法庭和刑房，这两个机构早在革命期间就已经被废除掉了。斐迪南七世是一个令人极其厌恶的家伙，不但他的子民讨厌他，就连他的四个妻子也鄙视他。可是，神圣同盟一直维护着他的合法王位，公正善良的西班牙人民为铲除这个邪恶的暴君以及建立立宪王国付出的所有努力，都以死亡和流血而告终了。

自 1807 年以来，王室成员纷纷逃到了巴西的殖民地，葡萄牙就一直生活在没有国王的混乱状态中。在 1808 年至 1814 年的半岛战争期间，葡萄牙一直被惠灵顿军队视为后勤补给基地。1815 年后，葡萄牙做了英国几年的行省，直到布拉同扎王室重新返回王位时才得以独立。其中一位布拉同扎成员接受邀请留在了里约热内卢，当上了巴西的皇帝，这是美洲大陆上的唯一的帝国，竟然维持了很长时间，直到 1889 年巴西共和国建立时才结束。

在东欧，没有任何措施可以改善斯拉夫人和希腊人悲惨的生活处境，他们仍旧是土耳其苏丹的属民。1804 年，一位叫作布兰克·乔治（他是卡拉乔治维奇王朝的奠基人）的塞尔维亚的小猪倌发起了反抗土耳其人的起义，后来输给了敌人，最后他被一个自以为是好朋友的塞尔维亚领袖杀害了。杀害他的这个人叫米洛歇·奥布伦诺维奇，就是塞尔维亚奥布伦诺维奇王朝的创始人。这样，土耳其人才有机会继续在巴尔干半岛上称霸，心安理得地做着主人。

希腊人失去独立的时间已经长达整整两千年了。他们曾经先后被马其顿人、罗马人、威尼斯人以及土耳其人奴役过。如今，他们只能把希望寄托给自己的同胞——科俘人卡波德·伊斯特里亚。他和波兰的查多伊斯基一样，都是亚历山大最要好的私人朋友，也许他能为希腊人做点实事。不幸的是，维也纳会议对希腊人的这个要求根本不感兴趣，它一心想的是如何让所有他们认为的“合法”君主，无论是基督教的、伊斯兰教的，还是其他教派的，都能保住自己原有的王位。因此，希腊人的这个愿望就化成了泡影。

滑稽的日耳曼会议

维也纳会议处理的德国问题，是它犯下的最后一个，也可能是最大的一个错误。宗教改革和三十年战争后，不仅彻底摧毁这个国家的繁荣与财富，而且还把德国变成了一盘毫无生机的政治散沙。德国分裂成了几个王国、公国、许多个公爵的领地和好几百个男爵领地、侯爵领地、选帝侯领地、自由城市和自由村镇，由一些只能在歌舞喜剧中才能看到的各种类型的统治者治理着。以前，腓特烈大帝为了彻底改变这个状态，他建立了强大的普鲁士王国，但非常不幸的是，这个国家在他死后就一步一步地走向衰落了。

拿破仑的这一举动虽然大大地满足了绝大部分德意志小国独立的愿望，但是多达三百多个的小国家中，只有五十二个坚持到了1806年。在争取独立的斗争中，有很多年轻的德国士兵都幻想能够建立一个强大的独立的新国家。然而，没有一个强有力的领导，就不可能独立。那么，谁有能力扮演领导者的角色呢？

讲德语的地区共有五个王国。其中的两个就是奥地利与普鲁士，他们都拥有上帝赐予他们的神圣国王。而其他的三个国家——巴伐利亚、萨克森以及维腾堡，这里的国王却是拿破仑授予的。由于他们以前都曾当过法兰西皇帝的追随者，所以在其他的德国人眼里，他们也不会对自己的国家有多么忠诚。

维也纳会议创建了一个由三十八个拥有独立主权的国家组成的新日耳曼同盟，并将其授予前奥地利国王，在现在的奥地利皇帝的率领之下。当然，这种临时的解决方案是不会令任何人满意的。一次，日耳曼大会在古老的城市法兰克福隆重召开，会议的目的是商讨“共同政策以及重大事务”。然而，三十八名分别代表着三十八种不同利益的代表们齐聚一堂，而做出任何决定都需要得到全票才能通过（这种方式曾经在过去几个世纪毁掉了强大的波兰帝国）。这个程序使这次著名的日耳曼大会一下子就变成了全欧洲人的笑柄，这个古老帝国的治国方法变得和我们上个世纪四五十年代的中美洲邻居们越来越像了。

对于能为民族的理想牺牲掉一切的德国人来说，这绝对是一个巨大的耻辱。可是维也纳会议从来就不会考虑到子民们的个人情感，它关于德国问题的争论很快被叫停了。

无处不在的密探

当时，有人反对这种方式吗？当然有！当他们对拿破仑的仇恨渐渐平息下来时，当人们反拿破仑的激情开始退却时，当人们充分意识到以“维护和平与稳定”为借口犯下的种种罪恶时，他们开始默默地抱怨起来了，甚至开始威胁发动公开的反抗。可是他们能做什么呢？他们只不过是一群手无寸铁的平民，没有任何权力和地位的弱势群体。更何况，他们正在面临世界上从来没有出现过的最冷酷无情而且效率极高的庞大的警察系统，他们随时随地都被严密监控着，只能任人摆布。

参加维也纳会议的成员坚信，“是法国的大革命思想导致了前拿破仑皇帝犯下篡位罪名”，他们认为铲除“法国思想”的所有追随者，是顺应天意符合民心的神圣行为。就像西班牙国王菲利普二世在宗教战争中一边残忍地烧死新教徒、绞杀摩尔人，一边认为他的这一举动只不过是受自己良心的驱使。16 世纪初期，教皇拥有任意统治属民的神圣大权，任何不承认这种神权的人在当时都会被教皇视为“异端”，并且所有忠诚的市民都会尽自己的责任去诛杀他。到了 19 世纪初期，欧洲大陆轮到不相信国王有权按自己和首相们认为恰当的方法统治属民的人却变成了“异端”，所有忠实的市民都会负责任地向当地的警察局举报他，让他得到应有的惩罚。

在此，我要说明一点，1815 年，欧洲统治者们已经在拿破仑这所学校里学到了“统治效率”的技巧，因此他们在处理反异端的问题上，比 1517 年办得更完美。1815 年至 1860 年，这是一个属于政治密探的伟大时代，到处都是间谍。他们自由地穿行于王公贵族的宫殿，深入到最底层的低级旅店。他们还会透过钥匙孔窥探内阁议会的进程，偷听在公园里散步的人们的闲谈。他们时刻看守着海关和边境，防止任何没有正式护照的偷渡者进入。他们还会检查所有行李，防止每一本可能具有“法兰西思想”的书籍散布在皇帝的领土范围内。他们还会和大学生一起坐在教室里听课，任何敢对现存秩序提出质疑的教授，都会立刻面临灾难。他们也会悄悄地跟在前去教堂的儿童后面盯梢，严格监视他们，不让他们逃学。

这些密探的工作得到了教士们的鼎力支持和协助。在大革命期间，教会遭到了前所未有的严重的损失，教会的财产全部被充公了，甚至一些教士还遭到迫害。更严重的是，1793 年 10 月时，当公安委员会废除了礼拜上帝的仪式时，那代深受伏尔泰、卢梭以及其他法国无神论思想熏陶的年轻人，居然围着所谓的“理性的祭坛”翩翩起舞。教士和贵族一起度过了漫长而又痛苦的流亡生活。现在，他们跟着盟军士兵一起回归故乡，带着一种强烈的复仇的心情全身心地投入到了工作中。

那时，最严重的是，耶稣会也于 1814 年重新回来了。他们继续教育年轻的一代，全身心地奉献给上帝。在反击教会敌人的斗争中，它胜利了。在世界上的每一个角落，耶稣会都建立起了自己的教区，向当地人真诚地传播天主教的福音。但是，这些教区很快就发展成了一个贸易公司，并且不断干预当地政府的内部事务。当葡萄牙在伟大的改革家马奎斯·德·庞博尔首相执政时期，就曾经多次驱逐耶稣会离开他们的领土。但是到了1773年，应欧洲天主教国家的要求，教皇克莱门特十四世废除了这项禁令。如今，他们又重新回到了工作中，耐心地为商人们的子女讲解“顺从”和“热爱合法君主”的大道理，以免他们在遇到玛丽·安东奈特被送上断头台这种情况时，会偷偷地耻笑他们。

在像普鲁士这种新教国家中，情形也发生了不少好转。1812年的那些伟大爱国领袖以及号召对篡位者发起反抗的作家们，如今都被赋予了“煽动家”的称号，这些人成了破坏现存秩序的最危险的人。他们的房子被搜查，信件也会被检查，他们还被要求必须在一定的时间内到警察局报到一次，汇报自己最近一段时间的所作所为。普鲁士的教官们把心中的怨气发泄在年轻一代的身上，严格地控制着他们。在瓦特堡，当一群年轻学生以一种充满了喧闹声然而却没有任何威胁的方式庆贺宗教改革三百周年时，普鲁士竟然把这一举动视为一场紧急的革命前兆。当一个诚实而愚蠢的神学院学生粗暴地杀死了一个在德国执行任务的俄国间谍时，普鲁士各大学立即陷入警察的层层监管之下，并且没有经过任何形式的审查，教授们全部被关进了监狱或是被解雇。

俄国在实施这些反革命的行动中都做得非常过分和荒谬。亚历山大已经从他突然发作的狂热中走出来了，但却逐渐染上了慢性忧郁症。最后，他终于看清了自己那有限的能力，并且意识到了在维也纳会议中他变成了梅特涅和克吕德纳男爵夫人的牺牲品。他对西方越来越反感了，开始使自己成为一名真正的俄罗斯统治者。然而事实上，俄罗斯的真正利益就在曾经给斯拉夫人上第一堂课的圣城——君士坦丁堡。随着年龄的增长，亚历山大越来越努力工作了，但是他取得的成就却越来越少了。当他坐在书房里，他的大臣们正尽全力要把整个俄罗斯变成一个大兵营。

这画面其实并不好看。也许，我应该减少对大反动时期的描述。但是，如果能使你们彻底地明白这个时期，倒也是件好事。你们要知道，像这种阻碍历史的发展、扭转历史方向的尝试，已经不是一次两次，但结果无非是由于自大而走向失败。

• 第 55 章　民族独立战争 •

反动的方式难以消灭顽强的民族独立热情，首先是南美洲人反抗维也纳会议的种种措施，后来，希腊人、比利时人、西班牙人以及其他欧洲的弱小民族，他们共同为 19 世纪谱写出了独立战争的伟大篇章。

民族情感的复兴

假如我们这样说"如果维也纳会议采取的是另一种措施，而不是采用那样的措施，那么 19 世纪的欧洲历史肯定是另一番模样。"很有可能！但这样的"如果"根本没有任何意义。众所周知，维也纳会议的成员是一批刚刚经历法国大革命，对过去二十年中带给他们的恐惧和连绵不断的战乱仍然记忆犹新的人。他们聚在一起的唯一目的就是为了保证欧洲能够得到长期的"和平与稳定"，在他们眼里，这才是人民最需要和最向往的。他们是我们称之为"反动者"的人，他们一直坚信人民大众是不可能管理好自己的。他们为了一个也许能保证欧洲得到长治久安的方法，重新划分了欧洲的地图。虽然他们没有取得成功，但是他们并没有恶意。总体来说，他们是一批古老的外交学校毕业的老派代表，对自己年轻时的和平稳定的幸福生活一直念念不忘，因此，他们一直盼望着能够重新返回到"过去的美好时光"中。然而，他们没有意识到，已经有许多革命思想在欧洲人民的心中深深地扎根了。这可是一件不幸的事，但还不足以称为罪恶。但是，法国革命把一个事物不仅教给了欧洲，同时也教会了美洲，那就是广大人民拥有的“民族自决”的大权。

拿破仑从来不会敬畏任何事情，也从来没有尊重过任何人。所以，他在处理民族情感和爱国热情的问题上，显得那么冷酷无情。在革命的早期，某些革命将领曾经宣扬过一个全新的信条——“民族并不受政治区域的限制，与圆脑袋或高鼻梁也没有多大的关系。民族是一种人们发自内心和灵魂深处的深厚感情。”因此，当他们向法国的儿童讲述法兰西是多么伟大的时候，他们也在鼓励西班牙人、荷兰人以及意大利人做与他们一样的事情。不久以后，卢梭的信徒以及忠诚于原始人优越天性的人们就开始追溯过去，穿越封建城堡的废墟，挖掘他们伟大种族那古老的尸骨。而把自己谦虚地称为这些伟大祖先的无能子孙。

19 世纪上半叶是一个伟大的考古时代。世界各地的历史学家们都在忙着出版中世纪散落遗失的篇章和中世纪早期的编年史。每一个国家的历史发现结果往往都会引发出阵阵对祖国新生的成就感和自豪感。而产生这些感情的是他们对历史事实的错误理解。但是在现实的政治中，事实的真假显得不那么重要了，重要的是人们是否相信这些是真的。但是在大多数国家中，国王和人民一直都坚信自己伟大祖先取得的至高荣誉。

然而，维也纳会议根本对人们的情感不加理睬。大人物们则以几个王朝的利益为出发点，重新划分了欧洲的版图，并且无情地把“民族感情”和其他危险的“法国革命教义”统统编入了禁书的目录。

但是，历史对所有的会议都很公平，它尽情地嘲弄着人们。由于某种原因（一条历史法则，但一直没有引起历史学家的重视），“民族”变成了于人类社会能够稳步向前发展的必需品。任何阻碍这股潮流的尝试，最终都会像梅特涅阻拦人们自由地思考和想象一样，以惨败为结局。

南美独立战争

有趣的是，这场民族独立的大火居然是从遥远的南美洲开始点燃的。在拿破仑的长期战争期间，西班牙人没有时间顾及别人，南美大陆的西属殖民地就度过了一段独立时期。当西班牙的国王沦落为拿破仑的阶下囚时，南美殖民地的子民依然对他尽忠，拒绝接受1808年新上任的西班牙新国王——约瑟夫·波拿巴。

实际上，唯一受到法国大革命的影响并且发生了严重动荡的南美殖民地就是哥伦布第一次到达的海地岛。1791年，由于突发的一种博爱和兄弟之情，法国国民公会宣布授予海地的黑人兄弟们以前只有他们的白种主人才能享有的一切权利。随后他们就后悔了，和他们的冲动一样地快。于是，法国人立刻宣布收回承诺，这就引发了海地的黑人领袖杜桑维尔和拿破仑的内弟勒克莱尔大将军之间的数年战争。1801年，杜桑维尔接受了勒克莱尔的邀请，两个人当面商讨讲和条件。法国人郑重地向他保证，决不会利用这次和谈加害于他。杜桑维尔相信了白人的话，被带到了一艘法国军舰上，没过多久便死在了一座法国监狱里。即使这样，海地黑人还是赢得了最终的独立，并且建立起了自己的共和国。就这样，当第一位伟大的南美大陆西属殖民地的爱国者企图解救自己的国家于西班牙的枷锁中时，海地的黑人给了他们极大的帮助。

西蒙·玻利瓦尔于1783年生于委内瑞拉的加拉加斯城，他曾经在西班牙学习。在法国大革命时期，他曾经去过巴黎，亲眼看到了当时革命政府的运作情形。当他在美国逗留了一段时间以后，玻利瓦尔回到了家乡。当时，委内瑞拉人民已经对自己的母国西班牙产生了极大不满，这种情绪就像野火一样无限地蔓延着，争取民族独立的斗争接连不断地发生。1811年，委内瑞拉正式宣布独立，玻利瓦尔成了伟大革命将领之一。经过了短短的不到两个月的时间，起义就失败了，玻利瓦尔不得不逃亡到别的地方。

在后面的五年中，玻利瓦尔孤身一人领导着这项艰难而又危险，并且看起来根本不会胜利的事业。他把自己的财产全部捐献给了革命事业。但是，如果没有得到海地总统的鼎力协助，他的最后一次远征是绝对不可能取得成功的。从委内瑞拉开始，争取独立的烈火迅速蔓延到了整个南美大陆，西班牙的殖民者无力应付这么大规模的战争。很明显，西班牙是不可能凭借一个人的力量把所有起义都镇压下去的，他必须立刻向神圣同盟发出求救信号。

这种趋势令英国非常担忧。现在，英格兰的船队已经完全取代了荷兰人，变成了世界上最主要的海上承运商。他们正焦急地等待着从南美人的独立战争中牟取巨额利润。因此，英国希望美国能够出面干预神圣同盟的行动。可是美国的参议院并没有这样做，因为众议院里有很多人都不赞成干涉西班牙的内政。

就在此时，英国的内阁发生了人事变动。辉格党被赶出局，托利党人上台组阁。精明有能力、善于使用外交手段的乔治•坎宁担任了英国的国务大臣。他给美国一个暗示，如果美国政府愿意出面干涉神圣同盟关于镇压南美殖民地起义的计划，那么英国就会让自己的全部海上力量来援助美国。就这样，1823 年 12 月 2 日，门罗总统在国会上发表了著名的宣言："美国将要把神圣同盟单方在西半球的扩张，视为威胁自身和平与安全的危险事物。"他还进一步发出警告。"美国政府会把神圣同盟这一举动视为对美国的不友好行为的具体表现。"一个月以后，英国的报纸上刊登了"门罗主义"（门罗总统在国会上的发言）的全文，这就迫使神圣同盟不得不在帮助西班牙和得罪美国之间做出最后的抉择。

梅特涅退缩了。从我个人角度来说，他非常希望给美国带来危险（自从 1812 年的美英战争中美国惨败后，美国的陆海军一直没有得到重视），但是，坎宁咄咄逼人的威胁态度以及欧洲大陆自己的麻烦使他不能不小心翼翼。于是，正在筹划中的远征就这样搁浅了，西属南美殖民地和墨西哥最终获得了独立。

希腊独立战争

欧洲大陆上的骚动来得异常迅猛而又激烈。1820 年，神圣同盟派法国军队进入西班牙的领地，担任和平警察一职。不久以后，当意大利的“烧炭党”（因由一批烧炭工人组织起来的秘密会社而得名）大力宣传统一的意大利，并且发动了一场反抗那不勒斯（当时是斐迪南统治时期）的起义时，奥地利军队又被派往意大利，执行与法国军队同样的使命。

此时，俄罗斯也传来了一个坏消息。沙皇亚历山大的去世引起了圣彼得堡的一场起义。由于起义发生在十二月，所以这场起义也叫“十二月党人起义”。这场短暂的流血战争最后给一大批优秀的俄罗斯爱国者带来了被绞杀或被流放到西伯利亚的灾难。他们只是对亚历山大晚年实行的反动统治感到不满，希望在俄罗斯能够建立起一个立宪政府。

更糟糕的事情发生了。梅特涅先后在亚琛、特波洛、莱巴赫，最后在维罗纳召开了一系列的会议，想要让欧洲的各个宫廷继续支持他的政策。各国的代表们像往常一样准时地到达了这些风景秀美的海滨胜地（它们是奥地利人民避暑消夏的圣地），共同商议使欧洲“稳定”发展的大计。他们也像往常一样承诺着要尽全力镇压起义，可是每个人对胜利都没有底气。人民的情绪变得越来越不安了，最严重的就是法国，法国国王的处境已经越来越危险了。

事实上，麻烦是从巴尔干开始的，自古以来，这里就是向西欧入侵的必经之路。起义首先是发生在摩尔达维亚，这里原来是古罗马达契亚行省，公元 3 世纪时脱离了帝国。从那以后，摩尔达维亚就变成了一片像亚特兰蒂斯（传说中大西洋上的一块永远沉没了的大陆）一样的“失落的国土”。当地的人民仍然说着古罗马语，自命为罗马人，并把他们的国家命名为罗马尼亚。1821 年，希腊人亚历山大·易普息兰梯王子发起了一场反土耳其人的起义。他告诉追随者们，俄国会义无反顾地支持他们的斗争。但是，梅特涅的信使很快就到达了圣彼得堡，给俄罗斯的统治者带去了首相的信息。沙皇完全被奥地利人发表的关于“维护和平与稳定”的观点说服了，最终拒绝了罗马尼亚人发来的求救。易普息兰梯无奈，狼狈地逃到了奥地利，在奥地利的监狱蹲守了七年。

1821 年秋天，在这个动荡的时期，希腊也同样发生了反抗土耳其人的暴乱。从 1815 年开始，一个地下希腊爱国者团体就一直在为起义做准备。他们趁人们不注意，在摩里亚（即古伯罗奔尼撒）立起一面独立大旗，把当地的土耳其军队赶了出去。土耳其人以一贯的方式进行着报复行动。他们俘获了君士坦丁堡的希腊主教，并在 1821 年的复活节把这位希腊和俄罗斯人心目中的神——教皇处以绞刑。同时被处死的还有许多东正教的主教。为了报复，希腊人也屠杀了生活在摩里亚首府特里波利的土耳其人。土耳其人也毫不示弱，大规模地袭击了希俄斯岛，并把多达四万五千人口贩卖到亚洲和埃及当奴隶。

希腊人在面临崩溃的情况下向欧洲各国发出了求救信号，可是梅特涅却说希腊人的坏话，说他们是“自食其果”（这里我并不是使用双关语，而是直接引用首相对俄国沙皇说的话，即“应该任凭暴乱的烈火在文明的世界自生自灭”）。欧洲关闭了所有通往希腊的边界，阻止各国的志愿者援救希腊人。在土耳其的邀请下，埃及的一支部队进入了摩里亚。不久之后，土耳其的旗帜又继续飘扬在了特里波利的上空。埃及的军队采用“土耳其的方式”维护着当地的治安，而梅特涅正在密切地关注着局势的发展，静静地等待这个“扰乱欧洲和平的举动”变成往事的那一天。

可是，英国人又一次打乱了梅特涅的计划。英格兰最伟大的地方并不是他拥有的庞大殖民地、他那令人羡慕的巨额财富以及他拥有的威力无边的海军，而是他拥有的人数最多的独立市民以及他们心中深深埋藏着的英雄主义情结。英国人一向遵守法律，因为他们深知尊重他人的权利是区分文明社会与野蛮社会的重要标志。但是，他们却认为别人无权干涉自己的自由思想。如果他们认为政府确实在某件事情上做得不妥，他们就会毫不犹豫地站出来，把自己的观点大声说出来。而他们指责的政府也非常懂得尊重人们自由表达的权利，并且会全力保护这些独立市民以免受到大众的迫害。自苏格拉底时代起，大众就开始乐此不疲地迫害着那些在思想、智慧和勇气上比他们优秀的杰出人才。只要世界上有某项正义的事业的存在，无论距离多么遥远，多么势单力薄，英国人总会成为这项正义事业的忠实支持者。总体来看，英国人民与其他国家的人民没有什么区别，他们为日常生活忙碌着，很少会把时间和精力浪费在毫无意义的“娱乐性冒险”上。但是，他们对那些牺牲一切为亚洲或非洲而战的“奇怪”的邻居，却会怀有极高的敬慕之情。如果这个邻居不幸死于异乡，他们就会为他举办一场盛大的葬礼，并且会以他为榜样教导自己的孩子们领悟到勇气与骑士精神的真谛。

即使是神圣同盟派遣的无所不在的密探也动摇不了这种扎根于人民心中的民族特性。1824 年，伟大的拜伦勋爵（一位年轻的英国富家子弟）扬起风帆，前往南方帮助希腊人民。他写过的诗歌曾经深深地打动了全欧洲人，流下了同情的热泪。三个月后，一个噩耗传遍整个欧洲，他们的英雄死在了希腊的最后一个营地——迈索隆吉。这位伟大诗人英雄式的死亡唤醒了全体欧洲人的激情与想象。所有欧洲国家，人们自发成立了援助希腊的小团体。美国革命中的老英雄拉斐特也在法国为希腊的事业到处奔走呼吁。巴伐利亚国王也派遣数百名官兵前去希腊。大量的钱财和物资补给运到了迈索隆吉，支援那里忍受着饥饿的起义者。

在英国，约翰·坎宁成功地挫败了神圣同盟干预南美革命的计划后，当选为英国首相。如今，他意识到这是打击梅特涅的又一次良机。英国和俄罗斯的海军舰队早已在地中海待命。政府不敢继续阻拦人民援救希腊起义者的热情，于是也派出了军舰。自从十字军东征以后，法国就一直自称基督教信仰的捍卫者，他的舰队也不甘落后，出现在了希腊海面上。1827 年 10 月 20 日，英、俄、法三国的海军舰队一齐袭击了位于纳瓦里诺湾的土耳其军舰，并把它彻底摧毁。在欧洲，从来没有过某场战役的消息会受到人民如此热烈的欢迎。西欧人和俄国人，通过想象，在梦境中参与了希腊人民的起义事业，心里得到了极大的安慰。1829 年，希腊人民和欧洲人民的共同努力终于得到了回报，希腊正式宣布独立，梅特涅“稳定”政策又一次宣告破产了。

如果我要在短短的一个章节里向你们详细地讲述各国的民族独立斗争，是绝对不可能的。关于这个主题，已经有许多优秀的书籍可以供你们阅读。我之所以用一部分篇幅来描述希腊人民的起义，是因为面对维也纳会议的“维持欧洲稳定”的反动阵营，它可是第一次成功的反击。虽然压迫依然存在，虽然梅特涅等人依然在发号施令，但是离结束的日子已经近在眼前了。

十八年以后

法国的波旁王朝完全无视文明应该遵循的规则和法律，反而大力推行令人喘不过气来的警察制度。从表面上看，这套体系已经深深地扎根了。1824 年，当路易十八去世的时候，可怜的法国人已经经受了长达九年“和平生活”的痛苦折磨。事实证明，屈辱下的“和平”比帝国时代爆发的十年战争还要令人无法忍受。现在，路易时代消失了，继承他的王位的是他的兄弟查理十世。

路易属于波旁家族，尽管他不学无术，也非常懂得记仇。路易的脑海中永远会浮现他兄弟被送上断头台的情景，他既恐惧又愤恨。这一幕一直缠绕着他，时时刻刻提醒他：一个看不清局势的君主就会遭到这样的下场。然而查理正好和他相反，查理是一个在还不到 20 岁时就已经欠下 5000 万巨额债务的花花公子，不但不会长记性，而且最终也不想有任何改变。当他继承哥哥的王位，做了法国国王，他立刻建立了一个“为教士所治、所有、所享，一切为教士”的新政府（这个称呼是由并不是激进自由主义者的惠灵顿公爵想出来的，可见查理有多么荒唐）。可以说，他的这一统治方式使最尊敬法律和秩序的朋友们也产生了反感。当查理压制那些敢于发表批评政府行为的自由派报纸，并且将支持新闻界的国会解散时，他的日子就快结束了。

1830 年 7 月 27 日深夜，法国巴黎爆发了一场大革命。同月的 30 日，国王逃到了海岸，乘船前往英国。一场十五年的闹剧就这样狼狈地结束了。从此，波旁家族被彻底赶下了王位。他们的愚蠢的确到了无可救药的地步。此时，法国原本可以重新建立起一个新的共和制政府，但是梅特涅是绝对不会允许这种行为发生的。

欧洲的局势已经濒临危险的边缘了。一团反叛的火花迸到了法国边境以外，点燃了另一个充满了民族矛盾的火药筒。维也纳会议不顾一切，强行把荷兰与比利时合并起来，可是新尼德兰王国一开始就是一个巨大的失败。比利时人与荷兰人几乎没有共同点，国王奥兰治的威廉（他是“沉默者威廉”的一个叔叔的后代）虽然是个为国家辛勤工作的统治者，但是他太缺乏手段和灵活性了，没有能力使两个性格格格不入的民族和睦共处。法国革命爆发后，大批逃难的天主教士纷纷涌入了比利时，身为新教徒的可怜的威廉无论做出什么举动来缓解局势，都会被激怒的臣民指控为“为争取天主教自由”的又一轮阴谋，受到民众的阻拦。8 月 25 日，布鲁塞尔爆发了一场反对荷兰政府的群众暴动。两个月以后，比利时正式宣布独立，推举科堡的利奥波德（即维多利亚女王的舅舅）为他们的新国王。两个本不该结合在一起的国家就这样分开了。但是，从那以后，两国就像友好的邻居一样，彼此能够和睦相处了。

在当时的年代，欧洲只有几条距离很小的铁路，信息的传播也非常缓慢。但是，当法国和比利时的革命者胜利的消息传到波兰时，立刻使波兰人和他们的俄国统治者之间产生了激烈的摩擦，最终引发了一场恐怖的战争。一年以后，战争以俄国人的胜利结束了。他们以不被人接受的俄国方式，重新建立起了维斯图拉河沿岸一带的秩序。1825 年，尼古拉一世继任哥哥亚历山大当上了俄国沙皇，他一直坚信自己的家族自古以来就拥有统治波兰的神圣大权。无数逃到西欧的波兰难民以亲身经历的折磨证明了，神圣同盟宣扬的“兄弟之情”在沙皇那里完美地体现出来了。

意大利也同样进入了一个动荡的秋季。拿破仑的妻子——帕尔马女公爵玛丽·路易丝，在滑铁卢战役失败以后，国家抛弃了她。在一阵突如其来的革命浪潮中，她被驱赶出了自己的国家。在教皇国，斗志昂扬的人民企图建立一个共和国。可是当奥地利的军队进入罗马城以后，一切都没改变。梅特涅仍然坐在普拉茨宫（即哈布斯堡王朝的外交大臣官邸），秘密警察也重新返回到工作岗位中，所谓的“和平”在他们的监视下，依然存在。又过了十八年，人们才能再次点燃一场更加成功的革命火把，把欧洲彻底从维也纳会议的枷锁中解救出来。

欧洲革命的风向标

率先挑起战争的又是法国。法国就像是欧洲革命的风向标，任何一场起义的征兆都会先由这里显露出来。继任查理十世的法国国王是路易·菲利普，他是奥尔良公爵的儿子。奥尔良公爵是雅各宾党的追随者，曾经投下了裁决他表兄国王的死刑的一张至关重要的赞成票。在早期的法国大革命中，他担当过重要的角色，夺得了“平等的菲利普”这一光荣绰号。最终，当罗伯斯庇尔试图全面整顿革命阵营，铲除所有“叛徒”（这是他对所有与自己有不同看法者的称呼）时，奥尔良公爵就被处死了。他的儿子不得不逃离革命的军队。从那以后，年轻的路易·菲利普开始了流浪的生活，曾经在瑞士当过中学教师，还用了好几年时间探索美国“远西”地区。当拿破仑垮台后，菲利普重新回到了巴黎。与那些愚昧无知的波旁表兄们相比，他显得聪明极了。他的生活非常简朴，经常会带着一把红雨伞，去巴黎的公园中散步。与天底下所有的好父亲一样，他的身后经常会跟着一大群嬉戏玩耍的孩子们。可惜法国早已脱离了需要国王的时代，但路易·菲利普一直没有意识到这一点。直到1848年2月24日清晨，一大群人大声吵闹着纷纷涌进了杜伊勒里宫，野蛮地把菲利普赶下台，正式宣布法兰西为共和国时，他才醒悟过来。

当巴黎爆发了革命的消息散布到维也纳时，梅特涅却满不在乎地评论说，这只不过是1793年那场闹剧的重演罢了，结果无非是迫使盟军再次进入巴黎，结束这场令人厌烦的革命。然而，刚刚过去两个星期，他自己的奥地利首都也同样爆发了一场公开的起义。梅特涅小心翼翼地躲避愤怒不平的群众，从普拉茨宫的后门偷偷地逃跑了。奥地利皇帝斐迪南在威胁下赋予了臣民们一部宪法。宪法包含的革命精神都是关于梅特涅在过去的三十三年里尽力压制的。

这次的起义，全欧洲人都感觉到了革命带来的剧烈震动。匈牙利也宣布了独立，在伟大的路易斯·科苏特的带领下，展开了一场反哈布斯堡王朝的战争，这场以弱胜强的斗争持续了一年多。最后，俄国沙皇尼古拉一世的军队翻越了喀尔巴阡山，镇压了起义，使匈牙利最终保全了君主统治。紧接着，哈布斯堡王室建立起一个特别的军事法庭，绞死了绝大多数他们无法击败的匈牙利起义者。

下面说说意大利，西西里岛人成功地赶走了波旁国王，正式宣布脱离那不勒斯，建立了一个独立的国家。在教皇国，首相罗西惨遭谋杀，教皇在惊慌中逃跑了。第二年，教皇率领一支法国军队重新回到了自己的领地。从那以后，法军只能一直待在罗马，预防臣民们随时可能发起的袭击。1870年当普法战争爆发时，这支军队才被紧急召回对付强大的普鲁士人，而罗马最终变成了意大利的首都。在半岛北部，米兰和威尼斯在得到了撒丁国王阿尔伯特的鼎力支持和配合下，一起反抗自己的主人奥地利。但是，老拉德茨基率领的一支强大的奥地利军队进入了波河平原，并在库拉多扎和诺瓦拉两个地方重重地击败了撒丁国王军队。阿尔伯特不得不把王位让给儿子维克多·伊曼纽尔。几年以后，伊曼纽尔终于当上了一个统一的意大利国家的首任国王。

至于德国，1848 年爆发的欧洲革命引起了一场影响极大的全国性示威。人们齐声呼吁政治统一，建立起一个议会制政府。巴伐利亚的国王由于把自己的大量的时间和钱财浪费在一位自称是西班牙舞蹈家的爱尔兰女人身上（这个女人叫洛拉·蒙特茨，死后葬在了纽约的波特公墓），最终招致一大群被激怒了的大学生把他赶下了王位。在普鲁士，地位显赫的国王在民众的逼迫下，不得不站在死难者的灵柩前，对这些悲惨的抗议者行脱帽礼，以示致哀，并且承诺建立一个立宪制政府。1849 年 3 月，来自德国各地的五百五十名代表一齐聚集在法兰克福，召开了国会大会，代表们推选普鲁士国王腓特烈·威廉担任统一的德意志的皇帝。

然而，没过多久，事情又发生了变化。愚昧无能的奥地利皇帝斐迪南把王位传给了他的侄子弗朗西斯·约瑟夫。经过严格训练的奥地利军队依然像以前一样对他们的战争主子尽忠。刽子手们忙碌着在革命者脖子上勒紧绞索。哈布斯堡家族生来就有一种奇怪的天性，他们再次站稳了脚跟，并且迅速增强自己掌控东西欧局势的能力。他们凭借着精明圆滑的外交方式玩着国家间的政治游戏，他们还利用了其他日耳曼国家的嫉妒心，成功地阻止了普鲁士国王升为帝国的皇帝。哈布斯堡家族在他们屡次失败的痛苦而又漫长的折磨中，懂得了忍耐带来的价值。他们也学会了如何默默地等待时机。当政治方面极不成熟的自由主义者们投入到讨论中，深深地陶醉于自己激奋人心的演讲时，奥地利人却在悄悄地调兵遣将，准备发出致命的一击。最终，他们解散了法兰克福国会，重新建立了只有一个外壳的旧日耳曼联盟，因为它就是处心积虑的维也纳会议想要强加给整个德意志的。

在出席国会的一大批玩世不恭的爱国者中，有一位极有心机的普鲁士乡绅。他静静地观察着这个吵闹的会议，自己很少说话，只是把一切牢记在心里，这个人就是俾斯麦。他是一位讨厌空谈，崇尚具体行动的强人。他深知滔滔不绝的演说最终也不会办成任何事情。他在处理国家事务方面，有着自己独特的方式。俾斯麦属于老式外交学校的优秀毕业生，他不仅能在与别国外交上轻易地欺骗对手，就是在散步、喝酒、骑马等方面，也同样能比别人优秀。

俾斯麦坚信，如果想使德意志成功地位于欧洲列强的行列中，必须由一个统一而又强大的日耳曼国家取代现在这个由许多小国组成的松散联盟。出于扎根于自己心里的封建效忠思想，他支持自己追随的霍亨索伦家族（而不是昏庸的哈布斯堡家族）担任新德国的统治者。为了达到这个目的，他的首要任务是消除奥地利对德意志世界的巨大影响。于是，他开始为自己的这个任务，着手做充足的准备。

软弱的拿破仑三世

同时，意大利已经解决了自己的问题，摆脱了可恶的奥地利主子。意大利的统一是由三位优秀人士携手创建的，分别是加福尔、马志尼以及加里波第。三个人中，加福尔戴着一副钢丝边的近视眼镜，他是一位考虑极其周全的政治主角。为了摆脱奥地利警察的严密追捕，马志尼只能在欧洲各国阴暗的阁楼里度过他大部分的岁月，他充分发挥他的演讲才华，是一个能够激起人民热情的首席煽动家。而加里波第和他的野蛮骑士们则担负起激发意大利人疯狂的想象力与形象感的使命。

以前，马志尼和加里波第都是共和制政府的忠实信徒，然而加福尔主张的是君主立宪。由于他俩都对加福尔在把握政治方向上的能力非常认可，所以他们牺牲了为自己的祖国争取幸福的雄心，接受了加福尔的更加现实的主张。

与俾斯麦支持他的霍亨索伦家族一样，加福尔支持意大利的撒丁王族。他以超强的忍耐力和高明的手段，逐步引诱撒丁国王，直至他完全有能力肩负起统治整个意大利民族的使命。同时，欧洲其他地区爆发的动乱也为加福尔的这一伟大计划帮了不少忙，其中，为意大利的统一做出最多贡献的，就是他最信任的（同时也经常是最不可信任的）老邻居法国。

在这个充满了动荡的国家里，1852 年 10 月，执政的共和政府一下子如人们所愿，最终垮台了。前任的荷兰国王路易斯·波拿巴的儿子，也就是那位伟大的叔叔（即拿破仑）的小侄子拿破仑三世重新建立起了帝国，并且自封是“得到了上帝的恩许和人民拥戴的”皇帝。

这位年轻人以前在德国上学，所以他的法语中多少会带着一股难听的条顿腔，与他威风的拿破仑叔叔一辈子都没有去掉自己原有的意大利口音一样。他竭尽全力倚仗拿破仑的名声和传统，稳固自己的地位。但是，他处处树敌，一直怀疑自己是否能顺利登上梦寐以求的王位。很幸运，他成功地赢得了英国维多利亚女王的芳心，其实，这位女王是一位极其平庸而且很容易被阿谀奉承打动的大好人，想得到她的欢心并不难。至于欧洲的其他君主，他们总是以一种高傲态度面对讨好他们的法国皇帝。他们整日琢磨的就是如何才能充分地表现出他们对这位一夜成名的“好兄弟”的深度蔑视。

无奈的拿破仑三世不得不找寻一个能够解决敌意的办法，不管是施恩还是加威。他知道，法国人的内心一直渴望“荣誉”，既然他必须为自己的王位赌一把，那还不如下一个大点的赌注，把整个帝国的命运全部押上去。而正在这时，俄国对土耳其发起的战争正好为他提供了借口。在紧接着爆发的克里米亚战争中，法国和英国支持土耳其苏丹，共同反抗俄国沙皇。这是一次要付出巨额代价而又几乎没有利益的冒险活动，无论是英国、法国还是俄国，都没有得到多少荣誉或尊严。但是，克里米亚战争还是有好处的，它为撒丁国王按照自己的意愿站在了胜利者一边提供了机会。当战争结束后，加福尔就能理所当然地向英国和法国索取高额回报。

当撒丁王国在有利的国际局势中，使自己得到了欧洲列强的更多重视以后，聪明的加福尔在1859年6月又发起了一场对抗奥地利的战争。他以一直存在争议的萨伏伊地区和意大利尼斯城作为交换条件，取得了拿破仑三世的鼎力支持。法意强大的联军在马戈塔和索尔费里诺连续击败了奥地利的军队，一些前奥地利的省份及公国也被纳入了统一的意大利王国，佛罗伦萨变成了意大利的首都。到了1870年，长年驻守罗马的那支法国军队接到命令，立刻返回去应对普鲁士人。他们刚一离开，意大利人就进入了这座名城。撒丁王族也跟着进入了老奎里纳宫——一位古代教皇在君士坦丁大帝的浴室的一片废墟上修筑的行宫。

于是，教皇不得不渡过台伯河，躲到梵蒂冈的高墙之中。自从这位古代教皇于1377年离开流放地阿维尼翁重新返回以后，这里就一直是他继任者的住所。教皇极力反对意大利人公开掠夺自己领地的专横行为，并向同情他的天主教徒们发出了呼吁。但是，能支持他的人实在是太少了，而且还在逐渐减少。因为人们都知道一旦教皇脱离了世俗的国家事务，他就会把更多的时间和精力放在解决当代人的精神问题上。摆脱了欧洲政客们嘈杂的纷争，教皇反而会获得一种新的尊严，这对教会的事业绝对大有益处。从那以后，罗马天主教会就成为一股强大的推进社会和信仰前进的国际力量，并且有足够的能力比大多数的新教教派更明智地估量出当今社会面临的各种经济难题。

就这样，维也纳会议企图把整个意大利半岛变成一个奥地利省份的愿望就消失了。

俾斯麦的“三部曲”

德国的问题依然没有解决，经常会产生新的动荡。大量的事实证明，德国问题是所有问题中最难解决的。1848年的失败导致了人口大规模迁移，德国失去了一大批精力旺盛、思想活跃的人才。这些年轻人移民到了美国、巴西和亚非地区的新兴殖民地，开始了新的生活。他们还没有解决的事业由另一批与他们有着截然不同性格的德国人接手了。

当德国国民议会垮台，自由主义者努力建立一个统一的国家失败以后，在法兰克福又召开了一个新的议会。会议中代表普鲁士利益的是前几页中提到过的冯·奥托·俾斯麦，如今，他已经得到了普鲁士国王的绝对信任，这也是他大展拳脚所需的必要条件，他根本不会关心普鲁士议会和人民的意见。他曾经亲眼看到过自由主义者的失败，并且深知，如果想彻底摆脱奥地利的干扰，就必须发动一场战争。于是，他暗地里提高普鲁士军队的实力。州议会被他实施的高压手段激怒了，拒绝为他提供他所需的资金，然而俾斯麦根本不屑于讨论这个问题。他不顾议会议员的意见，自作主张，用普鲁士的皮尔斯家族和国王提供的钱财大肆扩军备战。紧接着，他开始到处寻找一项可以激起所有德国人爱国热情的伟大民族事业，最后，他终于找到了。

在德国的北部有两个公国——石勒苏益格与荷尔施泰因，从中世纪开始，这两个地方就是不断产生麻烦的是非之地。这两个国家都住着部分丹麦人和部分德国人，虽然他们一直被丹麦国王统治，然而可又不属于丹麦的领地，因此这种奇怪的模式就引发了无数的纷争。我不是想故意提出这个早已被人们忘记了的问题，就在前不久签署的凡尔赛和约好像已经解决了这个问题。但是在当时，在荷尔施泰因的德国人不断地抱怨着丹麦人施加给他们的虐待，而石勒苏益格的丹麦人不断地维护着丹麦的传统。就这样，整个欧洲都开始谈论这个话题了。当德国的男声合唱团和体操会还在认真地聆听“被遗弃兄弟”的伤感演说时，当内阁大臣还在调查当地到底发生了什么的时候，普鲁士已经率领他的军队前去收复已经丢失的国土了。作为日耳曼联盟的一个传统领袖，奥地利当然不会同意普鲁士在这么重大的问题上采取单独行动。哈布斯堡的士兵也被动员起来了，与普鲁士的军队一同杀向丹麦国土。丹麦人进行着顽强的反抗，但是由于势单力薄，最终失败了。奥德联军成功地占领了石勒苏益格和荷尔施泰因两个地区。

随后，俾斯麦开始实施他德意志计划的第二步。他趁分赃不均的有利时机，挑起了一场与奥地利的激烈争吵。哈布斯堡家族一下子就陷进了俾斯麦给他们设计好的圈套里。俾斯麦和他的大将们一起建立的新型普鲁士军队袭击了波西米亚，在短短的不到六个星期的时间里，仅剩最后一支军队的奥地利也在萨多瓦和柯尼格拉茨彻底失败了。于是，通向维也纳的大道终于敞开了，等待普鲁士军队进入。但是，俾斯麦不想做得太过分，因为他在欧洲的政治舞台还需要一位新朋友的协助。于是，他向输给他的哈布斯堡家族开出一个体面的议和方案，迫使他们放弃在日耳曼联盟中的领袖地位。但是，对于那些曾经帮助过奥地利的德意志小国们，俾斯麦一点没有手软。在一气之下，他把这些小国全部并入了普鲁士。就这样，德意志的大部分北方小国组建了一个新组织，即北日耳曼联盟。赢得了胜利的普鲁士就成了德意志民族的一个非正式领袖。

面对俾斯麦接连不断的扩张和吞并，欧洲人惊讶得喘不过气来。英国对此显得满不在乎，但是法国人却流露出了内心的不满，拿破仑三世统治人民的局势暴露出了宽松的迹象。克里米亚战争耗费了巨大的资金，伤亡惨重，可是最后什么也没有得到。

1863 年，拿破仑三世开始了他的第二次冒险。他派遣一支军队，想要让一名叫作马克西米安的奥地利大公做墨西哥人民的皇帝。可是当美国的内战以北方的胜利作为终点结束时，拿破仑之前做的努力就全部化成泡影了。华盛顿政府威胁法国军队撤离墨西哥，给墨西哥人提供机会铲除敌人，最终枪决了这个令人反感的外国皇帝。

面对眼前乱成一团的糟糕局势，拿破仑三世不得不再次寻找机会给自己的皇冠找回面子，因为只有这样才能稳定人们的情绪。北日耳曼联盟的事业正在蒸蒸日上地发展，用不了几年就会成为法兰西的一个极具危险性的对手。因此，法国国王认为发动一场对抗德国的战争对自己是绝对有好处的。于是他开始为战争寻找借口，正好在经历了长期革命战争的西班牙出现了一个好机会。

当时，西班牙的王位正好空缺，正期待着一个继承人。王位本来已经许给了一个天主教的霍亨索伦家族旁系。但是，由于法国的极力反对，霍亨索伦家族的人就心甘情愿地放弃了。但是当时的拿破仑三世已经暴露了生病的迹象，深受他的爱妻欧仁妮·德·蒙蒂纳的影响。欧仁妮的父亲是一位西班牙绅士，他的祖父威廉·基尔克帕特里克是一位驻守在葡萄盛产地马拉加的美国领事。尽管天资聪颖，可是与当时大多数的西班牙妇女一样，她受到的是极其糟糕的教育。她完全被一帮宗教顾问任意摆布，而这些人非常憎恨普鲁士的这位新教徒国王。皇后对她的丈夫说“要大胆”，她省略掉了这句普鲁士格言的后半句，这句格言是“要大胆，但是绝不能莽撞”。对自己的军队充满了信心的拿破仑三世给普鲁士国王写了一封信，要求国王向他保证，“国王绝对不会允许再有一位霍亨索伦家族的候选人竞争西班牙的王位”。由于霍亨索伦家族就在不久前刚刚放弃了这个荣耀，所以他提出的这个要求完全是多余的，俾斯麦就是这般照会法国政府的。可拿破仑三世还是不甘心。

1870 年，威廉国王正悠闲地在埃姆斯的度假胜地游泳。有一天，一位法国外交官要求觐见国王，想要提起往事。可国王却扭转了话题说，今天的天气真是不错啊，西班牙的问题早已经解决了，对于这个话题我们没有必要再浪费口舌了。作为一种惯例，这次谈话的内容被整理成了报告，通过电报发给了掌管外交事务的俾斯麦。为了方便普鲁士和法国的新闻界，俾斯麦把这个消息进行了加工，许多人责怪他的这种行为。但俾斯麦却借口说，修改官方的消息自古以来就是文明政府的权力。当这个经过俾斯麦“编辑”过的电报发表以后，善良的柏林人们觉得他们尊敬的国王被一个狂妄自大的法国外交官戏弄了，而有些巴黎的好人也对此非常气愤，认为他们体面的外交使节居然会在一个普鲁士皇家走狗面前碰壁，这是令他们无法忍受的。

就这样，双方不约而同地发动了战争。在接下来的不到两个月的时间里，拿破仑三世和他的大部分士兵被德国人俘获了。法兰西的第二帝国就这样在羞辱中垮台了，随后建立起来的第三共和国号召广大人民做好充足的准备，打一场反抗德国侵略者的巴黎保卫战。巴黎坚守了五个月的时间，就在巴黎陷落的十天前，普鲁士国王在巴黎的凡尔赛宫——由德国人最强大的敌人路易十四建立，正式宣布自己成为德意志的皇帝。一阵震耳欲聋的枪炮声告诉巴黎忍受饥饿的市民，一个全新的日耳曼帝国取代了弱小的条顿国家联盟。于是，一个现代强大的德国就出现在了欧洲政治舞台上。

德国最终以这种极其野蛮粗鲁的方式，解决了问题。1871 年末，维也纳会议召开了五十六年之后，它精心构建的整个政治工程被彻底铲平了。其实，梅特涅、亚历山大、塔列朗原本想赋予欧洲人一个永恒的稳定的和平，可是他们采用的方式却引起了无数大大小小的战争。18 世纪的“神圣兄弟之情”的后面，是一个精彩的民族主义时代，它带来的影响极深，至今还没有结束。

◆ 第56章　工业革命 ◆

当欧洲人民为民族独立抗争时，他们的世界也在科学技术的发明下彻底改变了。18世纪发明的老式蒸汽机成了人类最忠实、最纯洁的仆人。

奴隶制社会的机器

对人类最有益的恩人在五十多万年以前就灭绝了。他长着低低的眉毛、凹陷眼睛，是一种长着巨大的下颚和像虎牙一样锋利牙齿的长毛动物。如果他出现在一个现代的科学家聚会上，这个容貌肯定是不太雅观的。可我敢保证，科学家们肯定会奋不顾身地围上前去，尊敬地称他为自己的主人。因为他曾经用石头砸开过坚果，也曾经使用长棍撬起过巨石，他发明了人类最早使用的工具——锤子和撬杠。他对人类社会的贡献远远超过以后的任何人，也远远超过与人类共同生存的任何动物。

从那个年代开始，人类就开始使用更多种类的工具为自己的生活创造便利的条件了。当公元前10万年发明出世界上第一只轮子（是用一棵老树做成的圆盘）的时候，引起的轰动绝对不会次于几年前飞行器的问世。

在华盛顿，流传着这样一个故事，故事讲的是生活在19世纪30年代初的一位专利局长，他提出了取消专利局的建议，因为他认为一切可能发明出来的东西都已经被发明出来了。当世界上第一张风帆挂在木筏上，人们开始不再需要桨、篙或者纤就能轻松地从一个地方到另一个地方的时候，世界上的人们一定也曾经有过与这位专利局长相同的看法。

然而事实上，人类历史最有趣的一部分，就是关于人们如何竭尽所能让别人或是别的东西为自己工作，自己享受闲暇的乐趣，比如，坐在草地上悠闲地晒太阳、到大岩石上任意地画画，或是耐心地把小狼小虎这种危险的动物驯化成温驯的宠物。

当然，在最早以前，征服一个弱小的同类，胁迫他做一些人们不愿意做的苦活，是非常容易实现的。古希腊人和古罗马人和我们一样，都有聪明绝顶的大脑，可是他们却没有利用自己的聪明才智创造出有用的机械，最主要的原因就是当时处于奴隶制社会。当他们可以轻松地在附近的市场上，以最便宜的价格购买到需要的全部奴隶时，我们怎能会指望一个伟大的数学家把全部时间浪费在线绳、滑轮和齿轮这种令人心烦的东西上，而把自己的屋子弄得乱七八糟的呢？

中世纪虽然废除了奴隶制，但是取代它的是一个比较温和的农奴制，行会绝对不赞成使用机器，认为这一举措会使大批的行会兄弟失去工作。此外，生活在中世纪的人对大批量生产商品也不感兴趣。因为裁缝、屠户和木匠只会为满足他所在的小社区的直接生活需求而工作。他们不希望与同行竞争，也不愿意生产出超过社区需求量的商品。

蒸汽机的问世

到了文艺复兴时期，教会对科学发明的思想已经不能像过去一样严格地控制世人了。许多人开始从事数学、天文学、物理学以及化学等领域的深入研究。在三十年战争的头两年，苏格兰人约翰·内皮尔写了一本书，内容就是详细论述对“数”新的发现。到了战争期间，莱比锡的戈特弗雷德·莱布尼茨进一步完善了微积分学科体系。在签署《威斯特伐利亚条约》的前八年，英国的一位伟大的自然科学家牛顿出生了，而意大利的天文学家伽利略也在这一年去世了。三十年战争结束后，中欧地区变成了一片废墟，当地一下子兴起一股“炼金术”的热潮。“炼金术”源于中世纪，是一种伪科学，人们希望能通过这种方法把普通的金属变成黄金。这肯定是不可能的，然而，当一批炼金术专家在自己神秘的实验室里专心研究时，他们恰巧也产生出了一些新的想法。这就为他们的继任者化学家们以后的工作，提供了巨大的帮助。

所有人的工作结合在一起，就为世界的进步打下了坚实的科学基础。复杂机器的发明创造在此时就变成了可能，许多精明有才华的人充分利用了这个大好的机会。中世纪时，人们已经发明出来了用木头制作的几种机器。然而，木头很容易受到损坏。相比之下，铁就成了制造机器的好材料，然而在整个欧洲，只有英格兰一个地方出产铁矿。于是，英格兰就在利益的驱使下兴起了冶炼业。熔化铁矿需要高温猛火，以前，人们使用木材作为燃料，当英格兰的森林快被砍伐光了的时候，人们开始使用“石炭”（即煤）做燃料。众所周知，煤埋藏在很深的地底下，只有把它挖出来，才能送到冶炼炉中。并且，矿坑必须储存在干燥的条件下，不能受湿。

这两个问题就成了当时棘手的两大难题。起初，人们利用马匹拉煤，可是解决抽水的问题只能利用一种特别的机器。好几个发明家开始着手解决这个难题，他们都知道可以利用蒸汽的力量作为新机器的动力。有关“蒸汽机”的构想离我们已经很久远了，公元前 1 世纪的英雄亚历山大，曾经描述过几种靠蒸汽助力的机器。文艺复兴时期，人们也设想过“蒸汽战车”的蓝图。牛顿同时代的渥斯特侯爵出版了一本发明手册，书中为人们详细地讲述了蒸汽机。不久以后，到了 1698 年，伦敦的托马斯·萨弗里发明了一种抽水机，并且申请了专利。与此同时，荷兰人克里斯琴·海更斯也在竭尽全力完善一种新的发动机，这种发动机的内部采用火药制造出连续的爆炸，与我们现代用汽油内燃机驱动汽车的引擎相类似。

在欧洲各地，人们全都陷入了“蒸汽机”这个迷人的构想。法国人丹尼斯·帕平是海更斯的好朋友，同时也是他的助手，帕平曾经在多个国家做过蒸汽机实验，他发明了靠蒸气做助力的小货车和小蹼轮。然而，正当他充满了信心，准备开动自己的小蒸汽船在大海上试航时，船员工会却开始担心这种新机器可能会抢走船员们的饭碗，于是向政府提出了控告。从此，帕平的小船被无情地没收了，他用尽全部家产从事这些发明，最后只能在贫困的生活中死去。但是，当他去世的时候，另一位叫作托马斯·纽科曼的机械狂人正在专心研究一种气泵。五十年过后，一位来自格拉斯哥的机器制造者詹姆斯·瓦特进一步改进了纽科曼的发明，并于 1777 年向全世界宣布第一台真正有实用价值的蒸汽机诞生了。

经济和社会的变革

在人们争先恐后地发明“热力机”的那几个世纪里，世界的政治局势发生了巨大的变化。英国人取代了荷兰人海上贸易的霸主地位，变成了海上贸易的主要承运商。他们建立了许多新殖民地，并把当地生产的原材料全部运回英格兰加工，然后把这些制成品出口到全世界。17 世纪时，在北美的佐治亚和卡罗来纳开始种植一种能长出一种奇怪的毛状物质的新灌木，其实就是棉花。人们把摘下来的棉花送往英国，兰卡郡的人们用它们织成布匹。最开始，布匹由工人们在家通过手工制造出来，没过多久，纺织工艺就得到了很大的改进。1730 年，约翰·凯发明了“飞梭”，1770 年，詹姆斯·哈格里夫斯发明了“纺纱机”，并且申请了专利。美国人伊利·惠特尼发明出一种轧花机，这种机器能够使棉花自动脱粒，这大大地提高了加工棉花的效率。以前用手工方式脱粒时，一个工人一天最多分拣一磅棉花。最后，理查德·阿克赖特和埃德蒙·卡特赖特共同发明了靠水力推动的一种大型的纺织机。到了 18 世纪 80 年代，当法兰西召开三级会议，与会的代表们正忙着讨论彻底改革欧洲政治秩序的重要问题时，人们已经把瓦特发明的蒸汽机成功地装在了阿克赖特发明的纺织机上了，借助蒸汽机的动力带动纺织机工作。这个不起眼的发明引起当时经济与社会生活的重大变革，并且在世界范围内深刻地影响着人与人之间的关系。

蒸汽船

当固定式的蒸汽机取得成功以后，发明家们立刻将注意力集中转向了利用机械装置推动车和船这种交通工具的问题上。瓦特曾提起过“蒸汽机车”的研制计划，但是，他还没来得及完善这一设想，1804 年，由理查德·特里维西克发明的一辆火车就可以运载重达 20 吨的货物在威尔士矿区的佩尼达兰驰骋起来。

与此同时，罗伯特·福尔顿（美国的一个珠宝商，同时也是一位肖像画家）正游荡在巴黎，他想说服拿破仑用他的“鹦鹉螺”号潜水艇和他发明的汽船，他认为只有这样，法兰西的海军才能摧毁英格兰在海上的霸权。

福尔顿的“汽船”设想看起来并不那么新鲜，我想他肯定是抄袭了康涅狄格州的机械天才约翰·菲奇的奇特创意。早在 1787 年，菲奇就建造出了一种小巧的汽船，而且在德拉维尔河上进行了实验。可惜的是，拿破仑和他的科学顾问们一点也不屑于这种自动力汽船，他们认为这是不可能的。即使当时装配了引擎的一条苏格兰小船正喷着浓浓的烟雾尽情地在塞纳河上巡游，可还是没有引起皇帝的注意，以致他错过利用这个拥有着巨大威力的新式武器的机会。我们都知道，也许它还能为拿破仑在特拉法尔海战的惨败报仇！

带着深深的失望，福尔顿回到了美国。他是一个务实的商人，很快就与罗伯特·利文斯顿合伙创办了一家小有成就的汽船公司。利文斯顿是在美国的《独立宣言》上签字的人，当福尔顿还在巴黎推销他的发明时，利文斯顿正在担任美国驻法大使。这家合伙公司发明的第一条汽船“克勒蒙特”号装配了博尔顿和瓦特制造的引擎，并且在1807年开通了纽约和奥尔巴尼之间的定期航班。不久以后，这家公司就垄断了全部纽约州水域的航运业务。

约翰·菲奇原本是最早把“蒸汽船”用于商业领域的人，可是他最后只能悲惨地死去。当他发明的第五条螺旋桨汽船被摧毁时，菲奇已经沦落到了一贫如洗的悲惨境地。他的身体状况也越来越差了，冷酷无情的邻居们嘲笑着他，就像一百年后的人们嘲笑兰利教授发明的滑稽飞行器一样。菲奇一直希望自己能为国家开辟出一条通往中西部的海上捷径，然而他的同胞们却更愿意乘坐平底渡船或是徒步旅行。最后，1798年，菲奇在极度绝望中服毒自杀了。

又过了二十年，载重高达1850吨的“萨瓦拉”号汽船以每小时六节的速度从萨瓦纳开往利物浦，创造了二十五天横跨整个大西洋的新纪录。从那时起，人民的嘲笑声终于停止了。人们在对发明新事物的巨大激情中，又错误地把发明的荣誉放在了别人的头上。

又过了六年，英国人乔治·斯蒂文发明了一个著名的“移动式引擎”。多年以来，他一直把全部的身心投入到研制一种能把原煤从遥远的矿区直接运到冶炼炉和棉花加工厂的新式机车。如今，他的发明不仅使煤价大幅度下跌了近70%，还开通了第一条从曼彻斯特到利物浦的客运线路。最后，人们终于能够体会到前所未有的每小时15英里的速度，火车呼啸着从一个城市到达另一个城市。又过了几十年，火车速度已经提高到了每小时20英里。如今，任何一部正常运转的廉价福特（19世纪80年代，戴勒姆与内瓦莎小型车的直接后代）都能远远地超越这些“喷气的比利”。

电的发明

当工程师们正在专心研究“热力机”时，另一群搞所谓“纯科学”的科学家们（他们每天花十四个小时研究“理论性”的科学现象，如果没有他们，任何机器都是不可能进步的）正在一条新线索的指引下，深入到了大自然最神秘、最核心的领域。

早在两千年前，就有许多希腊与罗马的哲学家（其中最著名的是梅里塔斯的泰勒斯和普林尼，公元79年爆发的维苏威火山，淹没了罗马的庞贝和赫库兰尼姆，当时在现场观察的普林尼不幸遇难）已经察觉到一种神奇的现象，那就是用羊毛摩擦过的琥珀可以吸附稻草和羽毛碎屑。由于中世纪的经院学究们对这种神秘的"电"力现象根本不感兴趣，所以研究也就中断了。然而，刚刚度过文艺复兴时期，英国女王伊丽莎白的一个私人医生威廉·吉尔伯特就写了一篇著名的论文，深入地探讨了磁的特性和现象。在三十年战争中，玛格德堡市长和奥托·冯·格里克（气泵的发明者）共同创造出了世界上的第一台电动机。在接下来的一个世纪里，大批的科学家投入到了电的研究中。1795年，有好几位教授都发明出了著名的"莱顿瓶"。与此同时，闻名于世的美国天才本杰明·富兰克林也把注意力转向了这个领域。他发现闪电和电火花这种放电现象有着同样的性质。从那以后，富兰克林用毕生的精力专心致志地研究电。后来出现的是伏特和他发现的"电堆"，以及迦瓦尼、戴伊、丹麦著名教授汉斯·克里斯琴·奥斯忒德、安培、法拉第等人们耳熟能详的名字。他们都用尽了毕生的精力，坚持不懈地研究电的真正特性。

这些人从来不考虑回报，毫无保留地把自己的发现公之于众。塞缪尔·莫尔斯（以前曾是一位艺术家，就像福尔顿一样）坚信，他能利用新发现的电流把信息从一个城市传送到另一个城市。他准备用一根铜线和他发明出来的一个小机器来实现这个目标，人们根本不屑于他的这个想法。莫尔斯不得不自掏腰包进行这项伟大的实验，很快他就花光了所有的积蓄，人们对他的嘲笑越来越猛烈了。于是，莫尔斯向国会求助，一个特别的财务委员会同意为他提供必要的资金。但是，心里只想着政治的议员们根本不理解莫尔斯的这种想法，也不感兴趣，他苦苦地等了十二年，最终得到了国会提供的一小笔拨款。紧接着，他就在纽约和巴尔的摩间建立了一条"电报线”。1837 年，莫尔斯在纽约大学的一个挤满了学生的讲演厅里，第一次演示了“电报”原理，他的演讲非常成功。1844 年 5 月 24 日，人类发出了历史上第一个长途电报，是从华盛顿发往巴尔的摩的。如今，整个世界都塞满复杂的电报线，我们从欧洲发一条消息到遥远的亚洲只需要短短几秒钟的时间。又过了二十三年，伟大的亚历山大·格拉汉姆·贝尔利用电流的原理发明了历史上第一部电话。又过去了半个世纪，意大利人马可尼进一步完善了电话，发明出了一套完全脱离老式线路的无线通信系统。

当莫尔斯正在为他的“电报”事业奔波时，约克郡人米切尔·法拉第已经制造出了第一台“发电机”。这台看起来很不起眼的小机器于 1831 年诞生了，当时的欧洲还处于法国七月革命的巨大震荡中，没人注意到这项可以改变世界的发明。第一台发电机经过不断的改进，到了今天，它已经能为我们现代人提供热力、照明（众所周知，1878 年，爱迪生发明的灯泡就是在同世纪四五十年代英国和法国的实验基础上不断改进而来的）以及启动各种机器。如果我猜想的没错，那么电动机很快就会完全取代热力机，犹如更高级、更完善的动物取代那些生存能力极低的邻居们一样。

就我个人而言（我根本不了解机械），我非常想看到这种情形的发生。因为电机靠水力的驱动，是人类纯洁而且健康的忠仆。然而对于 18 世纪创造出的堪称最大奇迹的“热力机”，它给人类带来了喧闹和肮脏，让我们的地球上长满了无数座丑陋的大烟囱，整日吐出浓浓的灰尘与煤烟。并且，要用源源不断的煤来满足自己的胃口，数以万计的人们不得不辛勤地冒着生命的危险在矿坑深处不断地挖掘。这种情景其实并不美。

如果我不是一个严守事实的历史学家，而是可以任意发挥自己想象力的小说家，我将会写出把最后一部蒸汽机车封藏在自然历史博物馆里，放在恐龙、飞龙和其他已经灭绝了的动物的骨架旁的美妙情景。这绝对是令人极其快乐的一天。

◆ 第 57 章　社会革命 ◆

伴随着新机器的到来，往日在小作坊里独立劳作的木匠们不得不出卖劳动，被大机器雇佣。即使他们能挣到更多的钱，可是他们同时也失去了自由，他们并不喜欢这种生活状况。

机器引发的社会变革

以前，世界上的所有工作都是由小作坊里的工人们独立完成的。他们手持着工具，任凭自己的想法打骂自己的学徒。在不违反行会规定的前提下，他们通常能经营任何他们想做的业务。他们的生活非常简朴，只有每天工作好几个小时才能勉强维持生计，但是，当时的他们是自己的主人。如果他们有一天醒来的时候，发现今天是个适合钓鱼的好天气，他们就会跑出去钓鱼。没有人会阻拦他们。

可是，当机器出现的时候，这所有的一切都改变了。其实，机器只不过是一个提高效率的工具。一辆带着你飞驰的火车其实就是人类的一双快腿，一把能够把坚硬的铁板砸平的气锤也只不过是人类的一对力大无穷的铁拳。

然而，尽管我们每个人都拥有一双快腿、一对大力拳，可是一辆火车、一台气锤或是一个棉花工厂却是一台天价的机械，它不是某个人能够得到的。通常，它们是由一伙人集资购买，然后按照投资的比例分享这些机器给他们赚取的利润。因此，当机器改进到有实际价值并且能谋得利润时，这些大型工具的生产商们就开始寻找能够支付现金的买主。

中世纪初，只有土地才能代表财富，因此，只有贵族才被人们视为有钱人。正如我在前面讲述过的，由于当时的社会采用的是一种古老的以物易物的交换制度，如用奶牛换马、用鸡蛋换蜂蜜，所以贵族们手中的金银根本没有用。十字军东征时期，城市的自由民从东西方之间再次兴起的贸易中聚敛了大笔财富，变成了贵族和骑士们的重要对手。

法国大革命把贵族的财富彻底摧毁了，极大地提高了中产阶级（即“布尔乔亚”）在社会中的地位。大革命以后的动荡年月为中产阶级提供了一个发财的大好时机，他们积累了远远多于自己应得份额的大笔财富。教会的地产全部被国民公会没收了，并且全部拍卖掉。其中的贿赂的数额高得惊人。土地投机商们窃取了多达几千平方英里的价值连成的土地。在拿破仑战争中，他们大量囤积谷物和军火，从中牟取暴利。到了机器时代，他们拥有的财富早已远远超出他们生活所需，并且能够自己开设工厂，雇佣工人操纵机器。

这一举动改变了数十万人的生活状况。在短短的几年内，许多城市的人口数量成倍增长。市民们的真正“家园”如今也被那些粗糙而又简陋的建筑层层包围住了。这里成了每天在工厂工作长达十一至十三个小时的工人们下班以后的栖息地，当汽笛响起时，他们又不得不从这里回到工厂。

在乡村，人们传说着到城里挣大钱的消息。于是，习惯了野外生活的农民纷纷涌入了城市。他们在那些密不透风、布满烟尘污垢的车间里苦苦地挣扎着，健康的身体也很快垮掉了，最后他们不是在医院里死去，就是在贫民院里悲惨地死去。

当然，从农村到工厂的巨大转变，并不是没有任何人反抗而顺利进行的。由于一台机器的工作效率和一百个人的工作效率相同，那些因此丢掉工作的其余九十九个人肯定会产生极大的不满，袭击工厂、烧毁机器的情况经常发生。然而，早在 17 世纪，社会上就已经出现了保险公司。作为保险公司的原则，厂主们的损失经常能得到弥补。

新的经济观

没过多久，更加先进的机器再次被安装使用了，工厂四周也围上了高墙，暴乱也停止了。在这个充满蒸气味和钢铁味的新世界里，行会没有一丝生存地位。行会就像恐龙一样很快就消失了，工人们想要组织一个新式的工会。可是工厂主们凭借自己的财富，对各国的政治体系施加了更大更深的影响力。他们凭借立法机关，通过了一项禁止组织工会的法律，理由就是它严重地妨碍了工人们的工作和休息。

请你一定不要误认为，通过这项法律的国会议员们全都是居心不良的暴君，他们是大革命的忠实儿子。这是一个人人都可以“自由”谈论的时代，人们甚至经常会因为邻居们不够热爱自由而杀了他们。既然“自由”是当时人类的最高品德，那么工会就没有权利决定会员的工作以及劳动报酬，而且必须保证工人们能够随时在市场上按照自己的意愿出售自己的劳动力，而雇主们也同样能“自由地”经营他们的工厂。由于国家掌握的“重商主义”时代已经结束了，新的“自由经济”观认为，国家应该任凭其发展，让商业按照自己的发展规律和模式运行。

18 世纪下半叶不仅是一个知识与政治的动荡时代，而且是旧的经济观念也被更加顺应局势的新经济观取代的时代。在法国革命爆发的前几年，路易十六的那位经常受挫的财政大臣杜尔哥曾经宣布过“自由经济”的新教义。他生活在一个充满了繁文缛节、规章制度以及大小官僚所控制的国家，深知其中的弊病。杜尔哥写道：“坚决取消政府监管，让人民按照自己的意愿去做，一切都会顺利运转的。”没过多长时间，他发表的著名“自由经济”理论就成了当时的经济学家们热烈呼吁的口号。

与此同时，英国的亚当·斯密正在写一部巨著——《国富论》，这本书为“自由”和“贸易的自身权力”发出新一轮的呼吁。三十年以后，当拿破仑垮台，欧洲的反动势力再次聚集在维也纳时，自由在经济生活中强加给欧洲的老百姓（即使老百姓在政治领域中没有自由）。

我在这章的开头就已经提到了，大量的事实证明，机器的普遍使用给国家带来了极大的好处。社会的财富得到了迅猛的增长，甚至只依靠机器的力量就能负担全部反拿破仑战争的巨额开支。资本家（即出钱购买机器的人）牟取了难以想象的暴利。他们的野心慢慢滋长，开始对政治产生了极大的兴趣。他们想要与直到现在还控制着大部分欧洲政府土地的贵族们较量一下。

在英国，国会议员的产生依然是按照1265年的皇家法令推举出来的，所以居然在大批新兴的工业中心没有一位代表。1832年，资本家们想方设法通过修正法案，改革了选举制度，使工厂主获得了对立法机构产生更大影响的权力。但是，这一举动也引发了无数工人的强烈不满，因为政府中根本没有他们的代表。工人们发动了一场争取选举权的运动，他们把自己的要求全部写在了一份文件上，这就是在后来人尽皆知的“大宪章”。这份宪章的争论一天比一天激烈，直到1848年爆发了欧洲革命还没有停止。由于英国政府害怕再次爆发一场雅各宾党流血革命，政府紧急召回了年过八旬的惠灵顿公爵来指挥军队，并且开始招募志愿军。伦敦处于严密的封锁状态，为镇压即将爆发的革命做了充足的准备。

最终，宪章运动由于领导者的无能而失败了，并没有发生暴力革命。新兴的富有的工厂主阶级逐渐增强了控制政府的权力，大城市的工业环境依然不断蚕食着大片牧场和麦地，并把它们变成了阴暗拥挤的贫民窟。在每一个欧洲城市向现代化迈进的路途中，都会有这些贫民窟与他们共同前进。

◆ 第 58 章　奴隶解放运动 ◆

机器的普遍使用并未如亲眼见证铁路取代驿车的那一代人所预言的，带来一个幸福与繁荣的新世纪。人们提出了几项补救办法，可收效甚微。

自由经济下的社会状况

1831 年，在第一个修正法案通过的前夕，一位英国杰出的立法家，同时也是当代最富实效性的政治改革家——杰里米·本瑟姆，他在给一位朋友的信中这样写道“要想使自己过得舒适就必须先让别人过得舒适，要想让别人过得舒适首先要表现出对他们的热爱，要想表现出对别人的热爱就必须真正地爱他们。”杰里米是一个诚实可靠的人，他说出了自己心中真实的东西。他的观点得到了众多国人的赞成。他们开始意识到有责任使身边不幸的邻居们也感觉到幸福，准备竭尽自己所能去帮助他们。是啊！到了采取必要行动的时候了！

人们“自由经济”（即杜尔哥说的“自由竞争”）的愿望，在那个工业力量仍束缚在中世纪的条条框框的时代，原本应该是必要的。然而把“行为自由”看成经济生活的最高原则，就会导致一种恐怖的情形。工厂的工作时间只是以工人们的体力为限定标准，只要一位女工仍然能坚持在纺织机前工作，没有因为过度劳累而晕过去，工厂主就有权要求她继续工作。五六岁的儿童也会被送到棉纺工厂劳动，是为了防止他们遭遇街头危险或是染上游手好闲的坏毛病。政府通过了一项法律，即强迫穷人的孩子们到工厂做工，否则就会被铁链锁在机器上表示惩罚。作为他们辛苦劳动换来的酬劳，他们可以得到绝对恶劣的饮食和猪圈似的栖息地。他们经常会因为过度疲劳在工作时打个瞌睡，因此，为了能让他们时刻保持清醒，监工们会拿着鞭子四处巡视，一经发现有人在偷懒，他们就会抽打工人们的手指。当然，这种恶劣的环境使成千上万的儿童在痛苦的折磨下死去了，这是最可悲的事情。然而雇主也是人，他们也一样有同情心，他们也真心地希望取消“童工”制度。然而，既然人是“自由”的，那么儿童也同样可以“自由”地工作。并且，如果琼斯先生不用五六岁的童工为他干活，那么他的竞争对手斯通先生肯定会把多余的儿童全部招到自己的工厂，而琼斯先生也必然会面临破产。因此，在国会没有取消禁止雇主雇佣童工之前，琼斯先生是绝对不可能单独停止使用童工的。

然而，如今的国会已经不再是土地贵族们统治的天下了，相反却变成了工业中心的代表们掌控的国会。只要法律仍旧禁止工人自发组织工会，这种情形就不可能出现任何好转的迹象。当然，生活在那个时代的智者和道德家们也并不是对眼前这恐怖的状态熟视无睹的，他们只是无能为力。机器以令人震撼的速度征服了整个世界，如果想让它彻底变成人类的仆人，还需要等上漫长的时间和许多高尚的人的共同努力。

欧洲各地的废奴运动

奇怪的是，每一次对这个世界各地盛行的野蛮雇佣制度发起的冲击，却是为了非洲和美洲的黑奴们。是西班牙人首先把奴隶制引入到美洲大陆的，当时，他们曾经用印第安人做农田和矿山上的劳工。然而一旦当印第安人脱离了原有的野外自由生活，印第安人就全部病死了。为了使印第安人免遭灭绝的危险，一位善良的传教士提出了从非洲运送黑人来做劳工的建议。黑人的身体足够强壮，经受得起粗暴的待遇。而且，整日与白人接触还能给他们提供一个了解基督的机会，使他们可能拯救自己的灵魂。因此，无论从哪个角度看，这一举对宽容的白人和愚昧的黑人兄弟来说，都是一个极好的安排。但是，随着机器的广泛使用，棉花的需求量日益增长，黑人们只能付出比以前更辛苦的劳动。与可怜的印第安人一样，他们也纷纷惨死在了监工的野蛮虐待之下。

这些残暴野蛮行为的消息传到了欧洲，在许多国家立刻激起了一场声势浩大的废奴运动。在英国，伟大的威廉·维尔伯福斯和卡扎里·麦考利（他的儿子是一位历史学家，如果读过他的英国史，你就会感觉到原来历史可以写得这样风趣）共同组织起了一个反奴隶制的团体。他们首先设法通过一项法律，使奴隶贸易变成一种非法的行为。紧接着，在1840年以后，全部英属殖民地都禁止了奴隶制。在法国，1848年革命使奴隶制变成了历史。葡萄牙人在1858年通过了一项法律，法律承诺会在未来的二十年内赋予所有奴隶自由的权力。荷兰也在1863年废除了奴隶制。同年，沙皇亚历山大二世也将剥夺走的长达两个多世纪的自由，归还给了他的所有农奴。

南北战争

在美国，奴隶的问题引发了当地严重的危机，并且最终引起了一场漫长而又艰苦的内战。虽然《独立宣言》明确地表达了“人人生而平等”的原则，可是这条原则不适用于黑皮肤的人和在美国南部种植园内辛勤劳动的奴隶。随着时间的推移，北方人对奴隶制越来越反感，而南方人则说，如果取消奴隶的劳动，他们就会很难继续维持棉花种植业。在近半个世纪的时间里，美国的众议院和参议院一直激烈地争论着这个问题。

北方始终坚持自己的观点，南方也毫不退让。当形势发展到没有妥协的可能时，南方各州就威胁说要退出联邦。这在美国历史上绝对是一个非常危险的阶段，什么事情都可能发生，而这些事情之所以没有发生，主要归功于一个优秀且充满了仁爱之心的伟人。

1860 年 11 月 6 日，靠着自学成才的伊利诺伊州的一位律师亚伯拉罕·林肯被推选为美国总统。林肯是一个强烈反对奴隶制的共和党人，深知人类奴役的罪恶性质。他的所学常识告诉他，北美大陆是肯定不允许存在两个敌对的国家的。当南方的几个州退出了美利坚合众国，组织起一个“美国南部联盟”时，林肯决定接受挑战。北方各州开始大规模地招募志愿军，几十万热血青年纷纷响应政府的号召，应征入伍。这场残酷的战争一直持续了四年之久。南方在战前做了充足的准备，南方军队在李将军和杰克逊将军的杰出指挥下，接连击败了北方军队。后来，新英格兰和西部的强大工业实力开始显示出决定性的影响力。一位不出名的北方军官一鸣惊人，摇身变成了这场伟大的废奴运动中的查理·马特尔，这个人就是格兰特将军。他向南方军队发起了凶猛的持续攻势，不给对手一丝喘息的机会。在他的重击下，南方严守的防线不断受到打击。1863 年初，林肯发表了伟大的《解放奴隶宣言》，使所有的奴隶重新获得了自由。1865 年 4 月，李将军率领南方的最后一支精锐部队在阿波马克托斯对格兰特缴械投降。几天以后，林肯总统在剧院里被一个疯子刺杀了，但是，他的伟大事业已经完成了。除了仍处于西班牙奴役下的古巴以外，奴隶制在文明世界完全消失了。

新思想

然而，当黑人们正尽情享受着新获得的自由时，欧洲的“自由”工人却悲惨地在“自由经济”的紧紧束缚下喘息着。事实上，工人（即无产阶级）在如此悲惨的处境中居然没有整体灭绝，这在许多作家和观察家眼里绝对是一个伟大的奇迹。他们栖息的贫民窟是既肮脏又阴暗的破旧房子，吃的是令人难以下咽的粗糙食物，他们只能学会一点点仅能应付工作的知识。他们一旦死亡或是发生意外事故，他们的家人就会完全失去依靠。可是酿酒业却在不停地为他们提供源源不断的廉价威士忌和杜松子酒，让他们借酒消愁。

从 19 世纪三四十年代开始，社会发生的巨大进步，并不是一个人的力量造就的。两代人把自己优秀的智慧凝聚起来，全身心地投入到把世界从机器的突然降临带来的灾难性后果里彻底解救出来的努力中。他们并没有想要摧毁整个资本主义体系，这样做肯定是愚蠢的，因为如果能把部分人积累起来的财富合理地运用，绝对会对全人类有益。但是，他们对那种认为在拥有工厂和财富，可以任凭自己的意愿把工厂关闭也不会挨饿的工厂主与不管能得到多少工资报酬都必须接受工作，否则就会面临全家人挨饿的劳工之间可以存在真正的平等的观点，也是极力反对的。

他们努力通过一系列法律，规范工人和工厂主之间的关系，各国的改革者不断赢得胜利。直到今天，大多数劳动者已经有了充分的保障：他们的工作时间被减到了平均每天八个小时的最佳状态；他们的子女也会接受学校的教育，不再像以前一样悲惨地去矿山和棉花加工车间做童工了。

然而，还有一些人整天面对着浓烟滚滚的巨型烟囱，倾听着火车没完没了的轰鸣声，还有充满了各种剩余物资的仓库，他们不禁陷入了沉思。他们想知道，这种巨大的能量到底会把人类带到什么地方，它的最终目的地到底是什么样。他们深知，人类曾经在没有贸易与工业竞争的自然环境中生活了长达几十万年，难道就不能取消现存的社会秩序，取消那种以人类的幸福为代价而追逐高额利润的竞争体制吗？

这种观念只不过是一个对更美好世界的模糊憧憬，在许多国家都曾经产生过。在英国，拥有着多家纺织厂的一个叫作罗伯特·欧文的人，建立起了一个“社会主义社区”，并且取得了初步的成功。但是，当欧文去世后，他创建的“新拉纳克”社区的繁荣也随之结束了。法国新闻记者路易斯·布兰克曾经尝试过要在全法国组织一个“社会主义车间”，可是效果并不是很理想。事实上，已经有越来越多的社会主义知识分子逐渐开始认识到，仅仅依靠在工业社会以外组织起一个与世隔绝的小社团，是永远不会赢得胜利的。在提出真正有效的补救措施之前，绝对有必要先研究一下支撑着整个工业体系和资本主义社会运转的基本规律。

在罗伯特·欧文、路易斯·布兰克以及弗朗西斯·傅立叶他们这些实用社会主义者之后的，是卡尔·马克思和弗里德里希·恩格斯这样的理论社会主义研究家。这两个人中名气最大的是马克思。他是一位优秀的学者，曾经和家人一起长期居住在德国。当马克思听说了欧文与布兰克的社会实验以后，开始对劳动、工资和失业等问题产生了强烈的兴趣，但是很不幸，他的自由主义思想被德国警察当局视为危险的敌人，因此他不得不逃到布鲁塞尔，后来到了伦敦，在那里，他在《纽约论坛报》做记者，生活相当贫穷。

当时，只有很少的人会重视他的经济学著作。1864 年，马克思组织起了一个国际劳工联合组织。三年以后，他出版了《资本论》第一卷。马克思认为，人类的历史就是一部关于“有产者”与“无产者”的漫长斗争史。机器的大规模引进和广泛的使用创造出了一个新的阶级，即资本家。他们利用自己的现有财富购买工具，再雇佣一些工人进行劳动，以便能创造出更多的财富，再用这些赚到的财富建立更多的工厂，就这样循环，永无止境。同时，按照马克思的理论，第三等级（即资产阶级）将会越来越富有，而第四等级（即无产阶级）则将会越来越穷。因此他大胆预言，这种资本的恶性循环最终会发展成世界的所有财富聚拢在一个人手里，而其他人都会变成他的雇工，在他的摆布下生活。

为了防止产生这种结果，马克思召集所有国家的工人共同联合起来，为赢得一系列的政治经济措施奋力斗争。1848 年，在最后一场欧洲革命爆发的那一年，在发表的《共产党宣言》中，马克思曾经详细地列举了这些措施。

当然，官方对这些观点是极其反对的。许多国家（主要是普鲁士）

都制定了一套极其严厉的法律用来对付社会主义者。他们派警察驱散社会主义者组织起来的集会，并且逮捕演说分子。然而这些迫害和镇压并没有给他们带来任何好处。对这项势单力薄的事业来说，革命的殉道者反而成了最好的宣传品。在欧洲各地，已经有越来越多的人信仰社会主义了。而且没过多久人们就明白了，社会主义者根本没有打算挑起一场暴力革命，他们只不过是利用他们在议会里日益增长的势力促进工人阶级的利益。社会主义者甚至担任起了内阁大臣，想要与进步的天主教徒和新教徒合作，共同铲除工业革命给他们带来的危害，更加合理地分配机器的引进和财富的增长带来的巨额利润。

◆ 第 59 章　科学革命 ◆

在饱受长期的迫害以后，科学家们终于赢得了行动自由。如今，他们正在探索宇宙的基本规律。

对科学的误解

早期的埃及人、巴比伦人、迦勒底人、希腊人和罗马人，他们都曾经对早期科学的模糊概念和科学研究奉献过自己的一分力量。然而，公元 4 世纪的大迁移彻底摧毁了地中海一带的古代世界，随之而来的基督教不断排斥着人类的肉体反而重视人类的灵魂，把科学视为人类自大的一种表现。因为教会认为它企图窥探属于上帝领域里的神圣事物，并且与《圣经》中说的七重死罪有着紧密的联系。

文艺复兴运动有力地打破了中世纪的偏见。然而，于 16 世纪初期取代文艺复兴运动的宗教改革运动却对“新文明”产生的理想怀有敌意。科学家们如果冒险越过《圣经》划下的那条狭隘界线，他们就会再次面临酷刑的威胁。

我们的世界充满了无数伟大将军的塑像，他们策马奔驰，率领着大批欢呼的士兵们向辉煌的胜利奔去。然而在很多地方，同样也矗立着一些安静而又平凡的大理石碑，默默地宣示着某位科学家已经在这里找到了长眠之地。一千年以后，我们也许会以一种完全不同的方式看待这个问题。生活在那一代幸福的孩子们将会学习尊重科学家们令人吃惊的勇气和无法想象的献身精神。他们是抽象知识的先驱和拓荒者，而正是这些抽象的知识使我们现代的世界变成了一个活生生的现实。

这些科学先驱中，有很多人经历着贫困、藐视和羞辱。他们生活在破旧的阁楼里，死于阴暗潮湿的地牢中。他们不敢把自己的名字印在这些著作的封面上，也不敢向世界公开自己的研究成果。通常情况下，他们不得不把这些手稿偷偷地运送到阿姆斯特丹或哈勒姆的某个地下印刷厂偷偷地出版。他们毫无保留地暴露在教会的敌意面前，无论是天主教徒还是新教徒，没有任何一个人会对他们产生一丝同情。布道者永不停止地把他们当成攻击的主题，并号召教区的民众用暴力来对付这些“异端分子”。

他们也许能在某个地方找到几个避难地。在最宽容的荷兰，虽然当地的普通市民不太喜欢这些神秘的科学研究，但是他们不会去干涉他人的思想自由。于是，荷兰就成了自由思想者的一个小型避难所，法国、英国和德国的哲学家、数学家以及物理学家们，纷纷来到这里享受短暂而又充实的假期，呼吸着自由的空气。

在前面的章节里，我提到过 13 世纪最杰出的天才罗杰•培根是如何被迫长年不能动笔的事情，以免教会再找他的麻烦。五百年以后，《百科全书》的伟大编写者们仍然处于法国宪兵严密的监视下。又过去了半个世纪，达尔文因为大胆对《圣经》中描述的创世故事提出了质疑，被所有的布道者共同谴责为人类的公敌。甚至到了今天，对那些敢于进入未知科学领域的科学家的迫害仍在继续。就在我写这篇关于科学的章节时，布莱恩先生正在向人民大力宣讲着达尔文主义带来的威胁，并提醒听众们要极力地反击这位英国博物学家的谬论。

但是，这些全都是不重要的事情，该做的工作最后都已经完成了。科学的发现与发明创造带来的最终利益，依然被同一群人分享，虽然正是他们把这些有长远眼光的人们视为虚伪的理想主义者。

科学取得了成功

17世纪，科学家们把自己的目光全部投向了遥远的星空，研究我们的地球与太阳系的关系。即使是这样，教会仍然反对这种不正当的好奇心。第一个证明了太阳就是宇宙的中心的哥白尼，直到临死前才敢把自己的著作发表出来。虽然伽利略一生中的绝大部分时间都在教会的密切监视下，但他还是坚持用自己的小望远镜观察着遥远的星空，为伊萨克·牛顿提供了大量真实可靠的观察数据。当这位伟大的英国数学家在日后发现所有事物身上都具有的，被称为“万有引力定律”的习性时，伽利略的这些观察对他可是大有帮助的。

这一定律的发现在一段时间内吸引了人们对天空的所有兴趣后，他们又开始研究地球。17世纪中期，安东尼·范·利文霍克成功地发明出了易于操控的显微镜，这就为研究导致人类患上各种疾病的“微”生物提供了机会，并且为“细菌学”的研究打下了坚实的基础。幸好有这门科学，在过去的四十年中，人们不断发现了多种引起疾病的微生物，才使这个世界上原本存在的许多疾病得以根治。显微镜还为地理学家们仔细研究不同的岩石和从地表深处挖掘出来的化石（即史前动植物的遗体）创造了机会。这些研究证明，地球的历史要比“创世纪”描述的还要久远。1830年，查理·莱尔爵士出版了一本《地质学原理》，它对《圣经》中讲述的创世故事予以否定，并且用幽默的语言风格描述了地球缓慢的发展过程。

与此同时，拉普拉斯也正在潜心研究关于宇宙形成的一个新学说，它认为地球只不过是生在行星系的浩瀚星云中的一小块斑点而已。此外，邦森与基希霍夫也透过分光镜观测到了太阳的化学构成，而最先注意到太阳表面的奇特斑点（太阳耀斑）的是伽利略。

同时，在与天主教及新教国家的神职当局发起的一场艰苦的斗争以后，解剖学家和生理学家们最终得到了解剖尸体的许可。他们终于可以用人类的身体器官和特性的正确知识来打破中世纪江湖郎中的胡乱猜测了。

自从人类开始遥望星空，开始思考星星为什么会待在天上，几十万年的时间就这样缓慢地流失了。而在短短的不到一代人的时间里（即1810年到1840年），科学的各学科领域已经取得的进步远远超过了此前几十万年智慧的总和。对于那些生活在旧式教育下的人们来说，这无疑是一个极其悲惨的年代。我们完全可以理解这些人对拉马克和达尔文等人抱有的仇恨心情，虽然这两个人并没有明确地提出，人类是猴子的后代（我们的祖父辈们通常会把这些视为人身攻击并且会严厉控诉），可是他们的确暗示了人类是由一系列的祖先进化而来的，其家族的源头可以一直追溯到我们这颗行星上的最早居民——水母。

主宰着19世纪的繁荣昌盛的中产阶级建立起了一个充满尊严的世界。他们的生活很自然地使用着煤气、电灯，以及科学发现带给他们的全部实用成果。可那些纯粹的研究者，那些全身心地致力于“科学理论”（如果没有这些理论，就不可能有任何进步）的人却一直遭到人们的怀疑。直到前不久，他们所做的贡献才被承认。今天，那些曾经捐献财富修建教堂的富人们开始捐资修筑大型的实验室。在这些安静的战场里，一些沉默的科学家正在同人类隐蔽的敌人进行搏斗。他们经常会为未来的人们能够过上更幸福更健康的生活，牺牲掉自己的性命。

事实上，许多曾经被看成是上帝赐予的而无法治愈的疾病，现在已经被证实了仅仅来自于我们人类自身的无知和忽视。今天，就连小孩都知道，只要喝清洁的饮水，就不会生病。然而医生们可是在经历了多年的努力之后，才使人们最终相信这个简单的事实。关于口腔细菌的研究，使我们能有效地预防蛀牙。如果必须拔掉一颗坏牙，我们只不过是会深吸一口气，然后就会欣然地去看牙医。1846年，美国报纸刊登一条可以利用“乙醚”进行麻醉的无痛手术的新闻，很多欧洲人对这个消息予以了否定。在他们眼中，人类竟然想要脱离所有生物都会承受的疼痛，这一举动犹如对上帝意愿的公然违背。从那以后，又经过了许多年，在外科手术中才广泛使用乙醚和氯仿进行麻醉。

追求进步的战争最终胜利了，偏见的裂痕越来越大了。随着时间的推移，古代的愚昧坚石终于破碎了，一个崭新的、更加幸福的社会制度在支持者们的领导下冲出了包围。然而一下子，他们发现就在自己的面前又出现了一道新的障碍。在旧时代的废墟中，另一座反动堡垒出现了。为了摧毁这最后一道防线，无数人在未来的日子里奉献出了自己的生命。

◆ 第 60 章　艺术的发展 ◆

艺术的起源

如果一个刚出生的婴儿身体非常健康，当他吃饱睡足以后，就会不时地哼出一首小曲，表达自己的幸福感。在成人的耳朵里，这些哼出来的声音根本没有任何意义，听起来就像是“咕嘟，咕咕咕咕……”然而对于婴儿来说，这就是世界上最动听的音乐，正是他们创造了对艺术的最初贡献。

一旦当这些婴儿长大一些，他们能够笔直地坐在地上，捏地上的泥土的时代就开始了。成人肯定不会对这些泥土感兴趣，然而对于世界上数以万计的婴孩来说，他们同时在捏出各种各样的泥饼，就代表了他们向艺术的欢乐王国迈进的又一次新尝试。现在，小婴孩已经变成雕塑家了。

当长到三四岁时，小孩的双手就可以听从大脑的使唤了，于是他成了一名画家。满心欢喜的妈妈送给他一盒彩色画笔，没过多久，每一张纸上就充满了奇奇怪怪的笔画，看起来歪歪扭扭的，这些笔画分别代表了房子、马、恐怖的海战，等等。

然而没过多长时间，这种尽情“发挥”的幸福阶段就暂时停了下来。学校生活开始了，没完没了的功课占用了孩子们的大部分时间。生活的方法，或者更准确地看成是“谋生”的方法，变成了每个小孩生命中最重要的事情。在背诵乘法口诀和学习法语语法之余，孩子们基本上没有时间来从事“艺术”，除非这种不追求回报，完全出于快乐而发挥出某种东西的欲望极其强烈。当这些孩子长大后，他们就会完全忘记自己生命的头五年时间主要奉献给了艺术。

民族的发展过程与小孩子非常相似。当山洞人脱离了冰川纪带来的种种致命危险，把自己的家园重新建设好后，他们就开始创作一些自己眼中美丽的事物，即使这些事物对他与猛兽的搏斗并没有实际意义。他们会在岩洞的四壁画出许多他捕获到的大象和鹿的图案，他们还会把石头削成自己心中最美丽的女人形象。

当早期的埃及人、巴比伦人、波斯人和其他的东方民族在尼罗河和幼发拉底河的岸边建立起各自的小国家时，他们就开始为他们尊敬的国王修建华丽的宫殿，为自己的女人打制漂亮的首饰，并开始种植奇花异草，用绚丽的色彩来装饰他们的花园。

我们的祖先来自遥远的中亚草原，是一个游牧民族，同时也是热爱自由的猎人和战士。他们曾经谱写出许多歌谣赞美部族领袖的战绩，他们还发明了一种新形式的诗歌，一直流传到现在。过了一千年，当他们在希腊安家落户，建立起自己的小“国家”，他们又着手修建古老而又神圣的庙宇，制作千姿百态的雕塑，创作著名的悲剧和喜剧，并创造出一切他们能想象出来的艺术形式，表达内心的无限欢乐与悲伤。

罗马人与他们的迦太基敌人一样，由于只重视治理其他民族和经商赚钱，他们对那些没有实际意义的精神创作并不感兴趣。尽管他们已经征服了大半个世界，修建了无数的道路和桥梁，可他们的艺术却是完全从希腊抄过来的。他们创造了几种非常实用的建筑形式，大大地满足了那个年代的需求。但是，他们的雕塑、历史、镶嵌工艺以及诗歌，完全是希腊原作的拉丁语翻版。如果缺乏那种模糊而又难以解释的、被世人称为“个性”的素质，就不可能创造出好的艺术。而罗马世界恰恰不相信“个性”。帝国需要的是精锐的部队和高效的商人，像写诗和画画这类不切实际的东西只好留给外国人去做了。

紧接着，“黑暗时期”来临了。野蛮的日耳曼部族犹如一头疯狂地闯进一家西欧瓷器店的公牛。他看不懂的东西对他一点没有用处。用 1921 年的话来说，他只会对手中印有漂亮封面女郎的通俗杂志感兴趣，反而把自己继承的伦勃朗的名画扔进了垃圾桶。不久以后，他开始明白了一些事情，当他想挽回自己几年前由于无知造成的损失时，可垃圾桶早已消失了，伦勃朗的名画也就这样消失了。

宗教艺术

到了中世纪，他自己从东方引进的艺术却得到了很好的发展，演变成了优美的“中世纪艺术”，弥补了他过去的无知与忽视。至少对于欧洲北部，所谓的“中世纪艺术”就是日耳曼的一种精神产品，很少会用到希腊和拉丁艺术，并且与埃及和亚述的艺术形式完全没有关系，更不用说印度和中国了（因为那个时代的人们根本不知道还有这两个国家的存在）。事实上，北方的日耳曼民族基本上没有受到南方邻居们的影响，导致他们自己创造出来的建筑根本不能被意大利人理解，因此他们感受到了一种极大的蔑视。

我猜想，你肯定会在某个地方听说过“哥特式”这个词，大多数时候你会把它与一座又细又高的直入云端的古教堂的美丽画面联系起来。可是，这个词到底是什么意思呢？

事实上，它代表了“不文明的”“野蛮粗俗的”东西——一种出自“没有经过驯化的哥特人”之手的事物。在南方人的眼里，哥特人就是一个野蛮粗鲁的落后民族，他们对古典艺术没有丝毫崇敬之心。他们只会修建一些“恐怖的现代建筑”满足他们自己的低级趣味，绝对忽视古罗马广场和雅典卫城代表的崇高典范的存在。

然而，曾经在好几个世纪里，这种哥特式的建筑形式却被视为艺术的最高境界，一直激励着整个欧洲大陆的人民。读完前面的内容，你一定还记得生活在中世纪晚期的人们是怎么生活的。他们是生活在“城市”里的“市民”，而古拉丁语的“城市”就是“部落”的意思。事实上，这些栖息在高大的城墙与宽阔的护城河内的善良自由民才是真正的部落成员，依靠城市的互助制度，共同分享快乐和痛苦。

在古代希腊和罗马的城市，庙宇就位于市场上，也是市民生活的中心。中世纪的教堂就是上帝的宫殿，也就成了新的中心。现代的新教徒只是每周去一次教堂，在那里待几个小时，我们基本上理解不了那个世纪的教堂对当地的重要意义。那个时代，小孩出生还不到一星期，就会被送到教堂受洗。在他们还是儿童的时候，经常会去教堂聆听《圣经》中讲述的神圣故事，后来他们就会成为这所教堂的会员。如果他们有足够多的钱，就会为自己修建一座小教堂，里面供奉着自己家族的守护教堂的圣人。作为那个时候最神圣的建筑，教堂会在白天和大部分的夜晚对公众开放。从某种角度看，它就像一个现代的俱乐部，为所有的居民享用。在教堂里，他很可能遇到一位心爱的姑娘与自己一见钟情，以后她就成了他的新娘，在神圣的祭坛前与他立下永恒的誓约。最后，当他生命结束的时候，就会被安葬在这座教堂的石块下面。他的后代会不断地走过他的坟墓，直到末日审判的那一天。

由于中世纪的教堂不仅仅是上帝的宫殿，还是人们日常生活的中心，因此它的建筑风格与以前所有的人工建筑物都不相同。埃及人、希腊人和罗马人的神庙只不过是一座供奉地方性神祇的殿堂，并且祭司们也没有必要在奥塞西斯、宙斯或是朱庇特的雕塑前定期布道，因此不需要容纳大量公众的空间。在古代地中海，所有民族的宗教活动都是在露天举行的。然而对于阴冷潮湿的欧洲北部来说，那里的天气总是非常恶劣，所以那里的大部分宗教活动都是在教堂的屋顶下举行的。

曾经在很多个世纪里，建筑师们不断地探索着如何才能建造足够大的建筑物的问题。在罗马的建筑传统中，他们明白了如果要砌沉重的石墙，就必须配小窗户，以免墙体承受不了自身的重量而倒塌。到12世纪时，十字军东征开始以后，欧洲的建筑师们看见了穆斯林修建的清真寺穹顶，深受启发，他们刻画出一种新的风格，使欧洲人第一次享受到能满足当时频繁的宗教生活需要的那种建筑。没过多久，他们在忍受着意大利人侮辱地指为“哥特式”建筑的基础上，进一步完善了这种奇特的风格。他们创造出一种由“肋骨”支撑起来的拱顶。但是，如果拱顶太重的话，就会很容易使墙壁倒塌，这个道理就像是一张儿童摇椅上坐了一个高达300磅重的大胖子，肯定会被压垮一样。为了解决这个难题，一些聪明的法国建筑师开始采用“扶垛”来加固墙体。扶垛是一种砌在墙壁边上的大堆石块，用来支撑屋顶的墙体。后来，为了能更好地保证屋顶的安全，建筑师们又发明了一种叫“飞垛”的东西来支撑屋脊。

这种新的建筑方法实现了开大窗户。12世纪，玻璃还是一种稀有的奢侈品，私人的建筑很少会安装玻璃窗，有时即使是贵族们的城堡也只有墙壁。这就是当时的房屋常年过穿堂风，并且人们在屋里和屋外穿一样的毛皮衣服的原因。

幸运的是，生活在古地中海地区的人们熟练掌握的制作彩色玻璃的工艺仍在流传，这时又开始复兴起来了。没过多久，哥特式教堂的窗户上就出现了用小块彩色的玻璃拼写出来的《圣经》的故事，并且用长长的铅框固定起来。

就这样，在明亮宏伟的上帝宫殿里，挤满了许多如饥似渴的信徒。信仰的境界在这里就达到了前所未有的高峰。为打造这完美的“上帝之屋”和“人间天堂”，人们不惜一切代价，力求完美。这些雕塑家们自从罗马帝国被彻底摧毁后就长期处于失业状态，而此时他们又小心翼翼地重返工作岗位。在正门、廊柱、扶垛和飞檐上，全部刻满了上帝和圣人的形象。绣工们也全身心地投入到工作中，绣出亮丽的挂毯装饰着教堂的四壁。珠宝匠更是充分展示自己的绝艺，精心装点祭坛，使自己成了人们最虔诚的崇拜对象。画家们也会倾尽全力，但是由于找不到合适的作画材料，他们只能深感惋惜了。

这又引出了另一段故事。

在基督教的初创期，罗马人用小块的彩色玻璃拼出各种各样的图案，用来装饰庙宇的墙体和地面，但是要想掌握这种镶嵌工艺可不是件简单的事情，与此同时，画家们也很难表达出自己真正的情感。如果亲身尝试过用彩色的积木进行创作，那就会产生与这些画家相同的感受。因此，镶嵌工艺流传到中世纪就结束了，只有俄罗斯还依然保存着。在君士坦丁堡被攻陷以后，拜占庭的镶嵌画家全部逃到了俄罗斯避难，他们继续用彩色的玻璃装饰教堂的四壁，直到爆发布尔什维克革命后，没有新教堂的修建才结束。

绘画的顶峰

中世纪的画家可以用熟石膏水为自己调制五颜六色的颜料，并在教堂的墙壁上作画。这种“新鲜石膏”的画法（也叫“湿壁画法”）曾经流行于很多世纪。直到今天，它就像手稿中的小型风景画一样稀有。在几百个现代城市的著名画家中，恐怕只有一两个人会调制这种颜料。然而对于中世纪来说，画家们没有更好的调配材料，画家们变成湿壁画工也是无可奈何的事情。这种调料法有一个致命的缺陷，那就是用不了几年，不是石膏从墙壁上慢慢脱落，就是湿气浸泡了画面，就像湿气会浸泡我们现代的墙纸一样。人们做了各种试验取代石膏水，他们尝试过用酒、醋、蜂蜜、鸡蛋清等调制颜料，可是都没有取得满意的效果，试验持续了一千多年。中世纪的画家可以完美地在羊皮纸上作画，可一旦在木料或石块上作画，颜料就会变黏，这个现象一直困扰着他们。

到了15世纪上半叶，这个一直困扰着画家的难题终于被南尼德兰地区的扬·范艾克和胡伯特·范艾克解决了。这对著名的佛拉芒兄弟把颜料与一种特制的油混合在一起，使颜料能够吸附在木料、帆布、石头或是其他任何质地的材料上作画了。

但是这时，中世纪初期的宗教狂热已经消失了。富有的城市自由民继任主教大人们，变成了艺术的新主人。由于艺术只是为了谋生，因此这个时代的艺术家们开始为雇主工作，给国王、大公和富有的银行家们绘制肖像。不久，新的油画法便盛行于整个欧洲，几乎每个国家都出现了一个特定的画派，他们创作出来的肖像画和风景画深刻地反映了当地人独特的艺术趣味。

比如西班牙，有贝拉斯克斯精心描绘出的宫廷小丑，皇家挂毯的纺织工和其他有关国王和宫廷中的各式各样的人物与主题。在荷兰，有伦勃朗、弗朗斯·海尔斯和弗美尔描画着商人家中的库房和他懒惰的妻子与肥胖的孩子，还有为他赚取暴利的船只。在意大利，则是另一番风景。由于教皇是艺术的最高保护人，米开朗琪罗和柯雷乔仍然在尽心刻画着圣母和圣人的形象。在尽是有权有势的贵族的英格兰和国王利益高于一切的法国，艺术家们则在精心描绘着担任政府的高官和陛下心爱的女人们。

戏剧和音乐的发展

教会的衰退和一个新社会阶级的崛起冲击了绘画领域，同时也体现在所有其他形式的艺术中。印刷术的发明，给作家们提供了通过为大众写作赢得极高名望的机会。但是，有钱买得起新书的人，并不是那种整日闲坐在家里或是看着天花板发呆的人。富有的市民们开始需要娱乐，而中世纪寥寥无几的游吟诗人已经不能满足人们的胃口了。从早期的希腊城邦到现在，过去了两千多年，职业剧作家终于又有了用武之地。在中世纪，戏剧只不过是宗教庆典上助兴的角色。13 和 14 世纪的悲剧上演的全部是耶稣受难的故事。到了 16 世纪，剧场出现了。显然，最初的职业剧作家和演员的地位并不是很高。威廉·莎士比亚曾经被人们视为类似于马戏班成员的角色，用他创作的悲剧和喜剧给别人解闷。但是，当这位大师在 1616 年去世时，他开始受到了国人的尊敬，而戏剧演员也不被列入警察监视的名单了。

与莎士比亚生活在同一个时代的还有洛佩·德·维加，这位拥有着超强创作力的西班牙人一生共写了四百部宗教剧和一千八百多部世俗剧，是一位得到了教皇赞许的高贵人物。一个世纪以后，法国人莫里哀竟然出乎意料地凭借自己的喜剧才华赢得了路易十四的爱戴。

从那以后，戏剧开始被群众热爱。今天，“剧院”已经变成了任何一个文明的城市必不可少的一个风景，而电影中的“默剧”已经沦落到不起眼的小乡村。

其实，还有一种极受欢迎的艺术形式，那就是音乐。大多数的古老艺术形式都需要人们的大量训练才能熟练掌握。如果想要我们的大脑完全控制我们笨拙的双手，把脑海中的画面准确地展现在画布或大理石上，这可需要下很多的苦功夫。为了学习表演或写小说，有些人甚至用了一生的时间。对于普通的受众来说，如果想达到欣赏绘画、小说或雕塑的完美境界，同样需要大量的训练。但只要能听到声音，几乎所有人都能跟着哼哼某个曲子，或是从音乐里感受到乐趣。生活在中世纪的人虽然也能听到音乐，可是全都是宗教音乐。由于圣歌必须严格遵守宗教规定的节奏与和声法则，所以没过多久人们就感到了单调乏味。更何况，圣歌也不适合随时在大街上和集市上唱颂。

文艺复兴改变了这种状况。音乐再次成为人们最知心的朋友，陪着人们一起欢乐，一起悲伤。

早期的埃及人、巴比伦人和古代犹太人都曾经是音乐爱好者。他们甚至还能把不同的乐器组合在一起，成立一个乐队。然而希腊人对这些粗鲁的外国噪音极其反感，他们喜欢的是荷马或品达庄严的诗歌。在朗诵中，他们允许用里拉（即古希腊的一种竖琴，是所有弦乐器中最简陋的一种）进行伴奏，但这也只不过是在不激起民愤的情况下才能使用的。罗马人正好与希腊人相反，他们喜欢在晚餐或是聚会时有管弦乐伴奏。他们发明了一直沿用至今（经过了必要的改进）的大多数乐器。早期的教会排斥罗马的音乐，因为认为它充满了异教世界的邪恶气息。由全体教徒歌唱的几首圣歌，就是3、4世纪的主教们忍耐音乐的极限。由于教徒们在没有合适的乐器伴奏的时候很容易唱跑调，因此教会允许使用风琴伴奏。风琴是公元2世纪时的一项发明，由一组排箫和两个风箱构成。

随后是大迁徙时代，最后一批罗马音乐家不是死于战争，就是沦落为街头的流浪艺人，在大街上表演，像现代的竖琴手一样讨钱求生。到了中世纪晚期，一个更加世俗的文明在城市兴盛起来了，这就导致了人们对音乐家的需求。一些类似于羊角号一类的乐器，原本是用来在战争和狩猎时发送信号的，这时已经经过了改进，能演奏出舞厅或是宴会厅里的那种令人欢乐的旋律了。有一种在弓上绷着马的鬃毛作为琴弦的老式吉他，是所有的弦乐器里最为古老的一种，它的历史可以远远地追溯到古埃及和亚述。在中世纪晚期时，这种六弦乐器已经演变成了现代的四弦小提琴，并且经过18世纪的斯特拉迪瓦利和其他的意大利小提琴制作家的完善，达到了最完美的境界。

最后，现代钢琴诞生了，它是所有乐器中流传得最广的一种，热爱音乐的人们曾经把它带到过丛林荒野中和格陵兰的冰天雪地里。键盘乐器的始祖是风琴，在风琴乐手演奏的时候，还需要另一个人在旁边为他拉动风箱（这项工作现在用电力完成）。因此，那个时代的音乐家想要找到一种更加简便而又不受环境影响的乐器，来帮助他们教会教堂里的唱诗班学生。到了11世纪，阿雷佐（是著名诗人彼特拉克的出生地）的一个叫圭多的本尼迪克派僧侣创造了一种乐音注释体系，而且一直沿用到现在。在同一个世纪的某一时期，当人们逐渐对音乐感兴趣时，世界上出现了第一件键弦合一的乐器。它发出的是叮叮当当的清脆声音，我想应该是和现代玩具店里的儿童钢琴的声音类似。在维也纳，中世纪的在街头流浪的音乐家们（他们曾经被人们称为骗子和打牌作弊的一类人）在1288年组建起了第一个音乐家行会。一个小小的弦琴被人们改进成了现代的斯坦威钢琴，当时叫作“击弦古钢琴”（因为它的琴键而得名）。这架钢琴从奥地利传到了意大利，并且在那里改进成了“斯皮内特”，就是小型竖式钢琴，以它的发明者——威尼斯人乔万尼·斯皮内特的名字命名的。最后，在1709至1720年，巴尔托洛梅·克里斯托福里经过长时间的研究，创造出了一种能同时弹奏出强音和弱音的钢琴，这种乐器经过多次改进就变成了现代钢琴。

这样，世界上第一次出现了一种可以在几年内学会的易于演奏的乐器。它与竖琴和提琴不同，它不需要调音，而且能弹奏出比中世纪的大号、长号和单双簧管更加动听的旋律。就像留声机使无数人爱上音乐一样，早期的钢琴使音乐知识在更为广泛的社会圈子里普及开来。音乐家从流浪的“行吟诗人”，一下子变成了备受尊敬的成员。后来，音乐成功地引入到了戏剧表演中，就这样，现代歌剧诞生了。最初，只有几个极其富有的王公贵族才有能力请得起“歌剧团”，然而，随着人们对歌剧的兴趣越来越浓烈，很多城市都建立起了自己的歌剧院。起初是意大利人，后来是德国人的歌剧，可以让公众尽情享受剧院里的无穷乐趣，只有极个别严格的基督教教派依旧对这个新艺术形式抱有强烈的怀疑态度，他们认为歌剧带来的过分欢乐会不利于灵魂的健康。

到了18世纪中期，欧洲的音乐生活开始蓬勃地发展起来。在那时，产生了一位伟大的音乐家。他的名字叫约翰·塞巴斯蒂安·巴赫，是在莱比锡市托马斯教堂工作的一位朴实的风琴师。他为各种乐器谱出的音乐作品，从喜剧歌曲、流行舞曲到庄严的圣歌以及赞美诗，全部都为我们的现代音乐奠定了最坚实的基础。1750年他去世时，莫扎特继承他伟大的事业。他创作出的充满了欢乐的旋律，会使我们经常联想起由动感的节奏与声音编织出来的美丽花边。后来是路德维西·冯·贝多芬，他是一个充满了悲剧色彩的伟人。他给人类带来了现代交响乐，但是他却无法亲耳聆听自己那伟大的作品，因为在他贫穷的生活中一场感冒夺去了他两只伶俐的耳朵。

贝多芬亲身经历了法国大革命。带着对一个崭新的辉煌时代的憧憬，他把自己创作的一首优美雄壮的交响乐献给了拿破仑。然而，当贝多芬于 1827 年逝世的时候，昔日威风凛凛的拿破仑已经病死了，令人激动的法国大革命早已消失在人们的记忆中了。而蒸汽机犹如一个晴天霹雳震撼了整个世界，世界上到处是与《第三交响乐》所营造的梦境截然不同的声音。

事实上，油画、雕塑、诗歌以及音乐对由蒸汽、钢铁、煤以及大工厂组成的世界的新秩序没有任何意义。昔日的艺术保护人，中世纪与生活在 17、18 世纪的主教、王公和商人们已经彻底消失了。工业世界产生的新贵们正在忙着挣钱，基本上也接受过教育，所以，他们根本没有心思去研究铜版画、奏鸣曲或是象牙雕刻品这类不切实际的东西，更不用提那些倾尽全力创造这些东西而且对社会毫无价值的人们了。车间里的工人整日泡在机器的轰鸣声中，最终也丧失了对他们的祖先发明的长笛和提琴乐曲的欣赏能力。艺术沦落为新工业时代最受歧视的事物，并且彻底与现实生活相隔绝。幸存的一些绘画，最多能得到在博物馆里苟延残喘的机会。音乐则沦落为一群“批评家”的专利，他们使音乐远离了普通人的家庭，送到了空荡荡的音乐厅。

尽管发展的路程非常缓慢，艺术最终还是找回了自己。人们终于意识到了，伦勃朗、贝多芬和罗丹才是这个民族真正的领袖和先知，一个没有艺术和欢乐的世界，就像是一所没有儿童欢乐笑声的幼儿园。

◆ 第 61 章　殖民扩张运动 ◆

这一章原来要为你说明过去五十年中世界政坛的局势，但实际上只有几条解释和几分歉意。

讲述历史的原则

如果我早知道写一部关于世界历史的书籍会这么困难，我想我是不会贸然接受这项任务的。当然，任何一个人如果有足够的耐心和勤奋，愿意花上五六年的时间泡在图书馆那充满了霉味和灰尘的书堆里面，都能编写出一本规模巨大的历史书，并且无一疏漏地网罗了在每个世纪、每片土地上发生的任何重大事件。但是这并不是本书的宗旨。出版商希望出版一部充满节奏感的历史，故事情节在精神紧张的状态下跃进而不是像蜗牛一样的缓慢爬行。现在，当这本书快要写完了，我发现有些章节的内容确实流畅生动，充满趣味性，有些章节却像在被遗忘的岁月中的荒凉沙漠里艰难地行进，时而毫无进展，时而沉溺于欢快与传奇的爵士乐中。其实我并不喜欢这样，我想撕掉所有手稿，重新写，可出版商不同意。

为了解决这个难题，我想出了第二个方法，那就是把手稿多打出几份带给几位善良的朋友，请他们阅读以后，帮忙提点建议。然而这种方法同样令我很失望，他们每个人都有自己的喜好和偏见。他们都想知道，为什么我会在某个地方删掉他们最喜欢的国家和最崇拜的政治家，又或者是最尊敬的“罪犯”。对他们中的个别人来说，拿破仑和成吉思汗才是最应该受到高度赞赏的伟人。然而在我眼里，这两个人要比乔治·华盛顿、居斯塔夫·瓦萨、林肯、汉穆拉比以及其他十几个人物逊色得多。这些人更有理由加大篇幅，而我只能草草地一笔带过。

“就眼前的这些手稿，你写得很好，”另一个批评家说，“但是，你考虑到了清教徒的问题吗？我们现在正为他们举办抵达普利茅斯三百周年的庆典活动，我觉得他们应该有更多的篇幅。”我的回答是，如果我写的是一部关于美国史的书籍，那么清教徒一定会占一半篇幅。可这本书是一部“人类的历史”，而清教徒抵达普利茅斯的事件是好几个世纪以后才占有了国际性重要地位。并且，美利坚合众国最开始是由十三个州而并不是一个州组建的；还有，在美国的前二十年历史中，最杰出的人物大部分来自弗吉尼亚、宾夕法尼亚和尼维斯岛，而并不是来自马萨诸塞。因此，用一页的篇幅来讲述清教徒的故事，应该会让他们满意的。

紧接着引来的是史前期的专家们的质问。仅凭霸王龙显赫的威名，为什么我就不能用更多的篇幅讲述那些生活在恐龙时代的令人尊敬和佩服的克罗马农人呢？我们要知道，他们早在十万年前就发展到了高度的文明！

是啊，为什么没有提到他们呢？理由很简单。我和那些著名的人类学家不一样，我并不会对原始初民的完美感到震撼。卢梭和几个18世纪的哲学家共同创造出了“高贵的野蛮人”一说，他们构想着有一群生活在开天辟地时的幸福的人类。我们现代的科学家把这些我们祖父辈热爱的“高贵的野蛮人”抛到了一边，取而代之的是法兰西谷地的那些“辉煌的野蛮人”。他们早在三万五千年前就结束了低级的尼安德特人和日耳曼近邻的野蛮生活方式，并且为我们展示的是克罗马农民绘制的大象图案和雕刻的人像。于是，我们对他们产生了极大的赞美之情。

我并不是认为科学家们的做法不对。只是我想，我们对这个时期的了解还很少，想要准确地描述早期的欧洲社会可不是一件容易的事。所以我宁肯闭口不谈某些我不了解的事情而不愿意胡说八道。

还有一些批评者，他们干脆直接说我不公平。为什么我没有提到爱尔兰、保加利亚、暹罗（即泰国），反而非要把荷兰、冰岛、瑞士这种小国家拉进来？我回答说，我并没有把任何国家硬拉进来。他们就在那个时代自然地呈现出来，我根本没有办法排除他们。为了能让你们更好地理解我的观点，请允许我申明在这本历史书中出现的那些积极成员时，我考虑到的依据。

我只有一个原则，即“某个国家或个人创造出的一个新观念或是实施一个具有创造性的行为，影响到了历史的进程。”这并不是出于我个人的喜好，这是冷静地、类似于数学一样精确的判断。荷兰共和国历史的有趣之处，并不是因为德·鲁伊特的水兵们曾经在泰晤士河附近钓鱼，而是因为这个位于北海沿岸边上的小国家曾经为一大群对各种不受欢迎的问题抱有各种古怪看法的各种类型的奇特人物提供安全的避难场所。

亚述国王提格拉·帕拉萨，他的一生充满了戏剧性，然而对于我们来说，他可能根本没有存在过。的确，在鼎盛时期的雅典和佛罗伦萨，他的人口仅仅是堪萨斯城的十分之一。但是，如果没有这两个地中海的小城的任何一个的存在，我们现在的文明肯定会是另一番景象。

由于本人的观点有些个人化，所以我将为你讲述另一事实。

当我们去看医生时，我们必须要弄明白他到底是外科医生还是门诊医生，是顺势疗法医生还是信仰疗法医生，因为我们要知道他会从哪方面为我们看病。在选择历史学家的时候，我们也应该像选择医生一样仔细。我们经常会想“历史就是历史”，于是随手抓起一本历史书就开始阅读。然而一个生长在苏格兰的偏僻乡村、受长老会家庭严格看管的作者，与一个还年幼就被拉去听一些不相信魔鬼存在的罗伯特·英格索尔讲演的邻居，他们会以不同的方式看待人类关系中的任何一个同样的问题。等到一定的阶段，这两个人都会忘记这些早年的训练，从此不再进入教堂或讲演厅。然而，这些早年的印象会终身伴随他们，在他们的写、说或做中不时地会流露出来。

在这本书的前言中，我曾经说过自己并不是一位完美无瑕的历史向导。现在本书即将到达尾声，我非常希望重申这一告诫。我生长在一个充满老派自由主义气氛的家庭中，每天被熏陶的是达尔文和其他 19 世纪科学领袖们的思想。儿童时代的我，恰巧和我的一个舅舅度过了很多的时光，他收藏了 16 世纪法国散文家蒙田的所有著作。由于我生在鹿特丹，并且在高达市读书，这段经历使我对伊拉斯谟非常熟悉。出于某种连我自己都不明白的原因，这位“宽容”的宣讲者征服了原本并不宽容的我。后来，我发现了一位法国作家阿尔托·法朗士，而我第一次与英语接触是偶然看到的一本萨克雷写的《亨利·艾司芒德》，这部小说给我留下的印象要比任何一本英语著作还要深刻。

如果我出生在一个充满了欢乐气氛的美国中西部城市，我很有可能会对童年时代听到过的赞美诗怀着某种浓厚的感情。然而，我对音乐的最初记忆还要追溯到我童年时的一个午后，我的母亲第一次带我听巴赫的赋格曲，这位伟大的新教音乐导师以其极其精确的完美深深地触动了我，以至于每次当我听到祈祷会上那些庸俗的赞美诗，我都会有一种备受折磨的感觉。

如果我出生在意大利，一出生就沐浴在阿尔诺山谷里那温暖和煦的阳光中，我同样也会热爱五颜六色、光线明亮的画作。但是我现在对它们没有任何感觉，那是因为我的艺术印象最初是来自于一个阴暗的国度。那里很少会看见的阳光，以某种可怜的形象照射在布满了雨水的土地上，那么一切就会呈现出黑与白的强烈对比。

我特意讲述这些事实，是为了让你们能够了解我的个人偏见，这样也许能更好地理解本书的内容。

殖民扩张运动

说完了上述简短的但绝对必要的离题话后，我们重新回到最后五十年的历史上，这段时期发生了很多事情，至少在当时是重要的。那时，大部分强国已经不再是纯粹的政治体了，他们变成了一个大型企业。他们修筑铁路，开辟并且资助通往各地的航线，他们还建立电报线路，把不同的领土紧密地联系在一起，同时，他们还在稳步扩张着各自的殖民地。每一块能够登陆的非洲或是亚洲土地都会被某个强国占有。法国变成了阿尔及利亚、马达加斯加、安南（即今越南）以及东京湾（即今北部湾）的主国。德国也向世界宣称拥有对西南和东部非洲一些地区的所有权。他不仅在喀麦隆、新几内亚、和许多太平洋岛屿建立自己的定居点，而且还会借口有几个传教士被杀而强占了中国黄海附近的胶州湾。意大利人原本想在阿比尼西亚（即埃塞俄比亚）碰碰运气，结果却被尼格斯（即埃塞俄比亚的国王）率领的黑人士兵打败了，他们只好掠夺土耳其苏丹手里的的黎波里聊以自慰。当俄国占领全部西伯利亚地区后，又进一步侵占了中国的旅顺港。日本也在 1895 年的甲午战争中打败了中国，强占了中国的台湾岛，又在 1905 年把整个朝鲜国掠夺为自己的殖民地。1883 年，英国（当时世界上最强大的殖民帝国）开始了“保护”埃及的行动。这个古老的文明古国曾经长时间被世界冷落，但自从 1886 年苏伊士运河成功通航以后，他便一直处在外国侵略的重重威胁之下。英国成功地实施着“保护”埃及的计划，同时也攫取了丰厚的物质利益。在后面的三十年里，英国挑起了一系列的殖民战争。1902 年，历经了三年苦苦奋战，他终于征服了德瓦士兰以及奥兰治自由邦（是两个独立的布尔共和国）。同时，他还鼓励充满了野心的殖民者塞西尔·罗兹为自己准备一个巨大的非洲联邦基础。这个国家囊括了从好望角到尼罗河口的大片地区，一个不漏地把所有还没被欧洲占领的岛屿和地区纳入自己的版图。

1885年，聪明的比利时国王利奥波德充分利用了探险家亨利·斯坦利的一个发现，建立了刚果自由邦。起初，这片广阔的赤道帝国施行的是“绝对君主专制”，经过了多年的胡乱统治后，比利时人把他吞并了，于1908年纳入自己的殖民地，并且废除了利奥波德陛下一直容忍的各种滥用权力的恐怖行为。只要能得到象牙和天然橡胶，陛下可是不会在乎土著居民的命运的。

至于美利坚合众国，他已经拥有了足够多的土地，因此，扩张领土的欲望显得不是那么强烈。但是，西班牙人在古巴（即西班牙在西半球上的最后一块土地）的残酷统治，迫使华盛顿政府采取积极的行动。经过了一场短暂乏味的战争，美国把西班牙人赶出了古巴，而波多黎各和菲律宾就变成了美国的殖民地。

世界经济的发展是非常自然的。在英国、法国和德国，工厂的数量猛增，并且需要源源不断的原材料产地。数量激增的欧洲劳工，同时也要求增加食品的供应量，世界各地都在呼吁开辟出更多更丰富的市场；找到更容易开采的煤矿、铁矿、油田以及橡胶种植园，增加小麦和谷物的供应量。

对于那些正准备开通维多利亚湖的航线或修建山东铁路的人们来说，欧洲大陆上发生的单纯政治事件已经不是那么重要了。他们知道欧洲仍然还有很多问题需要解决，只是他们不想为此操心。由于单纯的冷漠或忽视，他们给子孙留下的是一笔充满了仇恨和痛苦的可怕遗产。自好几个世纪以来，欧洲东南部的巴尔干半岛就一直是屠杀和流血的是非之地。19世纪70年代，塞尔维亚、保加利亚、门的内哥罗（今黑山）和罗马尼亚的人民再次发起了争取自由的战争，土耳其人也在许多西方列强的大力支持下奋力镇压起义。

1876年，保加利亚经历了一段非常野蛮的屠杀以后，俄国人民已经忍到了极限。俄罗斯政府不得不出面干涉，就像麦金利总统被迫向古巴出兵，阻拦惠勒将军手下的行刑队在哈瓦那的一切暴行。

1877 年 4 月，俄国军队跨越多瑙河，气势汹汹地攻克了希普卡要塞。紧接着，他们又攻克了普内瓦那，一路向南，一直打到了君士坦丁堡城门下。土耳其立刻向英国求救，而许多英国人也希望政府站在土耳其苏丹这边。可是迪斯雷利决定出面干预，他刚刚成功地帮助维多利亚女王登上了印度女皇的宝座，由于对俄国人残酷镇压犹太人的暴行一直怀恨在心，他对土耳其人反而产生了好感。俄国不得不在 1878 年签订《圣斯蒂芬诺和约》，而巴尔干问题则留给了同年 6、7 月召开的柏林会议去解决。

这次著名的会议是由迪斯雷利一手操控的。这位留着一头油光光的卷发、态度高傲、却又极富幽默感和优秀的恭维本领的精明老人，就连强硬无比的俾斯麦都会畏惧他三分。在柏林，这位英国首相精心地照看着他的土耳其盟友的利益。门的内哥罗、塞尔维亚、罗马尼亚幸运地被承认为独立的王国。保加利亚也获得了半独立地位，由俄国沙皇亚历山大二世的侄子和巴腾堡的亚历山大亲王共同统治。但是，由于英国太过注重土耳其苏丹的命运（因为这里是大英帝国防范俄国入侵的安全屏障），这几个国家都没有得到有利的机会发展自己的政治和经济。

更糟糕的是，柏林会议允许奥地利夺走波斯尼亚和黑塞哥维那（当时为土耳其所有），被哈布斯堡王朝统治。当然，奥地利人也做得非常出色，他们把这两块被长期忽视的地方管理得井然有序，丝毫不逊色于任何一个大英殖民地。然而这里聚居着一大批塞尔维亚人，以前曾经是斯蒂芬·杜什汉建立的大塞尔维亚帝国的其中一部分。14 世纪初期，杜什汉战胜了土耳其人，使西欧免遭入侵。

那个时代的帝国首府乌斯库勒早在哥伦布发现新大陆的头一百五十年就已经是塞尔维亚的文明中心了。往日的荣辉深深地扎根于塞尔维亚人心中，谁会忘记这一切呢？他们对奥地利人在这两个地区的存在感到极大的怨恨。他们认为无论从哪个方面来说，这两个地区都应该是自己的领土。

1914年6月28日，奥地利王储斐迪南不幸在波斯尼亚的首都萨拉热窝遭到暗杀，刺客是一个塞尔维亚的学生，他的刺杀行动完全出于自己的爱国热情。

但是，这次恐怖的灾难——它是点燃第一次世界大战的即使不是唯一的但绝对是直接的导火线，并不能完全归咎于那个疯狂的塞尔维亚学生或是奥地利的受害者。战争的根源应该追溯到召开柏林会议的那个年代，那时的欧洲只顾物质文明建设，从而忽略了巴尔干半岛上的一个古老民族的渴望与梦想。

◆ 第 62 章　一个崭新的世界 ◆

世界大战的实质是建立一个全新的、更加美好的世界。

法国大革命以后的事儿

在那些应对法国大革命爆发负责的倡导者中，德·孔多塞侯爵是其中最高尚的一个大人物。他为拯救贫困和不幸人们的事业奉献了自己的生命。他还曾是德·朗贝尔和狄德罗编写《百科全书》时的一个主要助手。在法国大革命爆发的前几年，他一直扮演着国民公会里温和派首领的角色。

当国王和保皇分子策划的叛国阴谋使那些激进分子得到了控制政府和屠杀反对派的机会时，孔多塞侯爵的那宽容和坚定的性格使他不幸沦落为受怀疑的对象，他们宣布孔多塞是“不受法律保护的人”，可以被每一个真正的爱国者任凭自己的意愿处理。他的好朋友们愿意仗义地冒着生命危险保护他，为他找藏身之处，孔多塞却拒绝了朋友们的好意。他偷偷地逃离了巴黎，想要返回老家，也许那里才是安全的。连续三个夜晚，他吃不饱饭，穿着破旧的衣裳，身上到处是伤。最后，他来到了一家乡村小客店，想要弄点吃的，警惕的乡民对他进行了搜查，在他身上找出了一本拉丁诗人贺拉斯的诗集。这就证明了他是一个出身不平凡的人，而当时那个年代任何一个接受过教育的人都会被视为革命的敌人，他不应该出现在乡村小客店。当地的乡民们把他捆绑起来，堵住了他的嘴，并且把他关进了乡村拘押所。第二天早上，当士兵们要把他押回巴黎进行斩首时，孔多塞已经死了。

孔多塞为人类的幸福奉献了生命，自己却落得这样悲惨的下场，他完全有理由憎恨人类的，可他写过的一段话，直到今天仍然像一百三十年前听起来一样铿锵有力。我把这段话抄录在下面，供你们阅读。

“自然给了人类无限的希望。现在，人类已经挣脱了枷锁，那幅以坚定的步伐朝真理、德行、幸福的光明大道迈进的图画，为哲学家们提供了一幅美好的前景，让他们至今仍从摧残世界的种种错误、谬行和不公平中超脱出来，得到莫大的慰藉。”

我们生活的世界刚刚经历了一场难以忍受的痛苦，相比之下，法国大革命仅仅是一次偶然发生的事件。人们感受到了巨大的震惊和颠覆，它扑灭了无数人心中那最后一线希望之火。他们也曾经为人类的进步高声赞颂，然而伴随着他们渴求和平而来的，却是长达四年的残酷战争。因此，他们不禁会问：“这样值得吗？我们为那些还没有脱离穴居阶段的人类付出的种种努力和劳动，这些到底值得吗？”

只有一个答案——“值得”。

第一次世界大战是一场恐怖的灾难，然而它并不代表世界末日。恰恰相反，它开启了一个崭新的时代。

解释历史

写一部关于古希腊、古罗马或是中世纪的历史并不是一件难事。生活在那个早已被遗忘的世界上的人们已经离我们远去了，我们可以坐下来冷静地评论他们。在历史的舞台下面鼓掌呐喊的观众们也早已离开了，我们的任何批评都不会伤害他们的感情。

但是，如果想要真实地描述现在发生的事件可是一件困难的事。那些一直困扰着与我们同时代的人的种种难题，同时也是我们的难题。它们不是伤害我们太深，就是太过取悦于我们，让我们很难用一种公平的态度阐述现代的事件。可历史并不是宣传，我们应该做到公平。不管怎样，我还是要解释一下我为什么会同意孔多塞对美好明天的坚定信念。

以前，我曾多次提醒你们要警惕历史划分时代造成的错误印象，即人类的历史明显地分成四个阶段：古代、中世纪、文艺复兴以及宗教改革和现代，而对于“现代”的称谓是最危险的。“现代”一词仿佛在时刻提醒我们，生活在 20 世纪的人们已经到了人类进步的顶点。就在五十年前，以格莱斯顿为代表的英国自由主义者认为，通过让工人充分享有和他们的雇主同等的政治权力的第二个“改革法案”，建立一个真正的议会制民主政府的难题已经得到了解决。当迪斯雷利和他的保守派朋友一起批评这一举动是“黑暗中的瞎闯”时，他们坚持了自己。他们对自己的事业非常有信心，并且相信从今以后，社会各阶级将会全力合作，使他们的政府向一个良性的方向发展。后来，发生了很多不如意的事情，而那些活到现在的自由主义者也终于意识到他们当年确实是过分乐观了。

关于任何一个历史难题，都没有一个确切的答案。

每一代人都必须重新为自己的事业奋斗，否则就会像史前那些慵懒的动物一样遭到灭顶之灾。

一旦当你掌握这一伟大的真理的时候，你就会获得一种全新的、更宽广的面对生活的视野。然后，你不妨更深一步地设想一下生活在公元一万年时我们子孙的位置。他们也像我们一样会学习历史，然而，他们对我们用文字记载的短短的四千年的行为与思想将会如何看待呢？他们会视拿破仑与亚述的征服者提格拉·帕拉萨为同一时代人物，还很可能把他与成吉思汗或是马其顿的亚历山大混淆在一起。刚刚结束的世界大战会使他们误以为罗马与迦太基两个国家为争夺地中海的霸权地位进行了长达一百二十八年之久的商业战争。但是，在他们眼里，19 世纪的巴尔干争端（即塞尔维亚、保加利亚、希腊和门的内哥罗之间争取自由的战争）就与大迁徙时代混乱状态的延续相似。他们会仔细地观察不久前才在德国炮火中摧毁的兰姆斯教堂的照片，就像我们打量着发生在二百五十年前在土耳其与威尼斯之间的战争中毁掉的雅典卫城的照片一样。他们还会视我们现代人对死亡的恐惧为幼稚的迷信，因为，对于一个在1692年还对女巫残忍地施加火刑的幼稚种族来说，这样说一点也不为过。甚至连我们现代人引以为荣的医院、实验室和手术室，在他们的眼中也只不过是稍微完善一点的中世纪炼金术士和江湖郎中的作坊而已。

道理非常简单。我们称自己为现代人，其实并不“现代”。恰恰相反，我们仍然是穴居人的最后一代子孙，新时代的地基只不过在昨天才奠定完。那么，人类只有在大胆质疑眼前的一切事物，并以“知识和理解”当成创造一个更加理性、更加宽容的社会的基础时，人类才能第一次得到机会得以真正“文明”起来。而第一次世界大战正是在这个全新世界成长中的一次阵痛。

在未来的相当长的一段时间里，人们会创作出大量的书籍证明是某个人引发的这场战争。社会主义者们会出版出大量的书籍谴责资本家们不惜一切代价为追求“商业利益”而挑起的战争。资本家们则会反驳说他们在战争中损失的要远远比他们的所得多（因为他们的子女在战争的最前线，经过长期的奋战，最终死在了战场）。他们还会写出大量的事实证明，各国的银行家们是如何阻止战争爆发的。法国的历史学家们会一一说出德国人犯下的各种罪行，从查理曼大帝时代到威廉·霍亨索伦的统治时期。同样，德国的历史学家也不甘示弱，极力痛斥从查理曼时代一直到布思加雷执政时期的法兰西的种种暴行。只有这样，他们才能心满意足地把挑起战争的责任推卸到另一方头上。而那些各个国家的政治家，无论是否还健在，他们都面对着打字机，尽全力倾诉他们是如何尽量避免争端，而野蛮的敌人又是如何胁迫自己卷入战争中等事件。

又过了一百年，历史学家就不会再理睬这些歉意和借口，他们将会完全看清事件外表下面隐藏的真实动机。他们也会明白，某个人的野心、邪恶或是某个人的贪婪与战争几乎没有什么关系。引发所有灾难的最初错误，其实已经在我们的科学家们创造一个钢铁、化学与电力的全新世界时就已经埋下了种子。他们会彻底忘记人类的理智比乌龟跑得还要缓慢、比树懒还要懒惰，经常会落后于那一小撮勇气十足的先驱者。

即使是披着羊皮的祖鲁人也永远是祖鲁人（也叫阿马祖鲁人），一只狗即使被训练成会骑自行车、会抽烟袋，那它也依然是狗。而一个开着 1921 年新款的罗尔斯·罗伊斯汽车、智慧却停留在 16 世纪的商人也依然是 16 世纪的商人。

如果你还没有明白这个道理，就请再读一遍。直到某个时候，它会清晰地浮现在你的脑海里，可以为你解释这最后六年中发生的很多事情。

其实我应该举另一个人们更熟悉的例子来解释说明我的意思。在电影院里，幽默和滑稽的解说词经常会映在银幕上。等到下一次进电影院时，你仔细观察一下观众们的反应，有些人好像很快就理解了这些词语，开始哈哈大笑起来，他们仅仅用了不到一秒的时间。还有些人会慢一些，他们会用二三十秒才会笑出声来。最后，还有一些理解能力极差的人，他们需要聪明的观众为他们解释下一段字幕时，才会领悟到上一段的意义。正如我要说明的，人类的生活其实就是这样。

在前面的章节中，我已经讲述过，罗马帝国的观念在最后一任罗马皇帝死后在人们的心里依然延续了一千年。它引起了大量的“仿罗马帝国”的建立，它还为罗马主教成为整个教会的首脑提供了机会，因为他们恰巧代表了罗马的世界强权观念。它同样驱使了许多善良无辜的酋长陷入一个充满了犯罪和永无止境的杀戮生涯，因为他们的一生都笼罩在“罗马”这个词的神奇魔力之下。所有这些人，无论是教皇、皇帝还是普通的战士，他们和我们没有任何区别。只是他们生活在一个被罗马传统笼罩着的世界，而传统是一种活生生的事物，一直留在后代人们的心间。所以，他们用尽心思，花费了一生的时间，为一个今天还不到十个支持者的事业而战。

在另一章节里，我还讲述过，那场大规模的宗教战争是怎样在宗教改革的一个多世纪以后才发生的。如果你比较一下三十年战争的那个章节和关于发明创造的章节，就会马上发现这场大屠杀正好发生在第一台蒸汽机在法国、德国和英国科学家们的实验室里诞生的时候。然而全世界的人根本不理睬这种奇特的机器，他们依然沉浸在那些毫无意义的神学争执中。把这些东西放到今天，它除了会使人们犯困以外，再也激发不起别的感情了。

19、20 世纪欧洲

事情就是这样。一千年以后，历史学家们会用相同的词汇描述19 世纪的欧洲。他们会惊奇地发现当大多数人全身心地投入到可怕的民族战争时，他们身边的各个实验室里却有着一些从来不过问政治的人在专心研究，一心思考着如何才能从大自然密封的口袋中掏出一些隐藏起来的答案。

现在，你们将会慢慢地领会到这番话的用意。在短短的不到一代人的时间里，工程师、科学家和化学家已经使他们发明出来的大机器、飞行器、电报和煤焦油产品遍布整个欧洲、美洲和亚洲。他们创造的新世界已经大大缩短了时空的距离。他们发明了各式各样的新产品，又尽力把它们改善得物美价廉，使每个家庭都负担得起。虽然我已经讲过了这些内容，但是重复一遍是绝对必要的。

为了使工厂能够持续运转，那些工厂主就需要源源不断的原材料和煤的大量供应，尤其是煤。然而与此同时，绝大多数人的思维还依然停留在 16、17 世纪，依然坚守着把自己的国家看成一个王朝或是政治组织的旧观念。愚蠢的中世纪体制突然面临机械和工业世界的现代化给他们带来的难题，难免会不知所措。它根据早在几个世纪前就制定好了的游戏规则努力解决困难。每个国家都创建了各自庞大的陆军和海军，用来争夺更多的殖民地。哪里有一小块没有主人的土地，哪里就会出现一个新的英国、法国、德国或是俄罗斯的殖民地。如果当地的居民胆敢反抗，他们就会遭到屠杀。但是他们大多数情况下不会反抗。只要他们不阻止殖民者开发当地的钻石矿、煤矿、油田以及橡胶园，他们就不会打扰当地人和平安宁的生活，并且还会从外国占领者那里得到一些利益。

有时，正好会有两个寻找原料的国家在同一时间找到了同一片土地。因此，就会爆发一场战争。就在十五年前，俄国与日本为了争夺中国的土地，就曾经发起过战争。但是像这样的冲突绝对是例外。没有人真的想打仗。事实上，大规模出兵、军舰、潜艇相互杀戮的观念，已使20世纪初的人们对此感到荒谬了。他们只是把暴力的看法与以前不受限制的君权王朝紧密地联系在一起。每天，他们会在报纸上知道更多的发明，或是看到一系列的英国、美国与德国的科学家们密切地携手合作，共同投身于医学或是天文学的重大进步。他们生活在一个繁忙的商业、贸易与工业的世界，然而只有少数人会察觉到，国家（有共同理想的人组成的共同体）制度的发展永远落后于时代。他们一直提醒着旁人，然而这些旁人只顾及自己眼前的事务。

结束语

我在这本书中已经用了很多的比喻，请允许我再用一个。埃及人、罗马人、希腊人、威尼斯人以及生活在17世纪的商业冒险家乘坐的“国家之船”（这个比喻是那么生动和形象），是由干燥适中的木材建造出来的一只坚固的船，并且由熟练的船员和熟悉船只性能的人指挥。而且，他们也了解祖先所传的航海术的局限性。

紧随其后的是钢铁和机器的新时代。先是船体的局部发生变化，后来就是整艘船都变样了。它的体积增大了，风帆也换成蒸汽机，客舱的条件变化得也很大，然而更多的人被迫到锅炉舱中去。虽然生存环境更加安全了，报酬也增加了，但是就像以前操纵帆船索具的危险劳动一样，锅炉舱里的工作使人们一点都不舒服。最后，在不知不觉中，这艘古老的木船逐渐演变成了一艘全新的现代远洋轮。但是，船长和船员没变，还是同一群人。按照一百年前的旧方法，他们被任命或是被选举出来操控大船。然而他们使用的方法却是15世纪古老的航海术，他们的船舱里悬挂着的是路易十四和腓特烈时代的旧的航海图和信号旗。总之，他们完全不能胜任这些职务（即使不是自己的错误）。

事实上，国际政治的汪洋大海并没有那么广阔，当大多数的帝国和殖民地的船只在这片狭小的海域中竞赛时，必然会发生一些事故。事故的确发生了，如果你有机会经过那片海域，你依旧会看到那些船只的残骸。

这个故事的寓意其实很简单。现代的世界迫切需要一批能担起这些新责任的领导者。他们需要有足够的远见和胆识，能够清醒地意识到我们的航程只不过是刚刚开始，并且掌握一套能适合新时代的航海艺术。

他们需要通过多年的学习，必须排除种种困难和阻挠，才能担任到领导者的位置。当他们成功地到达指挥塔时，也许会有心生嫉妒的船员发生哗变，杀害他们。但是总会有一天，有一个能把船只安全地驶入港湾的人物出现，他就会是时代的英雄。

◆ 第 63 章　从来如此 ◆

“我越是思索生活中的问题，我就会越坚信我们应该让‘讽刺和怜悯’担任我们的陪审团和法官，就像古埃及人为其死去的人祈求女神伊西斯和奈芙提斯一样。”

“讽刺和怜悯是我们最好的顾问，讽刺以微笑的方式让生活更加愉悦，怜悯用泪水让我们的生活更加纯洁。”

“我祈求的讽刺并不是残忍的女神。她从来不会嘲笑爱与美，她一向温柔宽容，她用她美丽的微笑抚平了我们心中的敌意。正是她让我们学会了讥笑无赖和傻瓜，而如果没有她，也许我们只会鄙视和憎恨他们。”

以上是我引用的法国著名作家法朗士的睿智言辞，作为此书的临别赠言。